Religionen aktuell

Religionen aktuell

Herausgegeben von Bertram Schmitz

Band 6

Der christlich-islamische Dialog

Chancen und Grenzen

von

Wolf Ahmed Aries

Tectum Verlag

Wolf Ahmed Aries

Der christlich-islamische Dialog.
Chancen und Grenzen

Religionen aktuell; Band 6

Umschlagabbildung: © quarknet.de
(http://quarknet.de/fotos/berlin/potsdam-sanssouci.jpg)

ISBN: 978-3-8288-2547-5
ISSN: 1867-7487

Besuchen Sie uns im Internet
www.tectum-verlag.de

Bibliografische Informationen der Deutschen Nationalbibliothek
Die Deutsche Nationalbibliothek verzeichnet diese Publikation in der Deutschen Nationalbibliografie; detaillierte bibliografische Angaben sind im Internet über http://dnb.ddb.de abrufbar.

Inhaltsverzeichnis

Vorwort 11

1 Der Weg in den Dialog 15

1.1 Muslime sind nicht die erste Minderheit in Europa 16
1.2 Das Islam-Archiv als Nothelfer 17
1.3 Arbeitskreise differenzieren den Dialog 19
1.4 „Gelehrte" 22
1.5 Publikationen 22
1.6 Diversität 24
1.7 Ebenen des Dialogs 25
1.8 Dialogische Begegnung 30

2 Standpunkt und Perspektive 37

2.1 Perspektivenwechsel und Dialog 37
2.2 Gesellschaftliche Folgen 48

3 Geschichtlichkeit 53

3.1 Geschichtlichkeit und Historizität 53
3.2 Historizität 53
3.3 Verständnis, Übersetzung und Kontext 54
3.4 Rechtleitung und Hörer 56
3.5 Historie und Kontingenzbewältigung 60

4 Islamische Musikalität 63

4.1 Niyya - die Absicht 63
4.2 Der Sinn der Reinigung 65
4.3 Die Aufrichtigkeit 65
4.4 Auf dem Wege zum Gebet 66
4.5 Orte des Stehens und der Niederwerfung 68
4.6 Die Eröffnung des Gebetes 69
4.7 Musikalität im Dialog 70

5 Barrieren des Verstehens ... 71
5.1 Barriere Sozialwissenschaft ... 72
5.2 Barriere Kontingenzbewältigung ... 74
5.3 Die Position des Frommen ... 76
5.4 Barriere Kritik ... 78
5.5 Barriere methodischer Atheismus ... 80
5.6 Barriere Zweifel und Wahrheitsanspruch ... 81
5.7 Barriere Gedächtniskonflikte ... 82
5.8 Barriere Paradigmen ... 84
5.9 Barriere Sprache ... 85
5.10 Barriere Trennung ... 89
5.11 Barriere Theologie ... 92
5.12 Barriere des Lasten tragenden Anderen ... 94
5.13 Barriere Fragerichtung ... 95
5.14 Barriere Lebensverständnis ... 96
5.15 Barriere Theologiegeschichte ... 97
5.16 Barriere Zweifel ... 98
5.17 Der Gewinn ständiger religiöser Begegnung? ... 101
5.18 Sind Irritationen keine Barrieren? ... 103
6 Existenzieller Dialog ... 107
7 Die Kehrseite des Dialogs ... 129
8 Im Zweifel für den Zweifel? ... 145
8.1 Das Erlaubte befolgen ... 149
8.2 Wissensvermittlung und Autorität ... 151
8.3 Ahadith ... 153
8.4 Widerstand und Gewissen ... 155
9 Wozu Dialog betreiben? ... 157

10 Schöpfung und säkularisierte Welt 171
10.1 Der europäische Weg zur Trennung 171
10.2 Vermarktung und Versorgung 173
10.3 Der religiöse Widerspruch 175
10.4 Der Weg islamischer Länder 176
10.5 Warum zwei Wege? 178
11 Das Bild vom Menschen 183
12 Der „verkirchlichte" Imam 201

Gewidmet meinen Söhnen York und Kim
und meinem Bruder Horst

Vorwort

Was geht im christlich-islamischen Dialog vor sich? Welches sind die je selbstverständlichen Denkmuster, aus denen heraus gesprochen und argumentiert wird? Und auf welche historischen, religiösen, kulturbedingten, sozialen und politischen Faktoren werden diese Denkmuster jeweils gegründet? Und schließlich, wer sind die Personen, Gruppierungen oder Repräsentanten, die diesen Dialog auf verschiedenen Ebenen führen?

Wolf D. Ahmed Aries widmet sich diesen Fragen in seiner doppelten Funktion: Er war und ist Deutscher. Er lebt in einer christlichen Kultur und ist in dieser aufgewachsen. Zugleich ist er seit Jahrzehnten Muslim. Er vertritt den Islam nach innen und außen mit Überzeugung und Offenheit. Er lehrte und lehrt an den Universitäten von Paderborn, Kassel und Bielefeld. Und bewegt sich zugleich in den Sphären des „Ali Normalverbrauchers", wie er ihn nennt. Er kennt dessen Sorgen und Hoffnungen, Träume und Probleme. So schaut Aries zugleich in die lokalen Verbände wie in die Kreise des Landes und in die Bundesrepublik. Dabei trennt er beides nicht. Er unterscheidet die Ebenen zwar, doch er sieht ihre Vernetzung.

Im Kreis der *außereuropäischen* Muslime bemüht Aries sich, die Grundlagen des westlichen, christlich geprägten Denkens, ja sogar den Nutzen (und die Grenzen) der a-theistischen wissenschaftlichen Methodik und des akademischen Diskurses zu vermitteln. Zugleich ist er sich der durch den Islam (vor)gegebenen, aber auch gewährleisteten Denkvoraussetzungen bewusst. Diese reflektiert er und vermittelt sie den Lesern beziehungsweise Hörern. Auf diese Weise ist er beständig gezwungen, einen doppelten Reflexionsvorgang zu leisten. Für beides muss er sich erst einmal seiner eigenen Geschichte, Sozialisation, seines Bildungs- und Ausbildungsgangs, seiner Kulturbedingtheit einerseits und seiner Glaubensgrundlagen andererseits bewusst sein und erkennen, wer er ist und wo er steht. - Dass schon allein dieser Vorgang zermürbend sein kann und erst recht dessen Vermittlung, lässt die Arbeit von Aries mitunter durchblicken.

Auf diese Weise wird sein Buch zu einem höchst wertvollen Beitrag der gegenseitigen Kulturreflexion und Vermittlung bis hin zum interreligiösen Dialog - und seinen Vermarktungsformen, die Aries nur noch als „Dialogtourismus" bezeichnen kann. Die verschiedensten Aspekte des Miteinanders (und Gegeneinanders) werden durch die Sozialwissenschaften und die religiöse Dimension durchdekliniert, ohne sich dabei in den Fachdisziplinen zu verlieren. Entscheidend bleibt für Aries durchgehend die Frage: Und was bedeutet das nun für das Zusammenleben und Diskutieren in der gegenwärtigen Lage und Praxis? Jedes Moment wird dabei aufgenommen und - fast könnte man aufgrund der zuweilen unterschwellig spitzen Bemerkungen sagen - keines bleibt verschont.

Erfrischend ist gerade dabei eine Schreibweise, die - trotz mancher Bitternis und den Grenzen der Verzweiflung an der sogenannten Realität - doch frei heraus spricht und denkt. Jedes Gegenüber wird wie das Eigene geachtet. Er drängt auf die gegenseitige Würde, gerade wenn die Position des Anderen fremd und fern, gar unverständlich erscheint. Berücksichtigt wird bei aller akademischen Reflexion, sozialwissenschaftlichen und religiösen Einordnung der menschliche (mitunter allzu menschliche) Faktor - der im Dialog und im gegenseitigen Umgang zwar zunächst zu stören scheint, aber an dem doch alles Gelingen in der Praxis letztlich abhängt. Anerkennenswert ist dabei die Würde, die jeder Position und jedem Vertreter zugesprochen wird. Sie macht die mitunter ausgesprochene Kritik fast schon liebenswert.

Aries zeigt rundheraus, warum zumeist die Positionen beider dem jeweils anderen unverständlich sind - und bleibt dabei nicht stehen: Er taucht vielmehr hinab in die Geschichte und Begründungszusammenhänge, aus denen jeder der beiden seine Position (und Selbstgewissheit) schöpft. Dabei wird das Thema als Ganzes umkreist und letztlich als Ganzes erfasst. So schließen sich für den aufmerksamen Leser die Kreise. Dabei wird die Selbstreflexion über das Dialogtreiben und dessen unvermeidbare Notwendigkeit nicht ausgeklammert. Sie wird vielmehr zum Kern, fast schon zur arithmetischen Mitte des Buches.

Die von Aries dargestellte islamimmanente Sicht der Entstehungssituation marginalisiert - gemäß der Tradition - die im Qur'an selbst dargelegte Auseinandersetzung mit den Juden und Christen und deren Religion der damaligen Zeit. Diese Haltung wird auch in den meisten gegenwärtigen wissenschaftlichen Untersuchungen übernommen. Sie blendet meines Erachtens jedoch die Möglichkeit eines Diskurses aus, der im Qur'an schon vorbereitet ist. Dieser ginge von der Entstehungsgeschichte des historischen Islams aus. Demgegenüber erscheint der Quran jedoch in der Praxis der gegenwärtigen und vergangenen Diskussion vom historisch *verifizierbaren* interaktiven Kontext der biblischen Religionen isoliert.

Der Schluss wird durch die Frage nach dem Weg des Islams an die Universitäten gebildet. Gemeint ist dabei selbstverständlich nicht *das Reden über den Islam.* Dieses ist seit Jahrzehnten durch die Orientalistik,

Islamwissenschaft und zum Teil auch durch die Religionswissenschaft etabliert. *Islam* als akademisches Lehrfach bedeutet allerdings - so würde ich betonen -, dass sich dieses Fach auch nolens volens den akademischen Regeln und damit der theologischen Selbstreflexion (und Infragestellung), der wissenschaftlichen Methodik und Argumentation unterwirft. Es braucht damit ja nicht selbst dem a-theistischen Denken zu verfallen. Doch es sollten die anderen Theologien an den Universitäten nicht dadurch in Misskredit gebracht werden, dass man etwa auf diese Forderung verzichtet. Universität muss Universität bleiben. Der Islam kann kein geschütztes Feld darstellen, das jeglicher Befragung dieser Art enthoben sei. Auch sei davor gewarnt, ein akademisch niederschwelliges Fach einzurichten. Ich schreibe dies nicht, um Muslime oder besonders muslimische Theologen zu ärgern - sondern eher ermutige ich sie, sich nicht dieser Verlockung hinzugeben und damit auf einem Status zu bleiben, dass sie akademisch-theologisch nicht *wirklich* ernst genommen werden. Doch als Religionswissenschaftler und christlicher Theologe bleibt mir in dieser Sache nur, die Entwicklung abzuwarten und sie (mitunter staunend) zur Kenntnis zu nehmen: die Entscheidungen darüber werden an anderer Stelle gefällt.

Der Islam wird seinen Weg in Deutschland nehmen. Das Gespräch mit seinen Vertretern muss weiter geführt und vertieft werden. Dieses vorliegende Buch - *Den christlich-islamischen Dialog verstehen* - von Ahmed Aries ist auf den verschiedensten Gebieten und gerade als Gesamtschau ein entscheidender und instruktiver Wegbereiter für dessen Gelingen, das in seiner Weise und aus der reflektierten muslimischen Innenperspektive geschrieben in Deutschland einmalig ist.

Professor Dr. Dr. Bertram Schmitz, Bielefeld/Hannover 26.09.2010

1 Der Weg in den Dialog

Mit dem Beginn meiner Berufstätigkeit als Leiter einer mittelstädtischen Volkshochschule, es war an Anfang der siebziger Jahre des vergangenen Jahrhunderts, wandte ich mich dem Dialog zu, indem ich Muslime zu Vorträgen einlud. Bald darauf traf ich Mohammed Salim Abdullah[1], mit dem mich eine jahrelange freundschaftliche Zusammenarbeit verbinden sollte. Wir beide wollten als deutsche Muslime das Gespräch zwischen der Minderheit und der Mehrheitsgesellschaft, ohne dabei die Frage der Migration zu betonen. Es wurde ein mühseliger Weg, der über Teilerfolge und manch bittere Enttäuschung führte.

Wenige Monate vor dem ersten Golfkrieg 1980 brach ich persönlich den Dialog ab, weil ich schlicht ausgebrannt beziehungsweise vom Dialog verschlissen worden war. Die Kriegspolemiken gegen „den" Islam brachten mich allerdings zurück, denn ich wollte nicht die Wiederholung der europäischen Geschichte der Minderheiten. Schließlich waren und sind die heute im Lande lebenden Muslime nicht die erste Minderheit, die sich hier beheimatet, sondern eine von vielen. Niemand beschrieb dies treffender als Carl Zuckmeyer in seinem Schauspiel „Des Teufels General"[2] Dort lässt er einen jungen Offizier dem General sagen, dass er befürchte, entlassen zu werden, weil im Zuge der Ahnenforschung für den Ariernachweis sich herausgestellte habe, dass er wahrscheinlich eine jüdische Großmutter habe.

Daraufhin brüllte der General: „Wenn schon - denn schon! Denken Sie doch - was kann da nicht in einer alten Familie vorgekommen sein. Vom Rhein - noch dazu. Vom Rhein. Von der großen Völkermühle." Und dann zählt Zuckmeyer die Völker, verkörpert in einzelnen Gestalten, auf: den römischen Feldhauptmann, den zum Christentum konvertierten jüdischen Gewürzhändler, den griechischen Arzt, den schwedischen Reiter, einen napoleonischen Soldat, einen Kosaken und so weiter.

Für mich waren es befreiende Worte, die mich als einem Jungen, der durch die Re-Education gegangen und zugleich durch die fritzische[3] Liberalität geprägt worden war, tief beeindruckt hatten. Mit diesem

---

1 Leiter des 1927 in Berlin gegründeten Zentralinstitutes Islam-Archiv Deutschland. Es wurde 1956 in Saarbrücken wiedereingerichtet. Er arbeitet seit 1982 im westfälischen Soest.

2 Carl Zuckmeyer; Des Teufels General; 35. Aufl., 2007, Seite 65

3 Gemeint ist hier Friedrich der Große von Preußen.

historisch doppelt begründeten Standpunkt, der Minderheitengeschichte und der Re-Education, ließ sich dem öffentlichen Verschleiß im Dialog lange widerstehen.

1.1 Muslime sind nicht die erste Minderheit in Europa

Schließlich wiederholte die Gesellschaft im Umgang mit der neuen Minderheit im Grunde genommen ein Stück der jüdischen Integrationsgeschichte von 1813, als jüdische Freiwillige in die Regimenter strömten, die gegen Napoleon kämpften[4]. Die vor kurzem vorgelegte Dissertation Sabine Schiffers „Die Darstellung des Islams in der Presse" scheint dieses zu bestätigen, denn sie schreibt, dass „dem aufmerksamen Leser die Parallelen zum untersuchten Diskurs über den Islam in der deutschen Presse" aufgefallen sein müssten. Sie hatte zuvor „die mediale Aufbereitung des Antisemitismus im Nationalsozialismus" diskutiert.[5]

Erstaunliche Parallelität weist auch die Einberufung des „Großen Sanhedrin" durch Napoleon I. zur Deutschen Islam-Konferenz auf. Carsten Wilke vom Salomon-Ludwig-Steinheim-Institut an der Universität Duisburg-Essen verweist darauf, dass der Versuch zu einem Vertrag zwischen einer nicht-christlichen Minderheit und einer europäischen Gesellschaft zu kommen, nur im bonapartistischen Ansatz des Sanhedrin einen historischen Vorgänger habe. Die jüdischen Würdenträger, die am 8. März 1807 die Lehrbeschlüsse unterschrieben, interpretierten das Religionsgesetz im Sinne der staatsbürgerlichen Anforderungen jener Zeit. Es war, so schreibt Carsten Wilke, „ein ambivalentes Unterfangen, die Juden des Kaiserreiches anzuerkennen und zugleich zu kontrollieren"[6]. Was will die Deutsche Islam-Konferenz anderes?

In den siebziger und achtziger Jahren des vergangenen Jahrhunderts waren wir engagierten Deutschen weit entfernt von solchen Gedanken. Uns bedrängten praktische Fragen des Alltags. Es ging letztlich um Sozialarbeit, in die allerdings ein demokratisierender Aspekt eingebettet gewesen ist, dessen langfristige Wirkung damals niemand erkannte.

---

4 Meno Burg, königlich preußischer Major der Artillerie; Autobiographie; Lebenserinnerungen; Berlin, 1850

5 Sabine Schiffer; Die Darstellung des Islams in der Presse; Bibliotheka Academica Band 10, Ergon Verlag, Würzburg, 2005

6 Carsten Wilke; Der Freibrief des Despoten; Kalonymos, Heft, 10. Jg., 2007, Seite 4

Nachdem sich die nordafrikanischen und türkischen Gastarbeiter am Arbeitsplatz zurechtgefunden hatten, suchten sie nach Möglichkeiten, ihren Glaubenspflichten nachzukommen. Zuvor waren in zahlreichen Unterkünften Gebetsräume eingerichtet worden, was sich jedoch auf Dauer als unzureichend erwies. Also suchte man nach entsprechenden Räumlichkeiten. Und was bot sich in jenen Jahren besser an als die an vielen Orten leer stehenden Gebäude städtischer Sanierungsgebiete. Manche davon lagen in Hinterhöfen. Häufig waren die Besitzer froh, einen Mieter gefunden zu haben, was mehr als einen von ihnen nicht davon abhielt, die Situation auszunutzen.

1.2 Das Islam-Archiv als Nothelfer

Die engagierten Muslime unter den Gastarbeitern taten sich zusammen und mieteten persönlich eine frühere Lagerhalle oder Produktionsstätte, ohne zu bedenken, dass sie in dieser rechtlichen Konstruktion persönlich hafteten.

Hier wurden die (deutschen) Muslime um das Islam-Archiv Deutschland aktiv. In Hannover und anderswo waren es türkischstämmige Sozialarbeiterinnen beziehungsweise Sozialarbeiter. Sie schrieben Vereinssatzungen, die sich nicht nur an den geltenden Paragraphen des Vereinsrechtes im BGB orientierten, sondern in denen sie auch die steuerrechtlichen Vorschriften für die Gemeinnützigkeit berücksichtigten. Die allermeisten der türkischen Muslime hielten solche Anstrengungen für merkwürdig und überflüssig. Sie wurden von der Notwendigkeit erst überzeugt, als sie am Ende eines Jahres Spendenquittungen für ihre Steuererklärung erhielten, mit denen sie nicht gerechnet hatten. Ihre Spenden für den Umbau „ihres" Moscheegebäudes galten der Gebetsstätte und nicht dem Finanzamt.

Die BGB-Vorschriften implizieren demokratische Grundforderungen wie unter anderem Mitgliederversammlungen, Wahlen und legitimierte Außenvertretungen, die uns deutschen Muslime selbstverständlich, aber den aus gänzlich anderen Gesellschaften kommenden Gastarbeitern zumindest ungewohnt waren. Vor allem die türkischen Muslime lernten rasch die Chancen zu nutzen, indem sie die einmal von den Gerichten anerkannten Satzungen kopierten und den jeweiligen Anforderungen entsprechend variierten. In vielen Fällen baten Vereine über ihre Zentralen in Köln das Islam-Archiv um Hilfe, das auf diese Weise zu einem Knotenpunkt der islamischen Arbeit wurde. Hinzu kam, dass die erste Generation der Gastarbeiter nur langsam die deutsche Sprache erlernte, wodurch das Archiv zur Stimme des Islam in Deutschland heranwuchs, was es für fast zwei Jahrzehnte blieb. Hier fanden die Verbände die notwendige Unterstützung und kritische Begleitung, die manche Auseinandersetzung mit sich brachte, wenn Konflikte zwischen den Behörden und ihnen auftraten. Das Archiv wurde für Muslime aber auch zum Gegenpol, an dem man sich rieb und abarbeitete. Der Interessierte mag diesen Prozess noch heute in den Zeitschriften „Al-Islam" und „Moslemische Revue" nachlesen. Dabei ging es zum Beispiel um die Selbstorganisation der Muslime und die rechtliche Eingliederung in die Verbändestruktur der Bundesrepublik - was einige Muslime als Weg in die Klerikalisierung ansahen - beziehungsweise um die Frage der Wehrpflicht deutscher Muslime. Ein deutscher Muslim setzte seine Verweigerung des Wehrdienstes in der Bundeswehr mit dem Argument durch, dass es ihm aus Glaubensgründen verwehrt sei, gegen Muslime zu kämpfen[7]. Niemand könne jedoch ausschließen, dass er dies als Wehrpflichtiger eines Tages tun müsse. Die Muslime, die ihrer Wehrpflicht in jenen Tagen des Ost-West-Konfliktes nachkamen, hielten diese Begründung für abstrus. Sie ahnten nicht, dass dies zwei Jahrzehnte später Wirklichkeit sein könnte. Heute stehen muslimische Soldaten in Afghanistan ebenso wie in Bosnien, wo sie seelsorgerisch von den Militärgeistlichen der katholischen und evangelischen Kirche betreut werden. Im Laufe der Jahre wurde der Zivildienst zur selbstverständlichen Alternative, so dass der einstige Streit um die Wehrpflicht auf die jetzt Heranwachsenden merkwürdig wirkt.

Unabhängig von diesen innerislamischen Diskursen bauten die Mitarbeiter des Soester Archives eine gezielte Lobbyarbeit auf, die sich auf einen quasidiplomatischen Status berufen konnte, denn im Februar 1979 berief der Islamische Weltkongress, der einen eigenen Status bei der UNO hatte und hat, Mohammed Salim Abdullah als seinen Vertreter in Deutschland, der wiederum mich zum Beauftragten für das Land Nordrhein-Westfalen machte. Rasch zeigte es sich, dass es um wenige zentrale Fragen gehen würde: die juristische Gestalt der muslimischen Repräsentation im Bund und in den Bundesländern, die Unabhängigkeit vom welchem Ausland auch immer, den Religionsunterricht, das Schächten sowie die sogenannte Anstaltsseelsorge. Der Bau von Moscheen war damals noch keine Frage.

Daneben entwickelte sich der eigentliche Dialog mit den Kirchen in Gemeinden und Akademien beider Großkirchen. Daraus gingen zwei Institutionen hervor: zum einen die 1982 gegründete Christlich-

---

[7] Mündliche Mitteilung Ahmed von Denffers

Islamische Gesellschaft und zum anderen die CIBEDO[8], die allerdings ohne Zusammenarbeit mit Persönlichkeiten wie Pater Werner Wanzura (Weiße Väter) und Professor Adel Theodor Khouri (Universität Münster) auf römisch-katholischer Seite und Pfarrer Schmidt (Akademie Iserlohn) beziehungsweise Pfarrer Dr. Kirste (Iserlohn) auf evangelischer kaum eine Chance gehabt hätte.

Der Aufbau des Gespräches mit der jüdischen Seite gelang über einen Kontakt, den ich zwischen Ignaz Bubis und dem Archiv über eine private Verbindung herzustellen vermochte. Beide Seiten waren damals um Diskretion bemüht, weil sie nicht sicher waren, wie die Öffentlichkeit reagieren würde. Zum Glück fanden Salim Abdullah und Ignaz Bubis rasch zu einander.

Später berief mich der Abteilungsleiter im Außenamt, Barthold C. Witte, der wie ich selber der FDP angehörte, in die Kommission „Kirche und Liberalismus" [9], in der damals Bubis und ich die einzigen Nicht-Christen waren, was Bubis mit der ihm eigenen Ironie kommentierte.

1.3 Arbeitskreise differenzieren den Dialog

Und zum anderen gründeten 1976 das Islam-Archiv, Vertreter der islamischen Verbände und beider Kirchen sowie der Wissenschaft einen konsultativen Gesprächskreis, der anfangs den Namen „Islamisch-christlicher Gesprächskreis für Arbeitnehmerfragen" erhielt und heute schlicht „Islamisch-christlicher Arbeitskreis" (ICA) heißt. Es sollte der einzige Kontaktkreis sein, in dem man über dreißig Jahre hinweg zusammenblieb, obwohl hier keine Beschlüsse gefasst wurden oder Entscheidungen gefällt worden sind. Nichtsdestotrotz gingen von den wechselnden Mitgliedern positive Signale für den Dialog im Lande aus.

Im Laufe der neunziger Jahre differenzierte sich der Dialog nicht nur aus, indem neue Gesprächspartner in die Öffentlichkeit traten, sondern die inzwischen etablierten Dachverbände übernahmen immer mehr die Aufgaben des Islam-Archivs. Parallel dazu versammelte der Zentralrat der Muslime in Deutschland eine Reihe von aus dem Orient zurückgekehrten deutschen Muslimen und wählte mit Dr. Nadeem Elyas

---

8 Die Christlich-islamische Begegnungs- und Dokumentationsstelle (CIBEDO) wurde 1978 unter der Führung der Weißen Väter in Köln eingerichtet.

9 Unter der Leitung Dieter Kleinmanns (MdL BW) wurde 2009 aus der Kommission der Bundesfachausschuss „Kirchen, Religions- und Weltanschauungsfragen".

einen Sprecher, der bald als der Sprecher des Islam in Deutschland angesehen wurde. An Position gewann der Islamrat hingegen, als er ein eigenes Büro in Bonn erhielt, das unter der Leitung Hasan Özdogans reüssierte. Während der Islamrat wegen seines stärksten Mitgliedes, der Milli Görüs, unter Verdacht des Extremismus geriet, warf man dem Zentralrat in Eschweiler vor, er habe besondere Beziehungen zur Islamischen Bruderschaft beziehungsweise zu saudischen Institutionen. Unabhängig von den eben geschilderten Entwicklungen entstand in den achtziger Jahren eine sogenannte Dialogszene, die sich gänzlich selbstständig ausbreitete und die bei genauer Betrachtung sich von den organisatorischen Problemen der juristischen Repräsentanz der Muslime in den Bundesländern löste, obwohl einzelne Akteure in beide Entwicklungen eingebunden waren und sind. Im Dialog ging es vornehmlich um das Kennenlernen des Anderen als eines Fremden, mit dem man zwar eine wechselvolle Geschichte teilte, wie immer wieder betont wurde, aber der stets ein Fremder[10] geblieben war. In den siebziger und achtziger Jahren wurden dann häufig Podien so zusammengesetzt, dass neben dem praktizierenden Muslim nicht nur ein oder zwei Christen saßen, sondern auch jemand, der in einer islamischen Mehrheitsgesellschaft herangewachsen war. Manchmal war es aber auch ein früherer Missionspfarrer, der lange im Orient gearbeitet hatte. Beide, der Orientale wie der Missionar, hielten dann ihre problematischen Erfahrungen dem praktizierenden Muslim mit der Behauptung entgegen, dass ihre Berichte den wahren Islam zeigten, während der Muslim von einem idealen Islam spräche, den es in der gesellschaftlichen Realität des Nahen Ostens nicht gäbe. Als deutschem Muslim wurde mir in solchen Veranstaltungen vorgehalten, dass ich als „Konvertit“ den Islam eigentlich nicht kenne. Es kam und kommt aber auch immer wieder vor, dass ich gefragt werde, ob nicht jemand meiner Eltern oder Großeltern sich zum Islam bekannt habe. Als ein Pfarrer mit dem Fragen nicht aufhören wollte, fragte ich ihn meinerseits, ob ich ihm den Ariernachweis meines Vaters vorlegen sollte. Er schaute mich verblüfft an und wurde sich erst in diesem Moment bewusst, was er tat.

Frommen Muslimen hielt man entgegen, sie würden den Islam nur „schönreden“, worüber vor allem arabische Muslime verärgert reagierten; und türkisch-stämmigen Muslimen hielt man die Situation in der Türkei entgegen. Trotz der kritischen Diskurse in den nur wenige Jahr-

10 Carl Friedrich Graumann; Die Erfahrung des Fremden: Lockung und Bedrohung; in: Amélie Mummendey u. Bernd Simon (Hg.); Identität und Verschiedenheit; Verlag Huber, Göttingen 1997

zehnte zurückliegenden Sechzigern fiel niemandem auf, dass die arabischen, iranischen oder pakistanischen Muslime aus gänzlich anderen gesellschaftlichen Schichten stammten als die weitaus größte Mehrheit der türkischen Gastarbeiter. Während jene aus den Oberschichten ihrer Gesellschaften kamen, gehörten die anderen mehrheitlich zu den Modernisierungsverlierern ihres Landes. Sie kamen mehrheitlich aus den östlichen Regionen der Türkei, die selbst die Regierung in Ankara nicht so gefördert hatte wie den Westen des Landes. Viele von ihnen hatten eine innertürkische Wanderungsgeschichte von Gecekondu zu Gecekondu (das sind die Elendsviertel der Ballungsräume) hinter sich, bis sie im Westen auf eine Vertretung des deutschen Arbeitsamtes gestoßen waren, über das sie dann nach Deutschland kamen.

Zudem repräsentierte jeder von ihnen eine andere regionale Tradition in der *Umma*[11], was jedoch niemand zur Kenntnis nahm oder gar zur Kenntnis nahm; gleichzeitig wurden mit dem Kollektivsingular Islam alle religiösen und politischen Binnenkonflikte der islamischen Welt verdrängt.

Hinzu kam der Ost-West-Konflikt, weil unter den orientalischen Gesprächspartnern im deutschen Dialog häufig solche Persönlichkeiten waren, die ihre Heimatländer aus politisch-ideologischen Gründen verlassen mussten. Mancher von ihnen hatte dort Gefängnis und Folter erfahren müssen, weil er sich für sozialistische oder kommunistische Ideen engagiert hatte. Von derartigen Verletzungen der Menschenrechte konnte man sich nur eindeutig distanzieren. Fromme Muslime kamen dadurch unter einen doppelten Druck: auf der einen Seite bei aller Loyalität zu den Menschen in der Heimat die problematischen Entwicklungen öffentlich anzuerkennen und zugleich die eigene Gläubigkeit gegenüber den Vorwürfen zu bewahren. Wer immer die Missbräuche in islamischen Mehrheitsgesellschaften allzu pointiert darstellte, wie es die Medien und das breite Publikum gerne hörten, der wurde anschließend von den eigenen Leuten als Verräter bezeichnet. Dahinter standen unter anderem die psychologischen Verletzungen aus der Kolonialzeit beziehungsweise die Gründung des Staates Israel.[12]

---

11 Ich verstehe unter dem Begriff ‚Umma' die Weltgemeinschaft der Muslime.

12 Shlomo Sand; Die Erfindung des jüdischen Volkes - Israels Gründungsmythos auf dem Prüfstand; 2010, 2. Auflage

1.4 „Gelehrte“

Übrigens gab es damals so gut wie keinen ausgebildeten islamischen Gelehrten in Deutschland, der auch noch fähig und bereit gewesen wäre, sich am deutschen Dialog aktiv zu beteiligen. Viele christliche Dialogpartner orientierten sich daher am Islam-Archiv.

Nach 1945 bestand allein die Ahmadiya Gemeinschaft in der Berliner Moschee, die allerdings über einen ungewöhnlich begabten Imam, Aman Hobohm, verfügte. Später folgten eine ebenfalls von der Ahmadiya unterhaltene Moschee in Hamburg (Dezember 1956) sowie die schiitische Moschee an der Innenalster in Hamburg (Februar 1960), deren Imam Mohammed Mohagheghi den Dialog unter schwierigen Umständen aufnahm. Der erste Dialogbeauftragte des schiitischen Zentrums wurde Imam Razvi. Er widmete sich weniger den gesellschaftlichen und gar nicht den politischen Fragen der muslimischen Minderheit als vielmehr den geistlichen Nöten der Gläubigen. Im Laufe der Jahre scharten sich junge Muslime um ihn, die später in leiser und unauffälliger Weise zum Dialog beitragen sollten. Einer seiner Schüler, Mohammed Kalisch, wurde Jahre später der erste deutsche Ordinarius für die Religion des Islam an der Universität Münster.

1.5 Publikationen

Mohammed Salim Abdullah begann seine Dialogarbeit Anfang der sechziger Jahre in Saarbrücken, die er später im Rahmen des Islam-Archives im westfälischen Soest fortsetzte[13]. Unter seiner Beratung entwickelten sich dann nacheinander die Zentrale des Verbandes Islamischer Kulturzentren (VIKZ), die Jama'at un-Nur und die Milli Görüs (IGMG) sowie manche andere muslimische Vereinigung. In den gleichen Jahren wuchs im Süddeutschen Raum die Gemeinschaft deutschsprachiger Muslime heran, die ihre Zentren in Aachen und München aufbaute.

---

13 Mohammed Salim Abdullah; Geschichte des Islams in Deutschland; Verlag Styria, Graz, 1981, Seite 69 ff.

So wie sich die einzelnen Gruppen stabilisiert hatten, versuchten die Verantwortlichen ihre Gemeinschaften auch publizistisch zu betreuen. Dies führte zu den verschiedensten Zeitschriften und Publikationen, von denen sich allein die nachstehenden über die Zeit hinweg halten konnten:

- Moslemische Revue (Islam-Archiv)
- Al-Islam (Münchner Zentrum)
- Al-Fadschr (Islamisches Zentrum Hamburg)
- Islamische Zeitung (IZ Medien GmbH)

Einen Schritt über diese traditionelle Form hinaus machte Ayman Mazyek, als er die Internetseite „islam.de" schuf und die Vertretung in Berlin mit Volkert Taher Neef besetzen konnte.

Das Charakteristische dieser Publikationen war, dass sie sich stets sowohl an die eigene Klientel wandten als auch an die Mehrheitsgesellschaft. Dabei griffen die Redakteure einerseits innerislamische Fragen auf und kommentierten andererseits gesellschaftliche Ereignisse aus islamischer Sicht, was durchaus kontrovers geschah - wie zum Beispiel die Frage der allgemeinen Wehrpflicht zeigte. Während die Muslime um das Islam-Archiv die Wehrpflicht befürworteten, der auch die Mehrheit der jungen der zweiten Generation nachkamen, lehnten andere um Ahmed von Denffer in München sie ab. Heute ist dies kein Thema mehr. Die jungen Muslime wählen frei zwischen dem Zivil- und dem Wehrdienst. Da die Türkische Republik den Zivildienst nicht grundsätzlich anerkennt, müssen jene Männer, die den Zivildienst wählen, sich gleichzeitig für die deutsche Staatsbürgerschaft entscheiden, weil sie sonst in der Türkei dienstpflichtig bleiben.

Im akademischen Raum gelang es Michael von Brück nur kurzfristig, eine allein dem Dialog gewidmete Zeitschrift zu etablieren. Für den Kreis der Herausgeber konnte er eine Gruppe engagierter Persönlichkeiten quer durch die großen Religionen gewinnen.[14] Das Vorwort der ersten Ausgabe begann mit dem für die Moderne wohl schlechthin gültigen Wort: „Zum Dialog der Religionen gibt es heute keine Alternative."[15]

Hingegen konnte sich die einst von Christian Troll (SJ) in Birmingham initiierte Zeitschrift „Islam and Christian-Muslim Relations" sich zwar

---

14 Zeitschrift „Dialog der Religionen", Verlag Christian Kaiser, München. Der Verlag fusionierte inzwischen mit dem Gütersloher Verlagshaus.

15 Ebd., Seite 1

bis heute halten, ebenso wie die von der Gregoriana herausgegebene „Islamo-Christiana", leider werden aber die dort geführten Diskurse in Deutschland so gut wie nicht zur Kenntnis genommen, was nicht allein an den Sprachbarrieren liegt, sondern wohl auch an den unterschiedlichen Strukturen in den europäischen Ländern und der Zusammensetzung der islamischen Minderheiten in den einzelnen europäischen Staaten.

1.6 Diversität

Im Vereinigten Königreich dominieren Muslime indopakistanischer Herkunft, in Frankreich sind es nordafrikanische Araber und westafrikanische Muslime, in den Niederlanden Indonesier und Marokkaner, während in Deutschland der türkische Islam vorherrscht. Wenn man allerdings eine nationale Minderheit so pauschal charakterisiert, dann wird die große Vielfalt innerhalb der jeweiligen Minderheit verdeckt. Sie machte sich für viele Deutsche an den unterschiedlichen Moscheevereinen fest. So gibt es in mancher Straße der Großstädte zwei, drei oder mehr Moscheen, die dicht beieinander liegen. Der Grund dafür ist nicht so sehr in den unterschiedlichen Rechtsschulen beziehungsweise „Konfessionen" zu suchen, sondern viel eher in den regionalen Ursprungsgesellschaften ihrer Gründer. So neigen Marokkaner dazu, sich vom allgemein arabischen Moscheeverein dann zu trennen, wenn ihre Zahl groß genug geworden ist, um eine eigene Gebetsstätte zu unterhalten; Türken aus der Region des Schwarzen Meeres setzen sich von Anatoliern ab usw. Und die verschiedenen Orden, Tariqat, unterhielten ihren eigenen Versammlungsort, Tekken, wo sie ihre unterschiedlichen meditativen Übungen abhielten.

Die verschiedenen Gruppen der religiösen Reformbewegung der Jama'at un-Nur, Gemeinschaft des Lichtes, gründeten ihre eigenen Lehrhäuser, Medresen, in denen abends die Werke ihres Gründers, Said Nursi, gelesen wurden. Gleichzeitig setzten sie ihre aus der Heimat mitgebrachte Gewohnheit häuslicher Lesungen fort[16]; so entstand etwas, was man im protestantischen Kontext Hauskreise nennt. Im Unterschied zu den Verbänden bildete keine dieser Gruppen eine Hie-

---

16 Sabine Schiffer; Die Darstellung des Islams in der Presse; Ergon Verlag, Würzburg, 2005

rarchie aus; vielmehr entstanden Netzwerke, die mehr oder weniger locker miteinander verbunden waren und sind.[17]

Die afro-amerikanische Muslima Amina Wadud[18] begründet dieses Auseinandergehen der Gruppen, das sie auch in den USA beobachtete, mit dem Rückbezug auf kollektive Erfahrungen und Gewohnheiten, die zu Ankern im islamischen Selbstverständnis geworden sind. Die letzten Khalifen waren eben die türkischen Osmanen, zu deren Weltreich auch die arabischen Stämme und andere Völker gehörten, während die indischen Muslime, die sich bis zuletzt für das Khalifat engagierten, bereits von den Briten beherrscht wurden. In dieser Vielfalt nahm man die schwarz- und westafrikanischen Muslime überhaupt nicht wahr, deren transtribale Verkehrssprache das Französische ist, das nur noch von wenigen Deutschen fließend beherrscht wird.

In mancher Großstadt ist die Vielfalt[19] dieser neuen Religion Islam so irritierend, dass die Vereinsvorstände in Kooperation mit den Stadtverwaltungen Moscheeverzeichnisse veröffentlichten. Für Niedersachsen leistete dies die niedersächsische Schura, deren Vorsitzender Avni Altiner 2006 das Verzeichnis der Moscheen des Landes im Rahmen einer Landespressekonferenz in Hannover vorstellte. Das Land und die Stadt Berlin folgten im November des gleichen Jahres mit Hochglanzbroschüren, die Riem Spielhaus und Alexa Färber betreuten. Auf diese Weise wurden Ansprechpartner identifizierbar, mit denen gezielt ein Gespräch aufgenommen werden konnte.

1.7 Ebenen des Dialogs

(1) Doch bevor solche offiziellen Kontakte aufgebaut werden, haben viele Menschen schon den kleinen alltäglichen Dialog begonnen. Es ist der mit dem muslimischen Nachbarn am Gartenzaun, dem Kollegen am Arbeitsplatz beziehungsweise im Treppenhaus. Hier mischt sich in das Alltagsgespräch die eine oder andere religiöse Frage nach Feiertagen oder die schlichte Nachfrage: „Wie ist das bei Euch?" Die Antworten bleiben im Kontext der Alltagssprache, auch wenn diese bei den

---

17 Eine gute Einführung in das komplexe, geradezu basisdemokratische Miteinander ist die Untersuchung Bekim Agais: Zwischen Netzwerk und Diskurs; Hamburg-Schenefeld, 2008

18 Amina Wadud; American Muslim Identity; in: Omid Safi, Progressive Muslims - on Justice, Gender, and Pluralism; Seite 279

19 Jörn Thielmann spricht von der Ausdifferenzierung des „islamischen Feldes". The shaping of Islamic Fields in Europe - a Case Study in the South-West Germany; Yearbook of the Sociologie of Islam; 2005, Vol. 6, p. 153

Gesprächspartnern kaum mehr als 800 Wörter umfasst. Nach der als ausreichend empfundenen Antwort läuft das Gespräch über nichtreligiöse Themen weiter, so dass es zu keinem wirklichen Diskurs kommt. Die so gegebene und erhaltene Antwort baut jedoch nicht die Fremdheit der anderen Religion ab, obwohl sie Vertrautheit unter Nachbarn aufzubauen vermag.

(2) Auf diese erste Ebene des Dialogs folgt die kommunale Ebene, auf der die gewählten Vereinsvorstände der Moscheevereine mit den anderen Gruppen, der Verwaltung, der Politik, den Kirchen und Gewerkschaften in der Stadt miteinander sprechen. Auch hier ist die Religion, der Islam, selten das Thema der Diskussionen. Sie ist nicht mehr und nicht weniger als der legitimatorische Hintergrund des muslimischen Gegenübers. Für den Bürgermeister einer Stadt ist es viel wichtiger, einen zuverlässigen und kompetenten Gesprächspartner vor sich zu haben, der Vereinbarungen zum Beispiel zu Verkehrsregelungen an den Feiertagen durchsetzen kann, als einen sattelfesten Theologen, den er sowieso nicht versteht. Wenn dennoch religiöse Themen berührt werden, so reicht meist eine umgangssprachliche Erklärung. Dies gilt selbst für einen der bedeutenden Grundpfeiler des Glaubens wie das Fasten.

(3) Erst auf der dritten Dialogebene muss der muslimische Sprecher zumindest im Hintergrund ein ausreichendes theologisches Wissen besitzen, um präzise antworten zu können. In den Gesprächen mit den Repräsentanten anderer Interessengruppen in einem Bundesland, der Landesregierung, den Abgeordneten und Parteien, den Landeskirchen et cetera. geht es nicht um religiöse Probleme im strengen Sinne, sondern um Verwaltungsregelungen, wie etwa den Religionsunterricht. In diesem Kontext muss auch korrekt übersetzt werden, um Fehlinterpre tationen zu vermeiden. Ein typisches Beispiel dafür ist der Begriff des „Zakat", der häufig als Kirchensteuer verstanden worden ist, was bei Politikern zu der Annahme führte, der Zakat sei die islamische Geldquelle zur Finanzierung des „islamischen Gemeinwesens". Dabei handelt es sich um eine Abgabe, in deren Hintergrund das Konzept der Reinigung von Sünden steht; zudem darf der Zakat nur für ganz bestimmte Zwecke verwendet werden: zur sozialen Gerechtigkeit gegenüber Armen, für den Erwerb und Erhalt von Wissen beziehungsweise Bildung, Gesundheit, dem Unterhalt religiöser Gebäude. Mit dem Zakat darf auch nicht gewirtschaftet werden. Und es gibt keine zentrale Institution, die die Beträge einsammelt, vielmehr gibt der Gläubige sie an Personen oder Einrichtungen seines Vertrauens.

Die Landesebene ist für Muslime deswegen von besonderer Bedeutung, weil nur auf ihr jene Kompetenzen anzutreffen sind, über die sie ihre Fragen regeln können, denn allein die Bundesländer besitzen im deutschen föderalen System die Kulturhoheit. Das haben die aus zentralistischen Staaten kommenden muslimischen Neubürger lange Zeit nicht verstanden. Die islamischen Verbände passen ihre Verbandsstruktur den föderalen Anforderungen nur unter Mühen an, weil sie offenbar Schwierigkeiten haben, Landesverbände aufzubauen, die zu selbstständigen Gesprächspartnern ihrer jeweiligen Landesregierung heranwachsen könnten. Aus den Erfahrungen mit ihren Ursprungsgesellschaften bauten die Muslime Zentralverbände auf, deren Geschäftsstellen ihren Sitz in Köln hatten und haben, so dass die rheinische Metropole zur heimlichen Hauptstadt der deutschen Muslime wurde. Sie fokussierten sich auf die Bundesregierung und kümmerten sich nur gelegentlich um die Landesregierungen beziehungsweise Landesparlamente. Im Gegensatz dazu konzentrierten die Mitarbeiter des Islam-Archivs ihre Lobbyarbeit auf die föderale Ebene. Erst der Erfolg der Landesvereinigungen in Hamburg und Niedersachsen, wo die Landesregierungen das Gespräch mit den Landesschuren aufnahm, zwang zum Umdenken.

(4) Die Vertreter der Dachverbände[20] wie des Kooperationsrates der Muslime waren und sind vor allem auf der vierten Dialogebene anzutreffen, der des Bundes. Erstaunlicherweise kennt weder der normale Vorsitzende eines Moscheevereines noch Ali Normalverbraucher diese Lobbyarbeit ihrer Funktionäre, was leider auch mit dem Führungsstil in den Verbänden zusammenhängt.

(5) Die fünfte Dialogebene führte und führt auch noch heute ein Schattendasein. Es ist die Ebene der Wissenschaft. Nun ist von ihrer Seite immer wieder gesagt worden, dass der Dialog nicht ihre Aufgabe sei, vielmehr habe der Wissenschaftler Fakten festzuhalten und Regelhaftigkeiten aufzuzeigen, die überprüfbar und diskursfähig sein müssten; individuelle Glaubenskonflikte gehörten nicht zu ihren Fragestellungen. Gleichzeitig gaben ihre Repräsentanten auf Fragen der Medien beziehungsweise der Parteien darüber Auskünfte, was denn der Islam sei beziehungsweise was der Muslim glaube, ohne auf die Problematik der hier verwandten Kollektivsingulare einzugehen. Da die Disziplinen, die sich mit dem Islam beschäftigen, vom philologischen Standpunkt aus ihre Perspektive auf den Islam und die muslimischen Ge-

20 Der Islamrat und der Zentralrat sind echte Dachverbände, denen mehrere selbständige Verbände angehören, während der VIKZ und die DITIB hierarchisch organisierte Moscheeverbände sind.

sellschaften entwarfen, verdeckten sie zwangsläufig eine Vielzahl von Aspekten. So konnte man bis vor wenigen Jahren so gut wie nichts über die islamischen Reformanstrengungen lesen, die heute unter dem Begriff des „progressiven Islam" zusammengefasst[21] werden. Seit kurzer Zeit sind die von den Europäern als Reformer bezeichneten Denker zunehmend zu gesuchten Gesprächspartnern all jener geworden, die nach einem solchen in der Umma suchen[22]. Die Muslime in den Vereinen vor Ort und die Funktionäre in den Verbänden stehen solchen Ansätzen distanziert gegenüber, weil dieser Dialog an ihren Sorgen vorbeigeht, wenn er sie überhaupt berührt. Dabei wurde der Vorwurf laut, „die da oben" suchten sich ihre Dialogpartner nach ihrem Gusto aus.

(6) Eine weiterer Aspekt entfiel durch die patriachalen Grundhaltung: der feministische Ansatz. Nun muss man allerdings auch sagen, dass die hier relevante Literatur jahrelang nur auf dem englischen Büchermarkt zur Verfügung stand. Selbst eine so wichtige Arbeit wie „Shari'a Law and the Modern Nation-State - a Malaysian Symposium", die die „Sisters of Islam" mit der Unterstützung der Friedrich-Naumann-Stiftung vorlegen konnten, erschien nur in englischer Sprache.[23] Besonders ärgerlich war und ist das Übersehen der Arbeiten europäischer beziehungsweise deutscher Musliminnen, die seit Jahren im Internet ein Netzwerk unterhalten (www.zif-koeln.de). Die Kölner Gruppe am Zentrum für Islamische Frauenforschung bemüht sich um die Aufarbeitung patriachaler Betrachtungen des Qur'an und der islamischen Traditionen. So publizierte das Zentrum eine hermeneutische Untersuchung zu Vers 34 der Sure 4, in dem es um die von Männern viel zitierte Erlaubnis zum Schlagen von Frauen geht.[24] Der Ansatz stieß auf heftigen Widerstand unter den Muslimen wie innerhalb des wissenschaftlichen Diskurses.

Trotz einzelner Forschergruppen um Udo Steinbach (Hamburg), Peter Heine (Zentrum Moderner Orient, Berlin) oder Peter Antes (Hannover), um nur einige zu nennen, ist der deutsche Blick auf den Islam

---

21 Omid Safi (ed.); Progressive Muslims - on Justice, Gender, and Pluralism; Oneworld Publications, Oxford (UK), 3rd edition, 2004

22 Konrad-Adenauer-Stiftung; Friedrich-Ebert-Stiftung; Bundeszentrale für politische Bildung; Progressive Thinking in Contemporary Islam; Berlin, 2006

23 Norani Othman (ed.); Shari'a Law and the Modern Nation-State; Friedrich-Naumann-Stiftung; Kuala Lumpur, 1994

24 Zentrum für Islamische Frauenforschung (Hg.); Ein einziges Wort und seine große Wirkung; Köln, 2005

arabozentriert geblieben. Wer in Deutschland Muslim ist, so meint die große Mehrheit in Deutschland, der spricht fließend arabisch und verbringt regelmäßig seinen Urlaub in arabischen Ländern. Dagegen wurde der türkische Islam nur insofern zur Kenntnis genommen, wie es die politische Situation erforderte. Die Folge war, dass die ungeheure Vielfalt in der Weltgemeinschaft der Muslime, die Umma, nicht gesehen wurde. Zu ihr gehören sowohl die islamischen Mehrheitsgesellschaften des Orients und Indonesiens als auch die große Zahl der Minderheiten von der Volksrepublik China über Europa und Nordamerika bis hin zum fünften Kontinent.[25] Einzelne dieser Minderheiten blicken zurück auf eine sich über Jahrhunderte hinweg erstreckende Geschichte innerhalb ihrer Mehrheitsgesellschaft. In Europa gilt dies für die Tartaren in Polen ebenso wie für Pomaken in Bulgarien und die Bosnier, in Asien sind zum Beispiel die Uighuren in China oder die Muslime in Myanmar, dem früheren Burma, zu nennen.

Da heute alle großen Religionen irgendwo Minderheiten sind und in anderen Regionen Mehrheiten bilden, ist Minderheitenpolitik fast stets zugleich Außenpolitik. Ein beliebiges innenpolitisches Ereignis kann heute jederzeit zu einer außenpolitischen Herausforderung werden, wenn es entsprechend medial aufgegriffen wird. Im Jahre 2006 waren es beispielsweise Karikaturen in einer dänischen Zeitung, die zu weltweiten Protesten führten, beziehungsweise Urteile eines Provinzrichters in Westafrika gegen eine Frau, die zum Tode durch Steinigung verurteilt wurde, wovon deutsche Muslime sich deutlich distanzierten.

In zahlreichen dieser Kontexte finden in steigendem Umfang Dialogkonferenzen statt, die sich jedem nur erdenklichen Thema zuwenden. Die Ergebnisse und Referate werden anschließend publiziert und/oder in das Internet gestellt. Die Konsequenz ist eine solche Fülle von Literatur, dass selbst Fachleute in den letzten Jahren den Überblick verloren haben. Dies gilt für Deutschland und Westeuropa ebenso wie für den nordamerikanischen Kontinent. Inzwischen sprechen manche Beobachter vom Dialogtourismus, innerhalb dessen sich eine Art Zoobesuch entwickelte.

Bei genauem Hinsehen, so schrieb kürzlich der arabische Journalist Adel Abdel Halim, zielen diese Treffen darauf, über den interreligiösen Dialog die politischen Differenzen zwischen den Staaten mit islamischen Mehrheitsgesellschaften und den Industrieländern zu überbrücken, ohne deren Ursachen selber zu bearbeiten oder wenigstens

---

25 Einen Überblick bieten die Beiträge in der Zeitschrift Muslim Minority Affairs, die in England erscheint. Internet: www.tandf.co.uk

das globale Ungleichgewicht zu thematisieren. Udo Steinbach nannte während einer Diskussion in Hannover solche monologischen Dialogen „Als-ob-Dialoge". In Wirklichkeit wolle jeder der Beteiligten bloß seine Weltsicht bestätigt sehen.

Da für die Menschen auf der Ebene der Graswurzel kaum greifbare Ergebnisse herauskommen, besteht die akute Gefahr des Missbrauchs des interreligiösen Dialogs. Zudem empfinden nicht-europäische Muslime die Jahre des Dialogs nicht als Chance zum wechselseitigen Lernen, das heißt als Lerngeschichte, sondern als Strategie der Diskrimination, die erst ein islamisches Gegenüber aufbaut, um es dann gegen die Wand laufen zu lassen.

1.8 Dialogische Begegnung

Und dennoch begegnen sich einzelne Menschen - trotz dieses zum politisch-diplomatischen Geschäft herangewachsenen Dialogs - in besonderen Situationen, ereignet sich personaler Dialog. Er durchbricht die soziale Kontextualität der Umstände, ohne sie aufzulösen; vielmehr treten sie für die Dauer der Begegnung in den Hintergrund. Solch ein Gespräch ist immer nur Möglichkeit und daher nicht systematisch herstellbar. Es entzieht sich geradezu jeglichem Versuch zur Planbarkeit, die die sozialwissenschaftliche Methodik bisher zur Verfügung gestellt hat, und ist in Folge dessen nur deskriptiv fassbar. Es gibt zudem kaum literarische Arbeiten, in denen dieser personale Dialog reflektiert wird. Wer immer darüber diskutiert, kommt rasch zu den gleichen Ansätzen: Martin Bubers „Dialogisches Leben" oder Emmanuel Lévinas' „Zwischen uns".

Was aber lässt nun die kontextuelle Option zur Wirklichkeit werden? Warum tritt plötzlich der soziale Rahmen üblicher Kommunikation in den Hintergrund und wird aus dem Austausch von Information im weitesten Sinne Gespräch, in dem die Kategorie des „Ich und Du" die korrekte Beschreibung ist.

Das Bemerkenswerte ist, dass es ausnahmslos duale Begegnungen sind. Urs von Balthasar beschrieb dies schon, als er sich an Martin Buber wandte: Es müssten sich erst die Säle geleert haben und Stille eingetreten sein, um mit dem Anderen in den Dialog treten zu können. Er beginne erst dann.[26]

---

26 Vgl. Bart D. Kateregga und David W. Schenk; Woran ich glaube. Ein Muslim und ein Christ im Gespräch; Neufeld Verlag, Schwarzenfeld, 2005 Seite 10f.

Für einen europäischen, deutschen Muslim wie mir gab es noch einen weiteren Grund, sich im Dialog zu engagieren. Es war der ständige Ärger darüber, dass manche meiner orientalischen Freunde, zahlreiche Islamwissenschaftler und andere, ständig davon sprachen, dass „der" Islam in der Krise stecke, dass „der" Islam einen Martin Luther brauche, dass „der" Islam eine „wirklich offene Reformdebatte brauche, die niemanden ausschließen dürfe", die Tore des Idjtihad wieder geöffnet werden müssten und so weiter. Solche Sätze lassen sich beliebig aneinanderreihen. Hingegen meinte ich, dass es keinen moderneren Glauben als den Islam gibt. Staunend erlebte ich die Schwierigkeiten nichteuropäischer Muslime beziehungsweise die mich geradezu befremdenden Interpretationen des ehrwürdigen Textes mancher europäischer Wissenschaftler. Beides zwang mich dazu darüber nachzudenken, warum ich keine Probleme mit dem Islam hatte, während andere sie zu haben schienen. Eines imponierte mir am ehesten. Ich hatte als Europäer keine Schwierigkeiten mit dem Bildungssystem, das ich durchlaufen hatte und das meine europäischen Vorfahren als bildungsimperiales Gedankengut in die Kolonien transportiert hatten. Und ich hatte auch keinen Minderwertigkeitskomplex, weil meine Zivilisation zurzeit die globale Entwicklung anführt.

Ich ärgerte und ärgere mich jedoch darüber, dass einige Wurzeln unseres Denkens so gut wie vergessen sind wie etwa das philosophische und naturwissenschaftliche Erbe Andalusiens[27]. Katharina Mommsen sprach in einem mündlichen Vortrag davon, „dass die Deutschen wie auch die anderen europäischen Völker ihre kulturelle Dankesschuld gegenüber den Arabern aus ihrem kollektiven Gedächtnis getilgt" hätten. Arbeiten, mit denen die Erinnerung wieder in das Bewusstsein der Gegenwart gehoben werden könnten, erreichen eben noch die Seiten der Feuilletons. Dies gilt leider auch für Karl-Josef Kuschels Untersuchung über das Verhältnis Lessings zum Islam[28].

Viele Muslime und vor allem Araber erklären das Phänomen mit „orientalischen Verschwörungstheorien", was ich für allzu durchsichtige Ausreden hielt. Mir schienen die arabischen und andere Gesellschaften eher daran zu leiden, dass sie einen entscheidenden Schritt Europas nicht ebenfalls vollzogen hatten. Zwar ist richtig, dass die Araber im Kontext ihrer alchemistischen Forschung die Prinzipien des Experimentes als Erstes einsetzten; aber in Zentraleuropa wurde das Experi-

---

27 Vgl. etwa Sigrid Hunke; Allahs Sonne über dem Abendland; Fischer Taschenbuch 3543, Frankfurt, 1991

28 Karl-Josef Kuschel; Vom Streit zum Wettstreit der Religionen; Patmos, Düsseldorf, 1998

ment als Methode der Manipulation der Gegenstände der Welt in der Weise systematisch eingesetzt, dass man nicht nur Erkenntnis gewinnen wollte, sondern erfolgreich so manipulieren wollte, dass man schließlich damit in die industrielle Produktion gehen konnte, um Gewinn zu erzielen[29]. Über den methodischen Atheismus der Natur- und Ingenieurwissenschaften wurde aus der Schöpfung die Welt. Wilhelm Wundt übertrug ihn auf psychologische Phänomene, und die Soziologen wandten ihn bei der Beschreibung menschlich gesellschaftlichen Verhaltens an. All dies entwickelte sich nicht von heute auf morgen, vielmehr bedurfte es Jahrzehnte, bis sich das Prinzip durch den Erfolg[30] vor allem in den Ingenieurwissenschaften durchgesetzt hatte.

Natürlich waren Muslime außerhalb dieses meines Kontinentes entsetzt, als man mit der gleichen Haltung an die Entstehung der Umma heranging. Ich hatte damit niemals Schwierigkeiten, weil auf diese Weise die Großartigkeit der Persönlichkeit Mohammeds und seines Lebenswerkes hervortrat, weshalb ich mich in meinem Glauben bestätigt sah.

Daher lese ich als Intellektueller der europäischen Gegenwart den ehrwürdigen Text anders als mein kaukasischer oder uighurischer Glaubensbruder. Und wenn ich mich mit diesen unterhalten möchte, dann muss ich mich in tiefer Achtung vor seinem Verständnis zurücknehmen, denn, so heißt es in der Tradition der Umma, „die Meinungsvielfalt meiner Gemeinde ist eine Gnade". Dies betrifft insbesondere die große Fülle der Traditionen der arabisch-, asiatisch-, turko-islamischen Völker, deren politische und Geistesgeschichte andere Fragen aufwarf als die europäische beziehungsweise insbesondere die deutsche.

Ein europäischer Muslim steht daher in einem doppelten Dialog: Zum einen gilt es, seinen islamischen Glauben dem Europäer verständlich zu machen, und zum anderen, dem islamischen Bruder unsere europäische Entwicklung einsichtig zu machen.

Dabei standen die nicht-europäischen Muslime lange Jahre verständnislos vor dem Phänomen des sich ausbreitenden Desinteresses an religiösen Fragen und der inneren Vielfalt der christlich-theologischen Positionen, während jene Muslime, die hier heranwuchsen, sich ständig herausgefordert fühlten, ihre praktizierte Gläubigkeit verteidigen

---

29 Jürgen Habermas; Erkenntnis und Interesse, Theorie 2; Suhrkamp Verlag, 1969

30 H. Otto Sibum; Wie die Braukunst die Physik beflügelt; Max-Planck-Forschung, 2/2006, Seite 60

zu müssen. Mancher Schüler und vor allem manche Schülerin erlebte ihre Schulzeit als ständigen Kampf gegen die Diskrimination. Es wäre Unsinn, würde jemand diese Aussage auf „die" Schule und „die" Lehrer verallgemeinern. Das Problem war und ist die Präsenz des einen oder anderen in der Schule, der aktiv und insbesondere nonverbal seinen Abstand zum Islam deutlich machte. Glaubensferne Lehrerinnen können dabei Jungen aus der Klasse verdrängen. In tiefem Protest zu solchem Verhalten habe ich immer wieder einzelnen muslimischen Schülern „Nachhilfe" gegeben, die darin bestand, den Betreffenden psychologisch über Wasser zu halten. Die Fähigkeit, die Dialogerfahrungen als Übersetzungsoption zu nutzen, war hier die einzige Chance, den Jungen zu helfen. Und ich habe mich stets gefragt, wie Mädchen die analogen Probleme ob ihres Kopftuches verarbeiten. Aus den Nachhilfekreisen erzählte man mir, dass sich die identischen Vorgänge bei manchen Mädchen abspielen. Wenn die Eltern der Mädchen darauf angesprochen werden, um sie zum Protest zu ermutigen, dann scheuen sich diese meist, etwas zu tun.

Produzieren wir in unseren Schulen möglicherweise die Schulversager? In den schulischen Abschlusskursen der verschiedenen Träger der Erwachsenenbildung schien sich diese Vermutung zu bestätigen.[31] Hier wurden und werden manche Schülerinnen und Schüler aufgefangen, was das Problem selber nicht löst. Solche Vorfälle waren für mich wesentlicher Antrieb zum Dialog und dafür, ihn über die Jahre durchzuhalten. Unter der Überschrift des „Verschleißes" werde ich hierauf näher eingehen.

Im Laufe der Jahre wurde ich immer wieder von türkischstämmigen Muslimen gefragt, warum ich kein Türkisch spräche. Meine konstante Antwort war, dass sie in Deutschland lebten und erst einmal Deutsch lernen müssten, denn spräche ich Türkisch, würde ich im Gespräch nur Türkisch benutzen, so dass sie nie zum Deutschen kämen. Diese scheinbar nationalistische Antwort deutet jedoch auch auf eine grundsätzliche Frage. Wir deutschen Muslime lernen die Praxis des Islams stets durch nicht-deutsche Gläubige, das heißt mein Ringen um die Sprache korrespondierte zu meinem Wollen, Deutscher zu bleiben, was durch mein Festhalten an der Sprache, den Höflichkeitsformen und der Suche nach der künstlerischen Bewältigung der Moderne deutlich wurde, so dass viele Menschen völlig verblüfft waren, wenn sie von jemandem erfuhren, dass ich Muslim bin. Zugleich war ich mir der Geschichte der Minderheiten in Europa bewusst und fragte nach

---

31 In mehreren Fällen gelang es an meiner Volkshochschule, „Versager" in der Hauptschule bis zum Realschulabschluss zu bringen.

ihren Spuren in unserem Bewusstsein. In diesem Zusammenhang schrieb Feridun Zaimoglu: „Ich stellte also erstaunt fest, ‚wir' Menschen mit Migrationshintergrund - kommen in der Aufnahmekultur nicht vor. Unsere Mitbürger haben einen Migrationshintergrund, unsere Kochkünste und unser Einrichtungsstil auch. Nicht aber unsere Gegenwartskultur. [...] Einige Musiker, einige Prosaiker, eine Handvoll Filmschaffende, sie sind zahlenmäßig unterrepräsentiert, sie sind zu wenige, um als Gegenargument zu gelten."[32]

Aber vielleicht müssen wir noch auf einen islamischen Louis Lewandowksi[33] warten, der einst die Orgel in die Synagoge einführte. Mein wiederholter Versuch, einen breiten ästhetischen Dialog anzuregen, gelang bisher nicht. Die Internetseiten von ‚Qantara', des Auslandsinstitutes und ‚Universe in Universe' mühen sich seit Jahren um einen intellektuellen Zugang, der faszinierende Ergebnisse ermöglichte, die kaum zur Kenntnis genommen wurden und werden.[34]

Dennoch bleibt die Kunst, wie Goethes „Ost-westlicher Diwan" zeigt, die Option des Gespräches.

Der interreligiöse Dialog steht im deutschen Diskurs nicht isoliert, vielmehr gehört er in den allgemeinen gesellschaftlichen Diskurs, in dem es auch um Fragen der Entwicklungszusammenarbeit, des Umweltschutzes, der Menschenrechte und der Außenpolitik geht. Man mag sich über Einlassungen, die von dort kommen, ärgern, weil sie unter Umständen den stringenten Fortgang einer Diskussion stören, aber manche Dialog-Tagung wird von einer Bundesinstitution gleich der Bundeszentrale für politische Bildung gefördert, zu denen das Gespräch glaubender Bürger wohl nicht gehört. Dennoch informieren diese Institutionen über *„den"* Islam und tragen so zum Dialog bei. Es sind stets Außenansichten, die nur bedingt mit den Innenansichten der Muslime übereinstimmen, obwohl sie aus der Feder deutscher wie europäischer Experten stammen. In Deutschland zu dialogisieren, bedeutet daher für Muslime, sich mit Argumenten, Darstellungen und Theorien aus den Politikwissenschaften, der Orientalistik, Anthropolo-

---

32 „Die Welt" vom 26. April 2008

33 Louis Lewandowski (1821–1894) lebte in Berlin und reformierte die synagogale Musik. Während seine weltlichen Kompositionen vergessen wurden, gehören seine synagogalen Melodien bis heute zum festen Bestand jüdischen Gottesdienstes. Vorsteher der jüdischen Gemeinde war zu jener Zeit der Major der Garde-Artillerie Meno Burg, der dem Glauben seiner Väter treu blieb und lieber auf eine militärische Karriere verzichtete.

34 Vgl. etwa http://www.qantara.de/webcom/show_softlink.php/_c-365/i.html; http://universes-in-universe.org/deu/index.html

gie beziehungsweise Soziologie im religiösen Diskurs auseinanderzusetzen. Mancher Abend, der theologisch begann, endet dann in einer gesellschaftspolitischen Debatte, in der die Stimme des Glaubenden stört.

2 Standpunkt und Perspektive

2.1 Perspektivenwechsel und Dialog

Mein erstes Universitätsseminar

Als mich im Sommer 1992 Professor Weinrich aus Paderborn anrief und fragte, ob ich an seiner Hochschule ein Seminar mit dem Thema der „Einführung in den Islam" halten könne, da war ich nicht nur erschrocken, sondern zugleich skeptisch. Ich hatte doch weder einen universitären Abschluss noch eines der für Europäer einschlägigen Fächer studiert, das heißt Orientalistik oder Islam- beziehungsweise Religionswissenschaft. Er hielt mir entgegen, dass man in der Fakultät über meinen Beitrag auf dem evangelischen Kirchentag im Ruhrgebiet gesprochen habe und zu der Auffassung gekommen sei, mich zu fragen. Schließlich sagte ich zu, ohne zu ahnen, in welche Abenteuer ich mich stürzen würde.

So stand ich im Wintersemester vor einem von Studenten überfüllten Hörsaal, die kaum zuhörten, vielmehr mich am Ende der ersten Veranstaltung mit Fragen bombardierten, die den vorurteilsbelasteten Standardfragen zum Islam, den FAQs[35], entsprachen und enttäuscht waren, dass ihnen jemand eine nüchterne Darstellung zum Lernen zugemutet hatte. Ich wies daher daraufhin, dass die angesprochenen Probleme im Laufe des Semesters diskutiert und nicht im Voraus aus dem Zusammenhang gerissen einzeln behandelt würden. Die Folge war, dass zur zweiten Veranstaltung nur noch die Hälfte der Studenten kam.

Die größere Problematik sollte jedoch am Ende des Semesters auf mich warten. Als ich in der letzten Veranstaltung die noch Verbliebenen bat, mich nach dem zu fragen, was sie nicht verstanden hätten beziehungsweise als offen gebliebene Fragen ansähen, bekam ich alle jene Fragen zu hören, die mir schon am Ende der ersten Veranstaltung gestellt worden waren und von denen ich angenommen hatte, dass ich sie während des Semesters aufgearbeitet hatte. Meine Antworten enthielten daher ständig Rückbezüge auf den bereits behandelten Stoff, was die Studenten gerade zu verärgerte. Diese Szene wiederholte sich

---

35 FAQ ist die Abkürzung für „frequend asked questions". Sie umfassen im Falle des Islams folgende Themen: Stellung der Frau einschließlich der Frage des Kopftuches, Schari'a beschränkt auf Apostasie und Körperstrafen, Schächten, Dschihad in der Interpretation als „heiliger Krieg", Beerdigung, Großfamilie und Moscheebau.

in den nächsten beiden Semestern, was mich verzweifeln ließ. Sollte ich nicht besser aufhören? Warum versagte meine Bearbeitung des Stoffes? Was machte ich falsch? Wirkte ich als deutscher Muslim nicht überzeugend? Irritierte die wissenschaftliche, nüchterne Diskussion meines Glaubens, des Islam?

Auf langen Wanderungen durch die Landschaft Ostwestfalens zwischen Gütersloh, wo wir damals wohnten, und dem früheren Zisterzienserkloster in Marienfeld verband ich immer wieder die am Ende gestellten Fragen mit den einzelnen Abschnitten meiner Darstellung des Islam. Bis ich schließlich mich eines Experimentes im Seminar Professor Carl-Friedrich Graumanns, meines Heidelberger Lehrers, entsann.

Er hatte uns damals eine Streichholzschachtel in die Hand gegeben und gebeten, sie vor uns hinzulegen, um sie zu beschreiben. Es ging um die von ihm in einer Arbeit entfaltete Perspektivität. Schon damals hatte ich mir den schmalen Band[36] gekauft und fasziniert durchgearbeitet, aber längst vergessen.

Es bedurfte daher der Suche in den Unterlagen meiner Studentenzeit, um das Buch zu finden. Als ich es schließlich in der Hand hatte, fand ich meine Erinnerung und Annahme bestätigt. Die Perspektivität konnte eine Lösung meines Problems darstellen. Im Laufe der Jahre baute ich diesen Ansatz so aus, dass ich ihn in den unterschiedlichsten Kontexten darzustellen vermochte. Allerdings nahm ich keine Streichholzschachtel, sondern einen vierbeinigen Stuhl, den ich auf den Tisch neben das Vorlesungspult stellte, um die schlichte Frage zu stellen: „Was sehen Sie?"

Stets fiel und fällt es den Studenten beziehungsweise anderen Hörern schwer, ihre Wahrnehmung wiederzugeben. Meist musste ich fragend nachhelfen: Wer sieht alle vier Stuhlbeine? Wer sieht nur zwei? Sehen sie die Sitzfläche?

Die anschließend gestellte Frage, was man denn nicht sähe, erwies sich als noch schwieriger. Und wieder musste ich nachhelfen:„Sehen sie die Rückenlehne teilweise oder ganz? Sehen sie von ihrem Standpunkt aus auch die Rückseite der Lehne?" Oder: „Können sie sehen, worauf der Stuhl steht?"

Hierauf ging ich an die Tafel und entwarf eine Skizze, in deren Mitte der Stuhl stand.

---

36 Carl Friedrich Graumann; Grundlagen einer Phänomenologie und Psychologie der Perspektivität; Walter de Gruyter Verlag, Berlin, 1960

Um dann mit der Frage fortzufahren, ob meine Beschreibung der für die Studenten nicht einsehbare Rückseite der Stuhllehne wahrer sei als die ihre von der Vorderseite? Und auf welche Weise man überprüfen könne, ob meine Aussage korrekt sei? Die spontane Antwort hieß, indem jemand meinen Platz hinter dem Stuhle einnähme, das heißt einen Standpunktwechsel vollzöge.

Meist herrschte Erleichterung, so spontan reagiert zu haben, um dann wiederum verblüfft zu sein, als es hieß, sich vorzustellen, der vor ihnen stehende Gegenstand stände in einer anderen Kultur, zum Beispiel im Heiligtum einer Naturreligion; wäre er dort der Stuhl, den man jetzt erblickt? Unter Umständen wäre er dort ein Altar, auf dem den Geistern Opfer dargebracht würden. Im Dorf besäße daher niemand einen solchen Gegenstand. Im Gegensatz dazu wüsste jeder, der den Hörsaal beträte, sofort, dass es sich um einen Gebrauchsgegenstand, das heißt um einen Stuhl, handelt. Der Horizont, in dem ein Gegenstand stünde, definiere also den Gegenstand mit.

Träfe ein schlichter Bauer, so fuhr ich fort, im achten Jahrhundert in einem steinernen Gebäude auf einen Stuhl, so schlösse er auf eine Autorität, denn zu jener Zeit besaßen nur solche Personen überhaupt einen Stuhl, daher müsse durch den Horizont eine Zeitachse gelegt werden, um einen Gegenstand eindeutig zu lokalisieren.

Die sich anschließende Frage behandelte die Problematik des Blickpunktes anfangs nur kursorisch. Es hat eine Weile und manche Diskussion hindurch gedauert, bis ich zwischen Blickpunkt und Standpunkt zu unterscheiden begann. Der Blickpunkt impliziert einen Standpunkt, das heißt jemand steht an einem Ort und schaut von diesem auf einen Gegenstand, der sich ihm unter der mit seinem Standpunkt verbundenen Perspektive entfaltet, während er den Blick über den Gegenstand gleiten lässt.

Die Perspektive von dem einmal eingenommenen Standpunkt verschattet vieles vom Gegenstand, das der Betrachtende nur dann wahrzunehmen vermag, wenn er seinen Standpunkt willentlich wechselt. Aber vermag er dieses beliebig zu tun? Der Standpunkt ist ein Teil des Horizontes, in dem ich stehe. Er ist in sich dadurch strukturiert, dass personale und gesellschaftlich kulturelle Zeitlichkeit ihn ebenso bestimmen wie Annahmen über ihn. Da nicht jeder dieser Faktoren von jedermann geteilt werden kann oder auch nicht jeder gewillt ist, ihn für sich zu akzeptieren, gibt es Standpunkte, zu denen man nicht wechseln kann und will. Schließlich habe ich mich einst für meinen Standpunkt entschieden. Bewusst oder unbewusst sonderte sich der sich Entscheidende mit dem Willen, diesen und nicht einen anderer Standpunkt einzunehmen, von anderen und anderem ab. Dies tut jeder, der allein schon den Willen zu einem Standpunkt aufbringt. Dabei gilt es zu bedenken, dass es durchaus nicht zwangsläufig ist, diesen Willen aufzubringen. Das Leben lässt sich, wie der hedonistische Individualismus demonstriert, auch ohne einen solchen genießen. Der religiös Gleichgültige, Unmusikalische, mag noch nicht einmal die Option, sich im Letzten entscheiden zu können, wahrnehmen.

Standpunkte

Der Entschluss, diesen und keinen anderen Standpunkt einzunehmen, impliziert die Fähigkeit zur Orientierung. Es ist, als wenn jemand auf einer Landkarte oder einem Stadtplan seinen augenblicklichen Standort festlegt, um danach zu sagen, auf welchem Wege er zu seinem Ziel gehen will.

So befinden sich die Standpunkte der drei abrahamischen Glaubensweisen zwar innerhalb ein und desselben Horizontes, aber es ist mir als Muslim nicht möglich, den christlichen oder jüdischen Standpunkt einzunehmen, weil in beiden Standpunkten der sie charakterisierende Faktor der Kontingenzbewältigung mich daran hindert. Ich müsste meinen aufgeben, um einen der beiden anderen einnehmen zu können. Und meine Position ist durch den Tauhid[37], den Qur'an als Seinem Wort und die Prophetenschaft Mohammeds definiert.

Wenn ein Standpunktwechsel zur Verifikation der Aussagen eines anderen über dessen Sichtweise auf einen gemeinsam betrachteten Gegenstand nicht möglich ist, dann muss der Hörende darauf vertrauen, dass der mit ihm Sprechende wahre Sätze über die von ihm gesehene Ansicht des gemeinsam wahrgenommenen Gegenstandes sagt. Der Vertrauensvorschuss gilt wechselseitig.

Die vom christlichen Standpunkt, in dessen Struktur Karfreitag, Ostern und Pfingsten konstitutive Faktoren sind, zu entwerfende Perspektive auf die Prophetie zeigt eine durchgehende Sicht von Adam über Abraham zu Jesus, die durch den Begriff „Heilsweg" Gestalt gewinnt.

Und vom muslimischen Standpunkt aus, in dessen Struktur der Qur'an der Gestalt bildende Faktor ist, ergibt sich eine ebenso widerspruchsfreie Perspektive von Adam über Abraham bis zu Mohammed.

Die Standpunkte aller drei abrahamischen Glaubensweisen gewinnen ihre jeweilige Gestalt durch den Akt der spezifischen Kontingenzbe-

---

37 Das Bekenntnis der Einheit und Einzigkeit Gottes.

wältigung, in dem der Ort der Offenbarung festgelegt wird: Für Christen ist es die Person Jesu am Kreuz, für Muslime der Qur'an und für Juden die an ein Volk gebundene historische Zeit. Da keine Kontingenzbewältigung im Vakuum stattfindet, das heißt außerhalb oder ohne einen sozial vermittelten Horizont, was geradezu als unmöglich erscheint, kann die Frage, was denn sich zuerst konstituiere, der Standpunkt oder der Horizont, nicht entschieden werden. Es gehört zur Anthropologie des Menschen, der Conditio humana, in einem Horizont geboren zu werden und seine Gegenstände mit dem Erwerb einer tradierten Sprache zu identifizieren, die durch die Erfahrungen im vorgegebenen Horizont gebildet wurde und sich entwickelte. In diesem Allgemeinplatz wird meist übersehen, dass dies auch für die Perspektive gilt. In der Perspektive können Ansichten und Gegenstände sichtbar sein, die von einem anderen Standpunkt aus nicht zu sehen sind, das heißt, nicht existieren. So ergibt es sich aus der Logik der christlichen Perspektive, von Abraham bis zu Jesus von einem Heilsweg zu sprechen, während sich für Muslime aus der Logik ihrer Perspektive die Permanenz des Tauhid ergibt: Alle Propheten lehrten das Zeugnis von der Wahrheit des Einen.

Beide Begriffe, der des Heilsweges wie der des Tauhid, sind nur im abrahamischen Horizont bedeutungsvoll. Dies wird dem Betrachter dann spontan bewusst, wenn er aus dem Haus Abrahams hinaustritt und über die Straße in den Garten des ostasiatischen Nachbarn geht.

Die Konsequenz aus diesem denkerischen Ansatz ist, dass Juden, Christen wie Muslime zwar über eine große Anzahl von gemeinsamen Gegenständen im gemeinsamen Horizont verfügen, aber unterschiedliche Ansichten von ihnen haben. So meinen beide, ihrer besonderen Einstellung zur Transzendenz mit dem Begriff der *„Gottesfurcht"* beziehungsweise der *„Taqwa"* Ausdruck geben zu können.

Das Wort Taqwa enthält die Wurzel w-q-y, was im Deutschen wörtlich mit abwehren, sich schützen gegen, beachten oder bewahren wiedergegeben werden kann. Im koranischen Sinne, so zitiert Farid Esack aus einer Arbeit Jafris, meint Taqwa, „in seinem Tun darauf zu achten, dass man Gott gegenüber Rechenschaft ablegen muss"[38]. Der Begriff ist nicht nur fest mit dem Terminus Gott verbunden, sondern ebenso mit dem sozialen Handeln:

---

38 Farid Esack; Qur''an, Liberation & Pluralism; Oneworld Verlag, Oxford (UK), 1987, Seite 87

> „Was nun den anbetrifft, der gibt und Gott fürchtet, und das Beste für wahr erklärt, dem machen Wir den Weg leicht." (Qur'an 92: 5–7)
>
> „Wer aber seiner Verpflichtung nachkommt und gottesfürchtig ist - wahrlich, Gott liebt die Gottesfürchtigen."(Qur'an 3: 76)
>
> „Diejenigen, welche gläubig sind und glauben und das Gute tun, sind nicht in Sünde hinsichtlich dessen, was sie genossen haben, wenn sie nur gottesfürchtig sind und glauben und das Gute tun, und weiter gottesfürchtig sind und glauben, und abermals gottesfürchtig sind und Gutes tun; denn Gott liebt die, welche Gutes tun." (Qur'an 5: 93)

Taqwa wird im Qur'an mit der Rechtleitung verbunden (Qur'an 2: 2). Sie ist somit eine Grundhaltung der Glaubenden, die im Bewusstsein ihrer eschatologischen Verantwortung sich stets fragen sollten, ob sie ihr Handeln zu verantworten vermögen. Sie zwingt daher zum Innehalten und zur Introspektion. So kann Taqwa über die kritische Selbstbeurteilung zur allgemeinen Kritikfähigkeit auf der Folie des Tauhid wachsen. In Südafrika führte sie bei Farid Esack über die Auseinandersetzung mit der Apartheid zu einem Ansatz, den man als islamische Befreiungstheologie bezeichnen kann.

Dialog lernen

Die phänomenologische Diskussion bestätigt die Unterscheidungen, die Karl Ernst Nipkow in seinem Ansatz dialogischen Lernens entwickelte.[39] Er empfahl zwischen dem, was eint, und dem, was trennt, zu unterscheiden, um dann den wirklichen Dialog der Worte oder den des Lebens aufzunehmen. Dies bedeutet, dass die Dialogisierenden zu Beginn ihres Gespräches sich darüber einig werden, dass sie über ein und denselben Gegenstand reden werden, was durchaus schwierig sein kann, wenn etwa in der Perspektive des Christentums ein Gegenstand gleich dem Heil sichtbar ist, den es in der islamischen Perspektive nicht gibt. Hier hilft es auch nicht, diesen Gegenstand in die andere Perspektive unter der Frage zu projizieren, was er sein könnte, hätten ihn denn die Muslime.

Dies gilt umgekehrt genauso. Wenn es beispielsweise im Gebetsruf heißt, die Gläubigen mögen sich zum Erfolg aufmachen – haya 'alal-falah – dann lässt sich dieser Begriff nicht in die christliche Perspektive

---

39 Karl Ernst Nipkow; Christliche Pädagogik und Interreligiöses Lernen; Gütersloher Verlagshaus, Gütersloh, 2005

integrieren. Er wirkt dort geradezu absurd. Dies gilt es dann auch einander ohne Scheu zu sagen.

Ist man sich jedoch einig, über einen gemeinsamen Gegenstand zu sprechen, dann heißt es für beide Seiten, sich wechselseitig darin zu vertrauen, dass der eine die „Vorderseite" seines Gegenstandes ehrlicherweise beschreibt und der andere dessen „Rückseite". Unter Umstände mögen sie in ihren Beschreibungen feststellen, dass sie die identischen Beschreibungen liefern, also die gleiche Ansicht vom Gegenstand haben.

Ein solcher Dialog der Worte führt in die Wirklichkeit des Anderen ein, ohne ihn zu diskriminieren, wodurch sie beide dann zu einem Dialog des Lebens kommen können, in dem die Andersheit des Anderen nicht mehr störend im Hintergrund steht. Erst an dieser Stelle ergibt sich die Option, den Dialog zur Lerngemeinschaft werden zu lassen, wie Wolf Lepenies forderte.[40]

Die perspektivische Reflexion wirft die Frage nach der Generalisierung analytischer Begriffe auf, die stets von einem Standpunkt aus gewonnen wurden und sich unter seiner Perspektive als hinreichend tauglich erwiesen. Neigen europäische Sozialwissenschaftler dazu, solche Verallgemeinerungen unreflektiert vorzunehmen, weil sie den Begriff unter dem Ansatz des methodischen Atheismus gewonnen hatten, das heißt mit der Annahme der Kontextlosigkeit? Sozialwissenschaften unterscheiden sich jedoch von den Natur- und Ingenieurwissenschaften insofern, als ihr methodischer Atheismus an einen sozialen Standpunkt gebunden ist.

Ein Dialog, in dem die Beteiligten sich dessen bewusst bleiben, wird deswegen mit Behutsamkeit Standpunkt und Perspektive des Anderen zu erhören versuchen, um das Ausmaß perspektivischer Überschneidungen zu erkunden, von denen aus sie ihr Differieren ausloten können. Der Umgang mit solchen Differenzen wird durch Toleranz geprägt. Ich dulde, dass der Andere in seiner Sicht von meiner Sicht differiert. Eine solche Einstellung hat nichts Diskriminierendes, sondern ist die Hinnahme der Standpunkthaftigkeit als Teil der anthropologischen Bedingtheit des Menschen. Hingegen führt das Beharren auf der aus der eigenen Perspektive und deren Vergangenheit gewonnener Sprache dann, wenn es um die Sicht des anderen auf dessen Welt geht, zwangsläufig zur Aneignung des Anderen, das heißt zur Christianisierung des Islams beziehungsweise Islamisierung des Christentums.

---

40 Vgl. etwa http://www.nzz.ch/2006/10/08/fe/newzzET1JFCLI-12.html

Die Grundlage der anderen Perspektive ist der andere Standpunkt, der durch den Faktor der Kontingenzbewältigung charakterisiert wird. Theologisch gesprochen handelt es sich um den Glaubensakt, der das Selbst nicht nur an einen Sinn bindet, sondern zugleich sich selbst deutet. Zu ihm gibt es keine Differenz festzustellen wie bei einer unterschiedlichen Ansicht, sondern ihn vermag ich nur zu respektieren, denn die Kontingenzbewältigung ist ein im letzten Sinn setzender Akt, mit dem der Mensch, das Individuum, sich selbst definiert. Dabei ist es gleichgültig, in welcher Art und Weise sie oder er es tut. Nur in dieser ihn begründenden Entscheidung ist kein Dahinter enthalten[41]. Insofern gibt die im individuellen Lebenszusammenhang vollzogene Kontingenzbewältigung, der Glaubensakt, dem Individuum seine ihn begründende Würde. Dieser Akt der Bewältigung ist kein Gefühl oder irgendeine beliebige modische Attitüde, sondern ein Akt, das heißt ein bewusstes oder unbewusstes Wollen zum Sinn für das Leben, in dem meine Zukunft und mein Werden gemeint sind. Dieser Akt ist die differentia specifica zum Zoologischen und definiert damit meine humane Würde. Das für mich im Antlitz des Anderen sichtbare Du gewinnt so zugleich seine unbedingte Würde.

Die Kontingenzbewältigung birgt den Anspruch der Sinndeutung von Welt, was viele Menschen als Wahrheitsaussage und -anspruch betrachten, ohne das Moment des Wollens zum Sinn, das der Entscheidung zur Bewältigung vorausgeht, zu bedenken.

Die Achtung des Anderen

So lässt sich wohl sagen, dass Differenzen zu dulden sind, während Andersheiten nach Achtung verlangen[42]. Über Differenzen mag man trefflich streiten, über Andersheiten geht dies nicht, wenn man dem Anderen nicht zu nahetreten will oder ihn gar seiner Würde berauben wollte. Daher verletzen verbale und insbesondere nonverbale Demütigungen[43] die Andersheit besonders tief. Wie tief sie gehen kann, das

---

41 Beispielhaft ist hier Dietrich Bonhoeffers Argumentation in seiner Arbeit „Ethik"; Kaiser Taschenbücher Nr. 161, Gütersloh, 1992, Seiten 139–140

42 Burkhard Liensch; Differenz und Dissens; in: Gerhard Kruip, Wolfgang Vögele (Hg.); Schatten der Differenz; Münster, 2006, Seiten 15–44

43 Avishai Margalit; Politik der Würde; Fischer Taschenbuch Nr. 14266, Frankfurt am Main, 1999

zeigte die Methode der logischen Entehrung, die im Verfahren der Gehirnwäsche einst eingesetzt worden ist.[44]

An dieser Stelle berühren sich die im Grundgesetz und in den Menschenrechten garantierten Freiheiten des Glaubens, der Kunst und der Meinung mit dem Axiom der Unantastbarkeit der Würde des Menschen. Die gängigen Diskurse fokussieren ob der europäischen Geistesgeschichte stets die Aspekte der Freiheit der Kunst und Meinung, während unter Muslimen aus ihrer Geistesgeschichte heraus eher die Freiheit zur Würde betont wird.

> „Oh ihr, die ihr glaubt! Kein Volk soll über ein anderes spotten." (Qur'an 49: 11)

Als anthropologisches Grundphänomen wirft die phänomenologische Perspektivität im islamischen Diskurs eine Reihe von Fragen auf wie zum Beispiel die nach der Rekonstruktion des historischen Standpunktes der Araber in der Zeit der Jahiliyya und unter den rechtgeleiteten Stellvertretern des damals gerade verstorbenen Gesandten Gottes. In den dazwischen liegenden dreiundzwanzig Jahren sprach der ehrwürdige Prophet nach und nach die Offenbarungstexte. Er selbst und die Gläubigen veränderten ihr Verhalten gemäß den Offenbarungsinhalten, daher sprechen muslimische Denker von einer progressiven Offenbarung[45].

Lebenslauf und progressive Offenbarung

Berücksichtigt man in diesem Rahmen die Resultate der psychologischen Forschung, deren Disziplin der Lebenslaufforschung zeigte, in welch hohem Umfange Menschen sich in ihrem Lebenslauf lernend und reifend verändern können, dann ließe sich die Progressivität der Offenbarung als Weg der Reifungsanforderung beschreiben.

---

44 Robert J. Lifton; Thought Reform - A Psychiatric Study of "Brainwashing" in China; London, 1952

45 Farid Esack; Qur'an, Liberation & Pluralism; Oneworld Publications, Oxford (UK), 1997, Seite 54; Omid Safi; Progressive Muslims - on justice, gender, and pluralism; Oneworld Publications, Oxford (UK), 2003

Farid Esack ging diesem Gedanken zum ersten Male im Zusammenhang mit dem Verbot, Alkohol zu trinken, nach[46]:

In der mekkanischen Periode zählt der Qur'an den Alkohol zusammen mit Milch und Honig zu den Segnungen Gottes (16: 66-69). In Yathrib, dem späteren Medina an-Nabi[47], muss es wohl Probleme gegeben haben, denn die Offenbarung lautet: „Sie fragen dich nach dem Wein und den Glücksspielen. Sprich: ‚In beiden liegt großes Übel und Nutzen für die Menschen. Ihr Übel ist jedoch größer als ihr Nutzen.'" (Qur'an 2: 219)[48]

In der nachfolgenden Offenbarung werden die Gläubigen zu konkretem Verhalten angewiesen: „O ihr, die ihr glaubt! Nähert euch nicht angetrunken dem Gebet, bis ihr wisst, was ihr sagt, und auch nicht von Samen befleckt, bis ihr euch gewaschen habt." (Qur'an 4: 43)

Aber auch diese Anweisung zeigte nicht die Wirkung, weiteren Missbrauch zu verhindern, so dass nun das Verbot ausgesprochen wurde: „O ihr, die ihr glaubt! Siehe, Berauschendes, Glücksspiele, Opfersteine und Lospfeile sind ein Greuel, Satans Werk. Meidet sie, auf dass es euch wohl ergehe."

Der Weg führte über die Lenkung des Bewusstseins auf ein Problem über die Sensibilisierung bis hin zum Verbot. Oder, um es ein wenig flapsig zu formulieren: Von pubertärer Fröhlichkeit zur Abstinenz des Erwachsenen.

Das gleiche Reifungskonzept zeigt sich hinsichtlich des Geschlechterverhältnisses, wenn man die relevanten Textstellen in den (Reifungs-) Kontext eines Lebenslaufes stellt:

> 81: 8
> „ ..., und wenn das Mädchen, das verscharrt wurde, gefragt wird, welcher Sünden wegen es denn getötet wurde, ... dann wird jeder erfahren, was er vorgebracht hat."
>
> 2: 228
> „Die Frauen haben dasselbe zu beanspruchen, wozu sie (ihrerseits den Männern) verpflichtet sind."

---

46 Farid Esack, a.a.O., Seite 59

47 Die Übersetzung lautet: Stadt des Propheten. Der deutsche Sprachgebrauch hat dies auf das Wort Medina verkürzt.

48 Der Koran in der Übersetzung von Max Henning und Überarbeitung von Murad Hofmann

4: 1
„Ihr Menschen! Fürchtet euren Herrn, der euch aus einem einzigen Wesen geschaffen hat."

30: 21
„... Und es gehört zu seinen Zeichen, dass Er euch aus euch selbst Gefährten[49] erschaffen hat, damit ihr bei ihnen wohnet. Und Er hat Liebe und Barmherzigkeit zwischen euch gemacht. Darin sind Zeichen für Leute, die nachdenken."

2: 187
„Erlaubt ist euch, in der Nacht der Fastenzeit Umgang mit euren Frauen zu haben. Sie sind eine Bekleidung für euch, und ihr seid eine Bekleidung für sie."

In Mekka ging es darum, die Achtung vor dem menschlichen Leben gegen den männlichen Anspruch durchzusetzen; danach scheint es um die Gleichrangigkeit Seiner Geschöpfe gegangen zu sein, um dann ein Lebensziel für beide zu entwerfen, dessen erste „Stufe" wechselseitige Liebe und Barmherzigkeit sind. Nun zählen Liebe und Barmherzigkeit zu den schönsten Namen Gottes (isma al-husna), von denen die Muslime sagen, dass der Gläubige sie in seinem Leben widerspiegeln soll. Am Ende dieses Reifens stände, einander zum wechselseitigen Schutz zu werden. Dies ist eine das gesamte Leben umfassende und zum partnerschaftlichen Reifen herausfordernde Vision, die wohl nur wenige Paare ganz erreichen. Da diese Herausforderung im Kontext des Fastenmonates geoffenbart wurde, wird das gemeinsame Reifen in den Kontext eines auf Ihn ausgerichteten Lebens gestellt. „Als Gott," so lässt sich ein Satz Ömer Ozsoys anfügen, „Sein Wort um den Preis der Begrenzung auf Geschichtliches, Menschliches an die Menschheit richtete, tat Er dies in dem Willen, denselben immanenten, geschichtlichen, menschlichen Zustand zu ändern."[50]

Wesentlich an dieser Zusammenstellung der Textstellen ist, dass der Standpunkt, der durch die Lebenslaufpsychologie zur Verfügung gestellt wird, den Blick auf den unberührbaren Text lenkt, der so eine Transparenz gewinnt, die im siebten Jahrhundert nicht zur Verfügung

---

49 Die gängigen Übertragungen verwenden hier das Wort „Gattinnen", während Fatima Grimm und ihre Mitarbeiterinnen sich für neutrale Wort „Gefährten" entschieden. (Die Bedeutung des Korans; Seite 1927, Bd. 4, München, 2998). Diese feministische Interpretation führte zu heftigen Gesprächen.

50 Ömer Oszoy; Erneuerungsprobleme zeitgenössischer Muslime und der Koran; in: Felix Körner SJ, Alter Text - neuer Kontext, Freiburg im Breisgau, 2006, Seite 27

stand. Die Muslime nennen einen solchen Wissensgewinn „Ilm". Der Begriff meint jenes Wissen, das das Verständnis für die Herrlichkeit Seiner Schöpfung vertieft, und nicht ein schlichtes Speichern von Informationen.

Mit dem Gott und Seine Schöpfung verherrlichenden Wissen haben Muslime noch nie Probleme gehabt. Dies gilt insbesondere für alle naturwissenschaftlichen und ingenieurwissenschaftlichen Daten. Sie werden in einer fast unbekümmerten Art und Weise rezipiert. Gleiches lässt sich von den Arbeitsergebnissen der Sozialwissenschaften nicht schlechthin behaupten. Soziologie, Psychologie oder historische Anthropologie ebenso wie eine kritische Geschichtswissenschaft lassen den Menschen in seiner sozialen Bedingtheit aufscheinen, so dass nicht nur der Mensch und sein Verhalten ohne Transzendenz denkbar werden, sondern auch das Geschehen in der Anfangsphase der Umma gänzlich neu diskutiert werden kann. Manche Orientalisten meinen, dass dies die Herausforderung für die Muslime in der Moderne sei.

Das Modell phänomenologischer Perspektivität provoziert nicht nur solche kritischen Fragen an den Standpunkt und seine Sicherung wie die Option zu seiner Weiterentwicklung. Die Nüchternheit rationaler Erforschung auch von Mythen und Legenden umwobenen Zeitabschnitten wie der Anfangsphase des Islams lässt, so meine ich, die Größe Mohammeds als historischer Gestalt wieder entstehen, deren Leistungen allein aus diesseitigen Gründen dem Muslim nicht erklärbar erscheint.

2.2 Gesellschaftliche Folgen

So gelangen Mohammed in nicht mehr als dreiundzwanzig Jahren vier Revolutionen, von denen schon jede einzelne ihm historischen Ruhm eingetragen hätte:

1. Kontingenzbewältigung

Als Mohammed die Bühne der Weltgeschichte betrat, da lagen hinter den damaligen christlichen Kirchen[51] nicht nur die großen Konzilien, sondern zugleich eine sechshundertjährige Theologie- und Kirchengeschichte sowie das Bemühen, die Menschen auf der arabischen Halbinsel für sich zu gewinnen. Christen wie Juden blieben jedoch in diesen beduinischen Gesellschaften eine Minderheit, weil ihr Monotheismus

---

51 Im 7. Jahrhundert gab es im Nahen und Mittleren Osten die byzantinische Reichskirche sowie die assyrische, armenische, koptische, nestorianische und syrisch-orthodoxe Kirche.

nicht mehrheitsfähig war. Mohammed war es möglich durch einen radikalen Ansatz, seine Zeitgenossen vom Monotheismus zu überzeugen.

2. Ethik

Die Beduinen jener Tage waren um ihres Überlebens in einer ariden Landschaft willen zutiefst an den Clan beziehungsweise den Stamm gebunden. Seinem Wohl wurde alles untergeordnet. Der Ruhm seiner Taten und seiner Krieger wurde durch ihre Dichtung über die Zeiten hinweg getragen; etwas anderes gab es für sie nicht. Ein Leben nach dem Tode schien ihnen unsinnig zu sein.

Mohammed stieß daher anfangs auf vehemente Ablehnung, als er vom Gericht und dem Leben im Paradies sprach. Doch er vermochte die Menschen von einer eschatologisch orientierten Verantwortung zu überzeugen, so dass die Taten der Menschen auf sie ausgerichtet wurden.

3. Gesellschaft

Die Stammesgesellschaften jener Zeit hatten eine festgefügte Struktur, über die sich der Einzelne definierte und zugleich von den anderen abgrenzte und die ihm zugleich lebensunterhaltliche Absicherung gab. Die Koalitionen unter den Clans wechselten häufig, wodurch den verwandtschaftlichen Beziehungen eine besondere Bedeutung zukam.

Nach seiner Auswanderung aus Mekka gründete Mohammed in Medina, dem damaligen Yathrib, die Bruderschaft der Muslime, die transtribal war und jegliche gesellschaftliche Trennung aus früheren Tagen ignorierte. Diese Egalität wurde durch ihre Beziehung zu Gott in der Weise radikalisiert, dass alle Gläubigen im Gebet Schulter an Schulter in einer Reihe standen. Niemand war Gott näher als ein anderer. Gutes und Schlechtes galten für alle in gleicher Weise. Das künftige Gericht machte keinen Unterschied zwischen den Menschen.

4. Geschlechter

Die emanzipatorisch arbeitenden weiblichen Gelehrten rekonstruierten in den vergangenen Jahrzehnten die ursprüngliche Haltung Mohammeds und bemühten sich zu zeigen, dass es im Qur'an und in der Lebensweise des Propheten eine non-patriarchale Grundhaltung gab beziehungsweise gibt, die spätestens unter dem fünften Khalifen verloren ging. So betonten sie die lange monogame Phase in Mohammeds Leben, die Ehe mit seiner ersten Frau Khadidscha, die rund 25 Jahre umfasste, und erarbeiteten eine weibliche Perspektive auf den Qur'an.[52]

5. Ästhetik des Qur'an

Von ihm weder gewollt noch beabsichtigt entstand nach seinem Tode im Jahre 632 in kaum hundert Jahren eine neue Kultur, die aus dem Bilderverbot und der direkten Theozentrizität des Muslims lebte: die Moschee, die Kalligraphie, Keramik und Fayencen, die Rezitation (at-tadschwid). Während die Europäer seit langer Zeit auf eine umfangreiche Literatur zur Architektur und Kunst des Islam zurückgreifen können, brauchte es bis zum Ende des zwanzigsten Jahrhundertes, um durch Navid Kermani zu erfahren, welche Ästhetik im Klang der Rezitation[53] steckt. So ist der Text des Qur'an nicht nur schön, sondern erfordert vom Rezitierenden eine hohe Kunstfähigkeit. „Gott ist schön und liebt alles Schöne", sagen die Muslime. Mag dieser Hadith auch wissenschaftlich umstritten sein, unter den Muslimen erfreut er sich größter Beliebtheit. Wie stark diese Ästhetik wirkte, macht ein Beschluss einer nah-östlichen autokephalen Kirche deutlich, die entschied, dass sich die Rezitation des ihnen ehrwürdigen Textes von der des Qur'an lösen solle.

Der doppelte Segen

Ein solches Bemühen um ein Eigenes scheint mir auch in der Verdrängung des „doppelten Segens" für Hagar, Abrahams zweiter Ehefrau, zu liegen. In der Luther'schen Übersetzung der Bibel wird sie zur „Magd" gemacht und in anderen zur Sklavin. Wodurch ihr gemeinsames Kind zum „illegitimen" Kind wird beziehungsweise zum Wechselbalg. Die theologische Konsequenz ist, dass der Sohn aus der Heilslinie ausscheidet.

Hagar mag, so lässt sich vermuten, eine junge Frau gewesen sein, die auf einem der Sklavenmärkte gekauft worden war. Sie sollte den von Abram und Sarai so dringend benötigten männlichen Erben bekommen. Doch konnte Hagar als Gebärende keine Sklavin bleiben, sondern

---

52 Die inzwischen umfangreiche Literatur ist bisher fast ausschließlich in englischer Sprache erschienen. In Deutschland bemüht sich das Zentrum für Islamische Frauenforschung und Frauenförderung in Köln um eigene Arbeiten. Verschiedene Verlage veröffentlichten die Bücher der marokkanischen Soziologin Fatema Mernissi; Der politische Harem - Mohammed und die Frauen; Herder Spektrum Nr. 4104; hinzu kommen die zahllosen Seiten im Internet.

53 Navid Kermani; Gott ist schön; München, 1999, Seite 171

wurde eine freie Frau. Sie war somit die legale zweite Ehefrau des Erzvaters des Glaubens. Karl-Josef Kuschel hat auf die spezifische Problematik für die gegenwärtige christliche Theologie hingewiesen, als er schrieb, dass „Ismaels Überleben unter Gottes besonderem Schutz" stände[54].

In diesem Zusammenhang sollte auf die Abfolge der Segnungen im Alten Testament geschaut werden. Zuerst erhält Abraham eine allgemeine Zusage, dass „seinem Samen" Land gegeben werden wird (1. Moses 15,18), und danach folgt die Heirat mit Hagar, die während ihrer Schwangerschaft vor der ersten Frau und deren harter Konfrontation flieht. „Aber der Engel des Herrn fand sie bei einem Wasserbrunnen in der Wüste, nämlich bei dem Brunnen am Wege gen Sur" (1. Moses 16,7), fährt der Text fort. Der Engel verweist die Flüchtige auf die Familie, die sie verlassen hatte, um anschließend ihr weiszusagen: „Ich will deinen Samen also mehren, dass er vor großer Menge nicht soll gezählt werden." (1. Moses 16,10). Dieser Segen wird später Abraham gegenüber wiederholt: „Dazu um Ismael habe ich Dich auch erhört. Siehe ich habe ihn gesegnet und will ihn fruchtbar machen und mehren gar sehr." (1. Moses 17,20).

> „Aber meinen Bund will ich aufrichten mit Isaak, den Dir Sarai gebären soll um diese Zeit im anderen Jahr." (Vers 21).

Danach scheint Ismael aus dem jüdisch-christlichen Heilsweg ausgeschlossen zu sein, wäre da nicht das Zeichen der Beschneidung, die Abraham im Anschluss an die Weissagungen an sich und Ismael sowie allen Männern seines Haushaltes beziehungsweise Stammes vollzieht. Sie ist ein Zeichen des Bundes zwischen dem Menschen und Gott, in den Ismael ausdrücklich mit hineingenommen wird. Er ist damit ein Zeuge für das „Shma Israel" oder, islamisch formuliert, für die Shahada: „Es gibt keine Gottheit außer Gott". Und Muslime fügen dem stets hinzu: „ ... und Mohammed ist sein Diener und Abgesandter."

Als Abraham in hohem Alter stirbt, begraben beide Söhne ihn gemeinsam (1. Moses 25,9).

Anders als wohl in den meisten christlichen Theologien[55], die dieses Geschehen durchweg unter Ausschluss oder Diskriminierung Ismaels

---

54 Karl-Josef Kuschel; Streit um Abraham; München, 1994, Seite 170-172

55 Dies zurückhaltende Formulierung entspringt der Einsicht, dass es heute eine solche große Anzahl christlicher Kirchen gibt, deren Theologie für einen Außenstehenden nicht zu überblicken sind, so dass generelle Aussagen kaum möglich scheinen.

diskutieren, haben islamische Gelehrte keinerlei Schwierigkeiten mit ihm. Von ihrem Offenbarungsstandpunkt, dem Qur'an, ergibt sich eine bruchlose Perspektive von Abraham über Ismael, dem Stammvater der Araber, zu Mohammed.

Im Glaubensalltag der Muslime spielt die eben dargestellte theologische Perspektive kaum eine Rolle. Hier steht das praktische Tun im Vordergrund. Was sich begrifflich am ehesten mit dem Terminus „Orthopraxie" fassen lässt. Muslime leben ihre Gläubigkeit unter der Herausforderung, das „Rechte zu tun und das Schlechte zu verhindern" und es selbst unter keinen Umständen zu tun.

3 Geschichtlichkeit

3.1 Geschichtlichkeit und Historizität

Für den frommen nicht-europäischen Muslim ist die Herausforderung durch die Fachwissenschaft von der Geschichte eine schlichte Zumutung, die er als westliche Bedrohung einstuft. Die Mehrheit der Gelehrten sieht die Frage der Historizität dadurch geklärt, dass bereits in früher Zeit nach den Anlässen der Offenbarungen gefragt worden ist. Im zweiten Jahrhundert entwickelten sich zudem Fachwissenschaften, in deren Kontext große Sammelwerke und Lexika entstanden, in denen die Gelehrten zum Beispiel der Bedeutung der Inhalte eines Wortes im Hedjas des siebenten Jahrhunderts nachgingen. Grammatiker und Rhetoriker arbeiteten sich in den Offenbarungstext auf ihre Weise ein und schufen so eigene Wissenschaften. Allein, damit lassen sich die im europäischen Begriff der „Geschichtlichkeit" enthaltenen Konflikte nicht lösen, wie am folgenden Beispiel einsichtig werden mag:

Für den Gläubigen sind die im Qur'an dargestellten Propheten Realität. Hingegen wird der Historiker darauf hinweisen, dass er in seiner bisherigen Arbeit auf keinerlei archäologische Artefakte gestoßen ist, die Moses oder Abraham als historische Persönlichkeiten erscheinen ließen.[56] Konsequenterweise neigt er dazu, ihnen die Realität abzusprechen.

3.2 Historizität

Der Religionswissenschaftler könnte seinerseits aus seinem fachwissenschaftlichen Ansatz heraus von beiden Gestalten als legendarischen Manifestationen sprechen.

Der muslimische Gelehrte nimmt die im Qur'an angesprochenen Propheten als Realitäten; und mancher bemühte sich, dem Historiker zu zeigen, dass er Unrecht hat.

Da der Gläubige seine Gläubigkeit an der Offenbarung des Qur'an festmacht, den er als Wort des Allerbarmers als Rechtleitung rezitiert, die Mohammed durch den Erzengel Gabriel überbracht wurde, ist der Text nicht berührbar, wodurch sich die Frage der Geschichtlichkeit in besonderer Weise stellt. Unter dem Axiom der Offenbarung ist der Text schon aus sachlogischen Gründen nicht anzufassen. Dennoch

---

56 Shlomo Sand; Die Erfindung des jüdischen Volkes; Verlag Propyläen, Berlin, 2. Aufl., 2010

bleibt das Faktum der Geschichtlichkeit für den, der den Text in der Vergangenheit hörte, in welcher Gegenwart auch immer hört und in welcher Zukunft auch hören wird. Der Hörende ist nicht der Raum-Zeit enthoben. So versteht er ihn in der Sprache seiner Zeit.

Der einzelne Gläubige mag sich mit der Hilfe von Lexika und Lehrbüchern in die Sprache einer anderen Zeit einarbeiten; aber sie ist dann eine erlernte Sprache, deren Konnotationen er erst erfragen muss. Dies gilt auch für die aus der Ursprungslandschaft dieser Sprache entnommenen Bilder gleich dem von Muslimen immer wieder gerne zitierten Worte vom Seile Gottes, an dem man festhalten solle. Die existenzielle, lebenswichtige Funktion eines Seiles mag einem Bergsteiger oder Segler noch bewusst sein, ein normaler Schüler in den Ballungsräumen der heutiger Großstädte wird mit ihm dies nicht mehr verbinden.

Dies wird jedem Beobachter deutlich, der erlebt, wie schwer sich junge Männer tun, die in urbaner Umgebung heranwuchsen und sich in ihrer militärischen Grundausbildung zum ersten Male mit der Natur auseinandersetzen müssen. Man braucht sich dazu nur eine Einweisung ins Gelände welcher westeuropäischen Armee auch immer anzuhören. Eine nächtliche Wanderung durch einen Wald gehört heute bereits zu den Abenteuern.

3.3 Verständnis, Übersetzung und Kontext

Jedes Mal, wenn Mohammed einen der ehrwürdigen Texte der Offenbarung rezitierte, da verstanden ihn seine Zeitgenossen, die „sahabi", spontan. Und die einzelnen Texte wurden in der Reihenfolge ihrer Rezitation auswendig gelernt, so dass nach dreiundzwanzig Jahren ein oraler Text entstanden war, dem ein Skript folgte, das heißt ein Buch zwischen zwei Deckeln, dem die Reihenfolge der einzelnen Offenbarungen nicht mehr zu entnehmen war und ist. Dennoch gaben die (ergänzenden) Berichte der Zeitgenossen, soweit sie in den späteren Sammlungen erfasst werden konnten, einzelnen Offenbarungen einen Kontext. Von hier war der Weg zum Tafsir, christlich spricht man von Exegese, zwangsläufig. Er zeigt jedoch, dass die Geschichtlichkeit des Hörenden schon früh den Umgang mit dem ehrwürdigen Text bestimmte. Aber „wenn der Mensch derart in den Vordergrund tritt, dann befürchten (manche, d. V.), dass der Mensch und seine Vernunft über die Offenbarung gestellt"[57] werden könnten. Dabei bedarf es kei-

[57] Mehmet Pacaci; Der Koran und ich - wie geschichtlich sind wir?; in:Felix Körner; Alter Text - neuer Kontext; Freiburg im Breisgau, 2006

nes besonderen hermeneutischen Ansatzes, um zu erkennen, dass jegliches Verstehen des Hörenden an die Zeitlichkeit des Hörenden gebunden ist. Die ehrfürchtige Haltung, mit der der Gläubige einer Rezitation lauscht, löst ihn weder aus dem Horizont seiner Lebenswelt noch von seinem Standpunkt und damit seiner Perspektivität oder seiner historischen Verortung. Dies zeigt sich in aller Deutlichkeit dann, wenn der ehrwürdige Text in eine andere Sprache übertragen wird. Hier reicht ein pures Übersetzen nicht. Mit Recht entschied daher Mahmoud Zakzouk, seiner deutschsprachigen Ausgabe des Qur'an die Zeile voranzustellen: „Auswahl aus den Interpretationen des heiligen Koran".[58] Die muslimischen Gelehrten sind sich einig, dass jegliche Übersetzung zeitabhängig ist und sie daher für jede Epoche neu geleistet werden muss. Ein Blick in die 33 deutschen Übersetzungen[59] zeigt dies überdeutlich. So verglichen die Frauen um Rabeya Müller und Luise Becker im „Kölner Zentrum für Islamische Frauenforschung" die unterschiedlichen Übersetzungen hinsichtlich der Bedeutung des Verbes „ad-daraba" im „aya" (Vers) 34 der vierten Sure. Dort geht es um die Frage, ob der Koran dem Ehemann erlaubt, seine Frau zu schlagen. Die verschiedenen Übersetzer gaben das arabische Wort in folgender Weise wieder:[60]

1773 peitschen
1989 schlagen
1996 strafen
2000 einen Klaps geben
2005 sich trennen

Und so lautet die heutige, neue Übersetzung des Frauenzentrums:

> „Die Männer stehen ein für die Frauen, wegen dem, womit Gott die jeweils einen vor den jeweils anderen ausgezeichnet hat, und weil sie (als die wirtschaftlich Unabhängigen) aus ihrem Vermögen (Unterhalt und Versorgung) ausgeben. Darum sind loyale Frauen (Gott gegenüber) ergeben. (Sie sind) diejenigen, welche die Geheimnisse (der Ehe, was nicht öffentlich gemacht

58 Al-Azhar - Ministerium für Awqaf; Al-Muntakhab - Auswahl aus den Interpretationen des Heiligen Koran, Kairo, 1999

59 Die Liste ist im Internet über „Islamonline" abrufbar. - Das Islam-Archiv (Soest in Westfalen) ist möglicherweise die einzige Institution, die über eine komplette Sammlung aller deutschsprachigen Übersetzungen verfügt.

60 Die nachstehenden Jahreszahlen nennen das jeweilige Erscheinungsdatum der Übertragung.

wird und Außenstehenden verborgen bleiben soll), gemäß Gottes Weisung bewahren. Und wenn ihr annehmt, dass Frauen (einen Vertrauensbruch) begehen, besprecht euch mit ihnen und (falls keine Änderung eintritt) zieht (zunächst) aus dem Privatbereich zurück (meidet Intimitäten) und (als Letztes) trennt euch von ihnen. Wenn sie zur loyalen Haltung zurückkehren, so sucht keine Handhabe. Wahrlich, Gott ist erhaben."[61]

Die Historizität des Hörenden gilt grundsätzlich, das heißt, auch für Mohammed und seine Zeitgenossen. So schreibt Fazlur Rahman in seiner „Islamic Methodology in History": „God speaks and the Prophet acts **in**, although certainly not **for**, a given historical context."[62]

3.4 Rechtleitung und Hörer

Gott versprach seinem Khalifa (Stellvertreter), als Er ihn geschaffen hatte, eine *Rechtleitung* (2: 38), die Er durch Seine Propheten dem Menschen offenbarte, wozu Er nicht jeweils eine neue Sprache einsetzte. Er sprach vielmehr Seine Geschöpfe in der Weise an, wie sie ihre eigene Sprache entwickelt hatten[63] und machte mit ihr die nächsten Schritte, was Toshiko Isutzu an einzelnen Wortbeispielen aufzeigen konnte[64]. Die Offenbarungen begleiteten das Werden der islamischen Gemeinschaft, weswegen einige Gelehrte von einer „progressiven Offenbarung" sprechen.

Rahmans Methode, die an der Ilahiyet Fakultesi der Universität in Ankara erkenntnisleitend wurde, führt von der Erforschung des ehrwürdigen Wortes „im Kontext der Zeit der Offenbarung" zur Frage nach dem Allgemeinen und Prinzipiellen im Geoffenbarten hin zum Jetzt des Hörenden[65]. Es ist der Schritt vom Besonderen ins Allgemeine, dessen Geschichtlichkeit durch den jeweiligen Wissens- und Kenntnisstand des Hörenden Gestalt erhält. Beides muss in Verbindung mit der Erfahrungswelt, dem Forschungsstand und dem sozialen Diskurs der Gesellschaft gesehen werden, in deren Diskurs der Hörende steht.

Der so leichte Gebrauch des Wortes „der Hörende" verschattet den Umstand, dass es *den* Hörenden nicht gibt. Er ist vielmehr ein epistemologisches Konstrukt, um etwas Grundsätzliches zu fassen. In der

---

61 A. a. O. , Seite 1

62 Zitiert nach Mehmet Pacaci in Felix Körner; a. a. O., Seite 44, Anm. 23

63 Siehe Qur'an 12: 2 und 43: 3.

64 Toshihiko Isutzu; Ethico Religious Concepts in the Qur'an; Montreal & Kingston, 2002, Seite 74

65 Felix Körner; a. a. O., Seiten 12–13

Wirklichkeit des Dialogs sind es zahlreiche Hörende mit völlig unterschiedlichen und ungleichzeitigen Kenntnisständen, die allein auf die individuelle Begabung zurückzuführen unangebracht ist. Man muss dem Anderen im Dialog zugestehen, dass sie oder er eine Hypothese und die Arbeitsergebnisse einer Fachwissenschaft ablehnt, weil ihm die Übergeschichtlichkeit des geoffenbarten Wortes bedeutsamer erscheint, denn der Dialog ist keine Disputation. Zudem empfindet jeder seine eigene Geschichtlichkeit nicht mit der gleichen Distanziertheit wie jemand, der im Rahmen seines Faches diese Haltung professionell einnimmt. In den zwangsläufig auftretenden Konflikten sehen die Frommen ihren Glauben stets gefährdet. Zudem ist jede Geschichtlichkeit keine Via gloriosa, zu der sie Nationalisten gerne machten, sondern stets auch Leidensgeschichte, Rückblick auf Häresien und Irrtümer.

Nun mag der Außenstehende dem Muslim die Sonderstellung des Qur'an noch zubilligen, aber die Gestalt Mohammeds selber aus dem Zusammenhang seiner Zeit herauszunehmen, das erscheint dem rational orientierten Zeitgenossen unserer Epoche dann doch zuviel. Hierauf antworten Muslime sogleich mit dem Hinweis, dass alle Propheten für die Gläubigen Menschen gewesen seien, die verstarben. Dennoch haben die Muslime ein besonderes Verhältnis der Verehrung zu Mohammed entwickelt[66]. Ihrem Verständnis gehen Aussagen des Qur'an voraus, in denen es heißt, dass die Gläubigen *„im Gesandten Gottes wirklich ein schönes Beispiel für jeden haben, der auf Gott und den Jüngsten Tag hofft und oft Gottes gedenkt“* (33: 21). Die Offenbarung verweist an mehreren Stellen auf seine besondere Rolle: So wurde er der Welt als Barmherzigkeit Gottes gegeben (21: 107), ist von „edler Natur“ (68: 4); und den Gläubigen wird empfohlen, ihm zu gehorchen: *„Wenn ihr Gott liebt, dann folgt mir. Dann wird euch Gott lieben und euch eure Sünden verzeihen; denn Gott ist verzeihend und barmherzig.“ (3: 31)*

Der Offenbarung und ihrer Aufforderung zum Gehorsam folgten anfangs nur wenige. Erst nach der Auswanderung erwuchs aus der mekkanischen Minderheit nach und nach in Yathrib, dem späteren Medina an-Nabi, eine gesellschaftliche Mehrheit. Nichtsdestotrotz wurde sein „schönes Beispiel“ das entscheidende Modell für die sich herausbildende islamische Frömmigeit, deren Kern der Geschichtlichkeit enthoben ist. Es geht dabei um die fünf Säulen des Glaubens, die sogenannten „arkan-ad-din“:

---

66 Annemarie Schimmel; Und Muhammad ist sein Prophet; München, 2. Aufl., 1989, Diederichs Gelbe Reihe, DG 32

- das Bekenntnis zu dem Einen und die Prophetenschaft Mohammeds;
- der Vollzug des fünfmalige Gebetes in 24 Stunden;
- der Zakat, das heißt, die reinigende Abgabe des Gläubigen, von dem, was Gott ihm für die Verweildauer in Seiner Schöpfung gegeben hat;
- das jährlich gebotene dreißigtägige Fasten;
- die Wallfahrt zu Seinem Hause, das Abraham und Ismael für Ihn errichteten.

Die Kategorie der Historizität setzt daher nicht an der Kontingenzbewältigung oder ihrer Struktur an, sondern an der Stelle, an der im Ablauf der weltlichen Ereignisse der Mensch als einzelnes Individuum seine Mitwelt gestaltet. Nun kann man der Auffassung sein, dass dies bereits durch Mohammed selber geschah, in dem er den *din*, den Glauben vorlebte. So ergeben sich unterschiedliche Optionen:

(a) Der Gläubige betrachtete Mohammeds Tun und Lassen, Reden und Schweigen als der Offenbarung so nahestehend, dass er sein Verhalten als deren Exegese ansah. So wird von Malik ibn Anas berichtet, dass er vor dem Tradieren der Berichte vom Propheten sich wusch, neue Kleidung anzog und Weihrauch verbrennen ließ.[67]

(b) Doch schon kurze Zeit nach dem Tode des Propheten im Jahre 632 war die Zahl der Berichte, *ahadith*[68], derartig angestiegen, dass sich Gelehrte daran begaben, den Wahrheitsgehalt zu überprüfen. Sie sammelten auf mühseligen Reisen durch den gesamten Nahen und Mittleren Ost sowie Nordafrika Berichte. Ihre Ansprechpartner waren stets die letzten in einer Kette von Tradenten, deren Glieder sie mit ermittelten und hinsichtlich ihrer Zuverlässigkeit zu überprüfen sie sich bemühten. Es muss eine wahrhaftig gigantische Aufgabe gewesen sein, nach (mindestens) fünf Generationen[69] die Reihe der Tradenten bis zu jenem ursprünglichen Erzähler zurückzuverfolgen, der in der Umge-

---

67 Annemarie Schimmel; a. a. O.; Seite 27

68 Hadith (Sing.) = Bericht; ahadith (Pl.) = Berichte.

69 Mohammed starb 632, und Buchari, der bedeutendste Sammler, lebte von 810 bis 870.

bung Mohammeds tatsächlich gelebt hatte. Man erstellte Kriterien, um die Ehrlichkeit der Erzähler und den Wahrheitsgehalt des Erzählten zu beurteilen. Auf diese Weise entstanden die Sammelbände der sechs anerkannten Kompilatoren, die strikt zwischen vollständigen und unterbrochenen Ketten unterschieden sowie die Berichte in gesunde beziehungsweise schöne und schwache beziehungsweise falsche aufteilten. Hier ist die Historizität und die Geschichtlichkeit kaum zu übersehen. Aus historisch-kritischer Sicht kommt hinzu, dass alle Sammler Muslime waren und alle Berichterstatter ebenso. Angesichts dieser Lage bezeichnen kritische Historiker die ersten zwei Jahrhunderte bezüglich der „Artefakte" als dunkle Zeiten. Die Menschen lebten von und mit der Oralität des Tradierten.

(c) Während die einzelnen Aussagen des Propheten im Kontext der alltäglichen Kommunikation im Leben der Gemeinschaft der Muslime entstanden, wandelte sich solche facettenreiche Kommunikation durch ihre Skripturalisierung in einen Text, dem die Charakteristika der Lebendigkeit, das heißt Mimik, Gestik, Tonalität und Reaktion der Zeitgenossen, fehlten. Das mitmenschliche Geschehen wurde zu einer schriftlichen Rede, die in der Sprache ihrer Zeit niedergeschrieben wurde. Als Text ist sie Glaubenszeugnis und zugleich literarischer Gegenstand. Beides sind aufeinander verweisende „Pole".[70]

(d) Nach dem Tode des ehrwürdigen Propheten wurde aus seinem Vorleben mehr als nur das „schöne Beispiel", es wurde zur wichtigsten Quelle für das sich herausbildende islamische Recht und die Theologie. Die Muslime erweiterten den alten arabischen Begriff der Sunna um diesen Aspekt und sprechen seitdem von *der* Sunna des Propheten. Heute beschränken einige Gruppen den Begriff auf die zusätzlichen Gebete, die Mohammed gemäß der Tradition vor und nach den Pflichtgebeten sprach; andere meinen mit der *„Sunna des Propheten"* sein gesamtes Verhalten im Alltag seiner

70 Hans-Goerg Gadamer; Wahrheit und Methode; Tübingen, 1990, Seite 253

Zeit: die Art und Weise sich zu begrüßen, zu essen, das Fasten mit Datteln und einem Schluck Wasser zu beenden oder die persönliche Hygiene und anders mehr. Der Streit um solche Fragen kann in der Gegenwart durchaus merkwürdige Züge annehmen, wenn zum Beispiel darüber diskutiert wird, ob der Fromme lieber das Kauholz zum Reinigen seiner Zähne benutze sollte als die heute übliche und effektivere Zahnbürste.

In diesen muslimischen Diskursen fällt auf, dass zwar der ehrwürdige Prophet in seiner Zeit gesehen wird, aber der für europäische Denker selbstverständliche zeitlich-dynamische Gesichtspunkt fehlt, der die „Entwicklungslogik historischen Denkens, seine langfristige zeitliche Erstreckung als Dauer oder Wandel“ betrifft.[71] Dies ist hinsichtlich des ehrwürdigen Textes selber verständlich, nicht jedoch in Bezug auf den Hörenden, der im siebenten Jahrhundert ein anderer war, als es der heutige europäisch (intellektuelle) Muslim ist.

3.5 Historie und Kontingenzbewältigung

Dabei gilt es zwischen der metahistorischen Aufgabe der Kontingenzbewältigung, dem Glaubensakt, und den Veränderungen im menschlichen Lebenslauf sowie in den diesseitigen Wissenschaften zu unterscheiden. Der Mensch, Sein Geschöpf, vermag zu reifen, und seine Wissenschaften vermehren nicht nur seinen Informationsstand über die Welt und sein Wissen (*ilm*) von ihr, sondern kumulieren gezielt solche Informationen, die die individuelle und gesellschaftliche Lebensform kontinuierlich verändern - wie die zahlreichen Ingenieurwissenschaften täglich demonstrieren. Das heute erkenntnisleitende Interesse an der Gewinnung von Information ist die Verfügbarkeit der Mitwelt zum eigenen Nutzen, während das Wissen, das der Muslim zu suchen verpflichtet ist[72], die Herrlichkeit Seiner Schöpfung meint. Da aber beides kaum zu trennen ist, führte der Weg der frühen Muslime in eine überwältigende kulturelle Blüte, die zur Voraussetzung für die europäische Entwicklung wurde.

Der islamische Gelehrte sucht im „ilm“ jenes Wissen, das die Wahrheit der Offenbarung bestätigt. Methodisch gesehen ist es ein der Welt ge-

---

71 Jörn Rüsen; Westliches Geschichtsdenken - eine interkulturelle Debatte; Göttingen, 1999, Seite 24

72 In einem immer wieder zitierten Hadith fordert Mohammed die Gläubigen auf, das Wissen zu suchen, und wenn es in China wäre.

genüber durchaus kritisches Denken, das zugleich im Gestus bestätigendes Denken ist.

Hinsichtlich der anthropologischen Situation der Sinnbewältigung der humanen Existenz sieht der Muslim, so meinen zahlreiche Gelehrte, keinerlei Entwicklung oder gar Heilsgeschichte. Der Begriff des *„Heils"* wird daher vehement abgelehnt.[73] Der funktional analoge Begriff zum christlichen *„Heil"* ist der der islamischen „Rechtleitung" (2: 38). In ihr liegt neben der „Amana" (33: 72)[74] die Herausforderung der khalifatischen Existenz. Sie steht im Kontext des in der Zeit gelebten Lebenslaufes und des historischen Jetzt der Kultur, in die der Gläubige hineinwächst. Für Muslime deckt der Begriff des *„urf"*, der mit Brauchtum zu übersetzen ist, beides ab.

---

73 Muazammil H. Siddiqui; Salvation in Islamic Perspective; Islamic Studies, 32: 1, 1993

74 An dieser Stelle kann nur auf die Diskussion Mohamed Talbis verwiesen werden: Religionsfreiheit - Recht oder Berufung des Menschen?; in: Johannes Schwartländer; Freiheit der Religion, Mainz, 1993, Seite 242

4 Islamische Musikalität

Wenn man die Agenda dialogischer Treffen und Konferenzen durchsieht, dann stößt man als Muslim auf ein bemerkenswertes Phänomen. Die Themen entstammen durchweg dem historisch gewachsenen christlichen Diskurs, was mir erst bewusst wurde, als mich ein schlichtes Vereins- beziehungsweise Gemeindemitglied fragte, wo denn die Muslime in dem Gespräch, von dem ich gerade berichtet hatte, vorkämen. Meinen Hinweis auf die Ausgewogenheit bei den christlichen und muslimischen Referenten beziehungsweise Diskutanten auf den Podien ließ er nicht gelten. Er vermochte mir jedoch auch nichts zu entgegnen. Dennoch beunruhigte mich seine Bemerkung, und sie blieb mir im Gedächtnis, schließlich hatte der mir unbekannte Muslim auf eigenartige Weise recht. Die Themen, bei denen die religiöse islamische Musikalität zum Ausdruck hätte kommen können, fehlten. Natürlich sprach man immer wieder über den Qur'an, aber von seiner klanglichen Schönheit war nirgends etwas zu vernehmen. Nur hier und dort konnten die Teilnehmer etwas vom Reichtum der visuellen Umsetzung des Textes sehen, wenn die Tagung durch eine Kaligraphie Ausstellung begleitet wurde. Manches Mal erhielt ein Kaligraph die Gelegenheit, über die Kunst zu sprechen, das heißt, das Bemühen, dem Nichtdarstellbaren des Einen Sichtbarkeit zu verschaffen. Solche Ausflüge blieben wie fremde Farbtupfer im Tableau der normalen Dialogveranstaltung.

Doch an keinem anderen Ort erklingt die Melodie des Islamischen so klar wie im Gebet. Und, um in dem von Jürgen Habermas angeregten Bilde zu bleiben, es werden Fingerübungen auf dem Instrument, wenn die christlichen und die anderen Teilnehmer einer Konferenz das Mittagsgebet der Muslime als Gäste besuchen. Vor allem sehen sie die vorweggehenden wesentlichen Anteile des Gebetes nicht: die Niyya, die Absichtserklärung, und die Reinigung.

4.1 Niyya - die Absicht

Bei der unhörbaren und unsichtbaren Niyya wird es schwierig, weil sie in der christlichen Theologie - welcher Kirche auch immer - nicht vorkommt. So wird ein menschliches Verhalten oder eine Tat erst dann zu einem Akt des Glaubens, wenn der Mensch sich zu ihr als einer Bezeugung seines Glaubens bekennt, das heißt bewusst die Absicht (Niyya), es zu tun, aufrichtig ausspricht. Dies muss für die Mitwelt nicht hörbar werden. Es ist sogar verpönt. Nichtsdestotrotz muss die beziehungsweise der Gläubige sie für sich selbst sagen. Muslime zitieren in diesem Zusammenhang einen Ausspruch des Propheten, der besagt, dass „alle Taten der Absicht entsprechen, und jeder Mensch bekommen wird, was er beabsichtigt hat“[75]. Danach ist bloßes Hungern im Ramadan kein Fasten und ein noch so großer Geldschein „nur“ eine Spende und kein Zakat. Der türkische Reformer Said Nursi geht einen Schritt weiter, indem er schreibt, dass „die weltlichen Handlungen eines betenden Menschen durch die positive Absicht die Bedeutung eines Gottesdienstes erhalten“[76].

Voraussetzung für die Absichtserklärung ist die Aufrichtigkeit. Der islamische Fachbegriff heißt „*Ihlas*“. Daher gilt die *Schahada*, das Zeugnis für den Einen, allein dann, wenn der Sprechende sie mit dem Herzen aufrichtig spricht. Die *Schahada* entspricht funktional dem christlichen Credo, das jedoch nicht mit den Worten „Ich glaube an“ wiedergegeben wird, sondern mit der konnotativen Bedeutung des ersten Wortes „aschadu“, das heißt: „Ich bezeuge die Wahrheit, dass es keine Gottheit gibt außer Gott.“ Für diesen Monotheismus benutzen die Muslime den Begriff des „*Tauhid*“: ein Gott, ein Schöpfer, ein Erhalter, ein barmherziger Allerbarmer, ein Richter, der sich selbst Genügende, der Gerechte, der Friede. Für Muslime sind dies Namen für den Einen, von denen sie 99 kennen[77]. Viele Gläubige lernen sie ebenso auswendig, wie sie einzelne Abschnitte des Qur'an für ihr Gebet lernen, das im Grunde genommen mit der Niyya, sich reinigen zu wollen, beginnt.

Natürlich sieht ein nicht-muslimischer Beobachter nur den Waschvorgang, weil er die Niyya nicht hört. Der äußerlich sichtbare Waschvorgang kann dann leicht für eine historisch frühe Hygienemaßnahme gehalten werden. Dies ist ein tiefes Missverständnis, denn die Reinigung zielt darauf, sich von den Sünden, dem Nicht-Erlaubten zu trennen.

Für Menschen, die ihre Gläubigkeit in einem theologischen Diskurs entwickeln, ist das Ringen jener, die sich an der Orthopraxie orientie-

---

75 Dieser Hadith steht bei den großen Kompilatoren der Aussprüche des Propheten, Buchari und Muslim, und wird als authentisch, sahih (wörtlich: gesund), eingestuft.

76 Siad Nursi; Die Wörter, Risale-i-Nur; Verlag Asya, Köln, 2002, 1. deutsche Aufl, Bd. 1, Seite 47,

77 Die verständlichste Darstellung dieser Fülle findet man in dem Schulbuch von Muzaffer Andac „Einladung zum Islam“; Wissenschaft und Technik Verlag, Berlin, 2000, Seite 245–269

ren, häufig befremdlich. Es geht, wie die Diskussion um die Niyya verdeutlicht, um die Absicherung des eigenen Handelns vor Gott und den Menschen.

4.2 Der Sinn der Reinigung

Wenn man den Gestus der Reinigung in den lebenslaufpsychologischen Gesamtzusammen hang stellt, dann ergibt sich folgende Perspektive: Während der Mensch nach der Geburt von seiner Bezugsperson gesäubert wird, lernt er im Laufe der ersten Lebensjahre die entsprechenden Muskeln zu kontrollieren, um sich bald darauf unter Anleitung zu waschen. Spätestens mit Eintritt in die Primarstufe sollte das Kind sich selbst sauber halten können. In den anschließenden Jahren halten die Eltern das Kind dazu an, sich nicht nur in ritueller Weise zu waschen, sondern auch das Gebet im Kreis der Familie zu verrichten. In der Pubertät erfährt der Jugendliche, dass es nicht um Hygiene geht, vielmehr um Reinigung von den schlechten Dingen. Als Erwachsener muss er die Niyya und die Reinigung als Einheit vollziehen. Wenn die beziehungsweise der Gläubige dies in den nächsten Jahrzehnten des Lebens durchhält, dann kann sie oder er in den Zustand reifen, in dem ihm die Reinigung zur Katharsis wird. Die islamischen Mystiker halten dies für das eigentliche Ziel menschlicher Gebetsreifung.

4.3 Die Aufrichtigkeit

Doch um die Absicht umzusetzen und lebendig werden zu lassen, bedarf es der Aufrichtigkeit. Die Muslime sprechen von *Ihlas*. Dieser Begriff umschließt sowohl einen theologischen, das heißt *kalamischen* Aspekt als auch einen sozialen, den wir Europäer wohl eher als Tugend beschreiben. Wenn Muslime von ihm sprechen, dann verwenden sie den Begriff *„Akhlaq"*,[78] der im Deutschen am besten mit Anstand wiederzugeben wäre. Die Vorstellung, die dahintersteht, ist die, dass der Gläubige in all seinen Handlungen vor Gott und den Menschen, seinen Mitgeschöpfen, aufrichtig sein soll. Denn schließlich heißt es im Qur'an: „ Dem, der das Verborgene kennt, entgeht nicht das Gewicht eines Stäubchen in den Himmeln und auf Erden, noch gibt es etwas Kleineres oder Größeres als das, was nicht in dem offenkundigen Buch stände. Damit Er diejenigen belohne, welche glauben und das Rechte tun. Für sie ist Verzeihung und eine ehrenhafte Versorgung be-

78 Vergleiche mit dem hebräischen Halacha.

stimmt."[79] Es war daher eine der Aufgaben des Propheten, den guten Charakter zu vervollkommnen.[80] Dazu zählt eben auch das gute Benehmen.

In einer Gesellschaft, in der die Innerweltlichkeit dominiert, mag ein so tief getragenes Bewusstsein des Tauhid merkwürdig erscheinen, wenn nicht befremdlich oder gar antiquiert. Es ist eben nicht wagnerianisch leitmotivisch zu verstehen, wie dies in der politischen Diskussion behandelt wird, sondern eher als Generalbass.

So zerstört für Muslime das Axiom der Einzigkeit des Einen jeglichen Mythos. Der Tauhid setzt in die chronometrische Zeit als Konstante die Bedingtheit der Geschöpflichkeit als Conditio humana.

4.4 Auf dem Wege zum Gebet

Erst nach dem Gang zum Wasser folgt das, was Christen das Gebet nennen, vor dessen Fünfmaligkeit die meisten Nicht-Muslime kopfschüttelnd stehen. Für sie dominiert ihrer Meinung nach die „zwanghafte" Routine, die sicherlich auch die Muslime erfasst. Und dennoch durchbricht die Hinwendung zu Ihm immer wieder den Gleichklang der Wiederholungen; zudem gehört das ein Leben lang durchgehaltene Gebet in den Reifungsprozess des Menschen, den nicht jeder Muslim leistet, aber als Option in jedem Gebet enthalten ist.

In einer frommen Familie wächst das Kind mit dem Gebet auf, denn es beobachtet seine Eltern beim täglichen Gestus des Niederfallens vor Gott bzw. dem Ritual des Gebetes, den es dann irgendwann imitiert, um schließlich die erforderlichen Texte zu erlernen und selber zu beten. Dabei steht es von Beginn an in einer rhythmischen Geborgenheit, deren zeitliche Fixierung den Christen an die alten klösterlichen Horengebete erinnern mag. In dieser sich ständig wiederholenden Struktur wird für das Kind der Lebenssinn nicht diskutiert, er stellt vielmehr den Bezugsrahmen dar, der auch bei der Unfähigkeit zur Verbalisation in der Gestalt der Hingebung von den Bezugspersonen gelebt wird. Die erzieherische und religionspsychologische Frage ist, wie das so aufgenommene Vertrauen in den Gestus durch die pubertäre Phase in die existenzielle Gewissheit persönlichen Lebenssinnes hindurch geführt und bewahrt werden kann, wenn der Alltag der Mitwelt, der Gesellschaft, dies weder lebt noch für beachtenswert hält.

---

79 Qur'an Sure 34 Ayat 3 und 4

80 Der Hadith lautet: „Ich bin gesandt worden, um den guten Charakter zu vervollkommnen."

Der Dialog wird an dieser Stelle häufig von nichts anderem getragen als einem trotzigen Widerstand: „Ich als Türke bin Muslim. Auch wenn ich nicht mehr bete, gehört das Gebet zum Muslimsein," unterbrach einmal ein älterer Diskussionsteilnehmer den ruhigen Gesprächsverlauf.

In islamischen Gesellschaften gehört es zur Gewohnheit, seine Terminabsprachen an den Gebetszeiten zu orientieren. So verabredet man sich vor oder nach Maghrib[81], dem Abendgebet, oder vor Ischa[82], dem Nachtgebet.

Die Einwohnung des Gebetes

Das erste Gebet, Fadr, soll vom Anfang der Morgendämmerung bis zum Sonnenaufgang verrichtet werden, das zweite, Zuhr, zwischen dem mittäglichen Durchlauf der Sonne bis zum nachmittäglichen Gebet.

Dieses dritte, Asr, ist dann zu verrichten, wenn die Länge eines Schattens gleich der Länge des Objektes ist. Das vierte, Maghrib, ist nach dem Sonnenuntergang benannt; und das letzte Gebet, Ischa, beginnt anderthalb Stunden nach dem Untergehen der Sonne.

Die Folge dieser fünf Sonnenstände ist einerseits ein lokaler diurnaler hell-dunkel Rhythmus und andererseits ein annualer, in dem sich die Zeiten zwischen den Gebeten im Sommer hin ausdehnen und im Winter zusammenrücken. So ergänzen sich diurnaler und annualer Rhythmus zu einer lokalen Biorhythmik besonderer Art. Und wer sein ganzes Leben an einem Ort verbringt, der braucht keine Uhr, weil er entsprechend dieser Rhythmik ein Gefühl für die Gebetszeiten entwickelt. Selbst in der Hektik der Moderne kann sich so an einem großstädtischen Bildschirmarbeitsplatz rhythmische Geborgenheit einstellen.

Es mag unter anderem an dieser Geborgenheit liegen, dass erwachsene Muslime ein charakteristisches Bedürfnis zum Gebet entwickeln und der in ihm eingebetteten Hinwendung zur *Qibla*.[83] Für viele Gläubige bedeutete ein frommes Leben eines unter der Qibla. Sie meinen damit das Bewusstsein, vor Ihm und auf Ihn zu zu leben. Der Begriff *„Qibla"* konnotiert daher nicht nur mit der Richtung auf das Haus Abrahams

---

81 Das türkische Wort ist „Aksam".

82 Türkisch: Yatsi

83 Die Qibla ist die Gebetsrichtung. Sie verweist auf das Haus Abrahams in Mekka.

im Mekka, die Ka'aba, sondern auch mit der Vorstellung, dass kein Muslim jemals allein betet. Da sich alle Muslime beim Gebet, dem freien wie dem Pflichtgebet, dorthin wenden, und da zudem stets irgendwo Gebetszeit ist, steht der Gläubige nie allein vor Gott - weder in der Einsamkeit seiner Single-Wohnung noch unter den Schrecken der Einzelzelle des Archipels Gulag.

Die islamische Theologie verwendet für ein solches Bewusstsein beziehungsweise diese Haltung den Begriff der *„Taqwa"*, was nur bedingt mit dem Wort der Gottesfurcht wiedergegeben werden kann.

Wenn in einem Gespräch zur Gebetsrichtung dieser Aspekt angesprochen wird, dann rezitieren viele Muslime spontan das 42. Ayat der 24. Sure:

> „Hast du nicht gesehen, dass Gott es ist, Den alle lobpreisen, die in den Himmeln und auf der Erde sind, und sogar die Vögel im Schwebeflug? Jedes (Geschöpf) kennt sein Gebet und Lobpreisung. Und Gott weiß wohl, was sie tun."

Die Gesten des Stehens, Beugens und Fallens werden nur dann zum Gebet, wenn der Handelnde innerlich den Entschluss fasst, sie absichtlich zu vollziehen, denn „Frömmigkeit besteht nicht darin, dass ihr euer Gesicht nach Westen oder Osten kehrt. Fromm ist vielmehr, wer an Gott und den Jüngsten Tag glaubt"[84], mahnt der Qur'an.

4.5 Orte des Stehens und der Niederwerfung

Zwischen dem Ort der Reinigung und dem Ort der Niederwerfung, dem des Gebetes, muss ein so großer Abstand sein, dass das Schmutzwasser der Reinigung nicht den Gebetsplatz erreichen kann, der selbst sauber sein muss und den der Gläubige rein betritt, weswegen er sich der Schuhe entledigen muss. Dann steht er im *Haram*[85] des Gebetes, dessen Grenzen erst durch den im elften Jahrhundert populär gewordenen Teppich definiert werden. Wenn jemand nichts Anderes zur Verfügung hat, so mag es ein Stück sauberes (Zeitungs)Papier beziehungsweise ein Kleidungsstück gleich der eigenen Jacke sein. Während meiner Wehrübungen benutzte ich eines der olivfarbenen Handtücher, das ich dafür beiseitelegte. Übrigens bin ich während meiner gesamten Dienstzeit nie darauf angesprochen worden, ebenso wenig wie auf den kleinen Qur'an im Sturmgepäck.

---

84 Qur'an 2: 177

85 Der Begriff „'Haram'" meint hier einen abgesonderten Bezirk.

Zu Beginn seines Gebetes steht der Muslim, was mich immer wieder an den alten preußischen Satz erinnerte, dass der Protestant vor Gott stände wie ein Grenadier vor seinem König, nur dass der Soldat nicht wie der Gläubige niederfällt. Aber auch das Stehen ist kein „Stehen vor" im konkreten Sinne, denn das ist allein in Mekka vor der Ka'aba möglich. In der Wirklichkeit blickt der Muslim auf eine Wand, in der vielleicht wie in den Moscheen eine Nische ist. Beide sind leer. Aber seit Jahrhunderten schmückt die Tradition diese Leere mit all der islamischen Kunst, die Künstler sich zu Seinem (Lob)Preise zu erdenken vermochten. Ich war daher erschrocken, als ich in den Dorfmoscheen des Orients zum ersten Male auf einem mit Bastmatten ausgelegten Boden vor einer weiß gekalkten Wand stand. In ihrer Nische war nichts. Es hatte bei den Bauern noch nicht einmal für einen Kaligraphen gereicht, der rechts das Wort „Allah" und links „Mohammed" hätte schreiben können. Später lernte ich, dass es islamische Gruppen[86] gibt, die jegliche Ausschmückung des Gebetsraumes verbieten. Dort steht der Mensch tatsächlich vor einer weißen Wand, vor der er sich beugt, auf die er jedoch nicht zu beten darf, sondern er muss das dialogische Sein jenseits der Sichtbarkeiten der Welt meinen, Gott. Dies mag den religionswissenschaftlichen Beobachter an die ostasiatische Diskussion des Nichts[87] erinnern, so wie die *Taqwa* an die Achtsamkeit des Zen gemahnt. Hier gewinnt der Tauhid, das Bekenntnis zu dem Einen, seine tiefste Bedeutung.

Und im Fallen fällt der Gläubige in die Geborgenheit der Hingabe. Sie ist im Gebet, um das Habermas'sche Bild der Musikalität aufzugreifen, gleich dem Generalbass oder das in einer Fuge durchgehaltene Thema. Wenn dann der Rezitator im Bariton den Qur'an rezitiert, dann ist es wie der Einsatz des von Pablo Casal gespielten Cellos: „Aller Preis gehört Ihm."

4.6 Die Eröffnung des Gebetes

Kein Gebet ist gemäß der Schari'a ohne die eröffnende Sure, die Fatiha, gültig. Doch es wäre wohl unsinnig, nähme jemand an, ihr Text behielte durch die Jahrzehnte des menschlichen Lebens die gleiche Konnotation. Niemand unserer christlichen Gesprächspartner im Dialog betet

---

86 Der soziologische Begriff der Sekte erscheint angesichts der Kirchen- und Hierarchielosigkeit der Umma, der Weltgemeinschaft der Muslime, unangemessen.

87 Keiji Nishitani; Was ist Religion? Insel Verlag, Frankfurt am Main, 2. Aufl., 2001

das „Vaterunser“ mit zwölf Jahren in der gleichen Weise wie mit dreißig oder mit siebzig. Das „tägliche Brot“ mag in der Kindheit, wie Goethe im „Götz von Berlichingen“ schrieb, die Suppe oder heute das Müsli sein; als Erwachsener kann es die Beziehung zu einem Menschen sein und später eine andere Sorge. Genauso verändert sich konnotativ die Bedeutung der Worte der Fatiha:

„[...] Leite uns den rechten Weg, den Weg derer, denen Du gnädig bist, nicht derer, über die gezürnt wird, noch derer, welche irregehn.“[88] Dies ist nicht eine Frage der Theodizee, sondern vielmehr der menschlichen Irrungen und Wirrungen, von denen ein Kind nichts weiß, aber an die sich ein Älterer durchaus erinnert.

4.7 Musikalität im Dialog

Die religiöse Musikalität ist im normalen dialogischen Gespräch kaum zu erreichen. Ihr Fehlen mag sogar den Dialog verunmöglichen.

Es bedarf erheblicher Selbstdistanzierung, um die Musikalität eines Glaubens und Religion zum Gegenstand des Denkens werden zu lassen. Im Dialog gelingt es wohl nur in dem Augenblick, den ich mit dem Begriff des existenziellen Dialogs kennzeichne. In solchen Momenten sind zwei tonale Harmoniesysteme zu hören, das heißt, es sind im Sinne Michel Foucaults zwei eigenständige Diskurssysteme[89], mit denen Wirklichkeit gestaltet wie bewältigt wird.

88 Sure „Al-Fatiha“ Ayat 6 und 7

89 Michel Foucault; a. a. O., Seite 11

5 Barrieren des Verstehens

Das Gespräch zwischen islamischer Minderheit und christlich-säkularer Mehrheit in Deutschland ist stets zugleich ein indirekter Diskurs mit der Türkei beziehungsweise ein Gespräch mit „der" islamischen Welt. Dies zeigte sich im Kontext der „Achtziger Gruppe" der Jama'at un-Nur[90], als diese sich bemühte, die von Professor Faris Kaya in Istanbul aufgebauten Internationalen Said-Nursi-Symposien auf Deutschland zu übertragen, was ein schlichter Reinfall wurde. Die erste Veranstaltung im Bonner Haus der Geschichte war zwar überfüllt, so dass etliche Teilnehmer die Referate aus einem ebenfalls übervollen Nebenraum verfolgen mussten; aber es war kaum ein deutscher Zuhörer unter den Besuchern; und es gab keinerlei Medienecho, obwohl die Einladungen rechzeitig an alle überregionalen und regionalen Zeitungen et cetera versandt worden waren. Als die Organisatoren entdeckten, dass eine freie Journalistin unter den Besuchern war, fragte man sie, ob sie bereit wäre, einen Artikel zu schreiben. Sie tat es, aber mehrere Redaktionen lehnten den Bericht mit der Begründung ab, dass es kein Interesse gäbe. Der Artikel erschien nirgends.

Erst nach langen und intensiven Diskussionen wagten die Organisatoren einen zweiten Anlauf, der sich jedoch bewusst von der türkischen Konzeption abwandte, indem man danach fragte, welchen Beitrag die Überlegungen Said Nursis zum deutschen Diskurs leisten könnten. Der türkische Reformator wurde dabei in seinem historischen Kontext gesehen, und von dort wurde in Bezug auf die Gegenwart gefragt. Als sich der Ansatz als machbar herausstellte, weil das ein Jahr später durchgeführte Symposion ein Erfolg wurde, da griffen nicht nur deutsche Fachleute nach dem Tagungsband[91], sondern es luden interessierte türkische Experten des Dialogs die deutschen Referenten nach Istanbul zu den dortigen Internationalen Symposien ein. In diesen Gesprächen zeigte sich eine Reihe von Barrieren der Verständigung, die wohl für den Dialog schlechthin zu gelten scheinen und die im Anschluss diskutiert werden, ohne dabei sicher zu sein, dass alle Barrieren identifiziert werden konnten. Zudem ist es eine deutsche Perspektive, deren Bedingtheit wohl nicht zu thematisieren ist. In ihr domi-

---

90 Ich verwende den Namen „Achtziger Gruppe", um zu sagen, wen ich unter den acht verschiedenen Gruppen der Jama'at un-Nur meine. Der Sprecher dieser Gruppe in Deutschland ist Rüstem Ülker.

91 Die Tagungsbände erschienen unter meinem Namen und dem meines Freundes Rüstem Ülker beim Münsteraner LIT Verlag.

niert eine geopolitische Sichtweise, die arabo- und zu einem gewissen Anteil turkozentriert ist, was sich anhand der dreigeteilten medialen Berichterstattung zeigen lässt: Während der Mantel, d.h. die ersten Seiten der deutschen Zeitungen das übliche negative Bild des arabischen und nahöstlichen Islam kolportiert, berichten die Lokalseiten von den örtlichen dialogischen Begegnungen, dem Iftar im Ramadan, dem Nähkurs in der Familienbildungsstätte und Ähnliches; hingegen zeigen die Bilder im Reiseteil die Romantik orientalisch-arabischer Altstädte. Stets bleibt der Islam die fremde Religion und der Glaube der Fremden. Da half bisher auch nicht die Forschung zur Frage der Vorurteile oder die Studie Carl Friedrich Graumanns zum Fremden[92]. Bei zahlreichen Journalisten gewinnt man bei der regelmäßigen Lektüre ihrer Berichte den Eindruck, dass sie auf die Vorurteile und Erwartungshaltungen ihrer Leser zu schreiben oder die Auflagenhöhe ihrer Zeitungen im Kopfe haben. Übrigens gilt das Gleiche für die Quotenfrage in den Redaktionen der Fernsehsender. Der Problematik solcher Berichterstattung ging Sabine Schiffer in verschiedenen Arbeiten[93] nach; und das von ihr gegründete „Institut für Medienmitverantwortung"[94] publiziert ständig hierüber[95]. Änderungen sind nicht beobachtbar.

5.1 Barriere Sozialwissenschaft

Es bereitet vielen Muslimen Mühe, mit ihrem Glauben und dem ehrwürdigen Propheten sowie anderen Persönlichkeiten der Gründungsphase der Umma beziehungsweise Gestalten gleich Said Nursi so distanziert und nüchtern umzugehen, wie man dies in den Religions- und Sozialwissenschaften tut. Europäische Wissenschaftler sind es gewohnt, eine Gestalt religiöser Bedeutung in ihrem historischen Kontext zu betrachten und danach zu fragen, welche zeitbedingten Faktoren ihr Interesse, Verhalten und Handeln bestimmt haben. Ihre methodische Grundhaltung ist der aus den Natur- und Ingenieurwissenschaften übernommene methodische Atheismus. Vieles, was unter religiöser

---

92 Carl Friedrich Graumann; Die Erfahrung des Fremden: Lockung und Bedrohung; in: Amélie Mummendey und Bernd Simon (Hrsg.), Identität und Verschiedenheit, Verlag Huber, Göttingen, 1997

93 Sabine Schiffer; Die Darstellung des Islams in der Presse; Würzburg, 2005

94 Institut für Medienverantwortung, Erlangen; www.medienverantwortung.de

95 Die Evangelische Akademie Loccum legte dazu das Protokoll einer Tagung „Islam in den Medien" (Juni 2006) vor; gleiches tat die Katholische Akademie Hohenheim ein Jahr vorher.

Perspektive bewundernswert erscheint, wird so recht irdisch. Auf diese Weise wird aus dem jungen Said Nursi, der als Erwachsener in der Bewältigung der Leidensgeschichte der Muslime die Bewegung des Lichtes (jama'at un-nur) gründete, ein pubertärer Rebell, der seine intelligible Hochbegabung geschickt einsetzt, um sich im familialen Konkurrenzkampf der Geschwister durch- und von seiner dörflichen Umgebung abzusetzen. Dieser Grundgestus bestimmt später offensichtlich seinen Lebensstil, was seine Lebensleistung weder verkleinert noch herabwürdigt. Allein die Anwendung entwicklungspsychologischer, psychoanalytischer oder soziologischer Fragestellungen ist kein Sakrileg, wohl aber entzaubern sie die Persönlichkeit. So wird aus einem „Heiligen" ein normaler, wenn auch ungewöhnlicher Mensch, dessen Glaubensleben und Lebensleistung umso deutlicher hervortritt. Dies gilt auch für die Gefährten des ehrwürdigen Propheten und die Begründer der Rechtsschulen, was fromme Muslime immer wieder entsetzt. Der hinter dieser Betrachtungsweise stehende methodische Atheismus ist jedoch ein fester Bestandteil der Ordnung des europäischen Diskurses[96], der den Aspekt der Kontingenzbewältigung ausschließt, weswegen der einzelne Forscher nicht selber religiösen Fragen fernstehen muss. Frommen Muslimen ist solches Verhalten schier unverständlich.

Der methodische Atheismus ist jedoch ein globales Phänomen, dem sich heute niemand zu entziehen vermag, denn in jeder Autowerkstatt arbeitet man gemäß den Regeln der Mechanik beziehungsweise der Elektronik und nicht nach denen der Theologie. Eine gänzlich andere Frage ist es, ob sich aus diesem partikularen methodischen Atheismus eine allgemeine Haltung entwickelte, die der Moderne strukturell inhärent ist. Da manche muslimischen wie christlichen Theologen dieser Meinung sind, suchen sie den wechselseitigen Schulterschluss, um dem strukturellen Atheismus erfolgreicher entgegentreten zu können. Der Münchner Theologe Eugen Biser mahnte während einer Tagung der nach ihm benannten Stiftung diese Art der Kooperation von Christen und Muslimen geradezu an.[97]

Nun wurde bisher an nur wenigen theologischen und orientalischen Fakultäten dieser sozialwissenschaftliche Diskurs aufgenommen. Unter Fachleuten nennt man immer wieder Ankara beziehungsweise Teheran. Dort gewann die innere Diskussion der Umma nicht nur an

---

96 Michel Foucault; Die Ordnung des Diskurses; Taschenbuch Verlag Fischer, Frankfurt am Main, 9. Aufl., 2003

97 Vgl. etwa http://de.wikipedia.org/wiki/Eugen-Biser-Stiftung

Lebendigkeit, sondern zugleich an Aktualität, was zwei Fachtagungen in Heidelberg und Göttingen im Juni 2005 anschaulich zeigten[98].

5.2 Barriere Kontingenzbewältigung[99]

Unter muslimischen Gläubigen gibt es einen weit verbreiteten Unwillen, den eigenen Glauben selbst zum Gegenstand der Reflexion zu machen und seine Gestalt wie sein Werden in seiner sozialen wie geschichtlichen Abhängigkeit zu sehen. Auch wenn man, wie die Muslime es tun, annimmt, dass der Mensch stets den selben Glauben an den Einen als natürlichen Glauben hatte und hat, bleibt doch die Frage, in welcher Weise der Glaube in einer konkreten historischen Situation gedacht und gelebt beziehungsweise ihm entsprechend gehandelt worden ist. Schließlich hatte jedes Volk seinen Gesandten, wie es im ehrwürdigen Text heißt.[100] Und es bleibt die Frage nach der individuellen wie gesellschaftliche Kontingenzbewältigung in einer gegebenen historischen Situation. Bei nüchterner Betrachtung gibt es nämlich nicht nur den schlichten Gegensatz von Glaube und Unglaube, sondern eine breite Dimension der Religiosität, die sich folgendermaßen beschreiben ließe:

- Gleichgültigkeit
- Agnostik
- Atheismus
- Desinteresse
- Feiertagsgläubigkeit[101]
- Frömmigkeit
- Eiferertum
- Fundamentalismus
- Extremismus
- religiös motivierter Terrorismus

Jede dieser Positionen entwirft einen eigenen Standpunkt mit einer spezifischen Perspektive auf die Frage der Kontingenzbewältigung und stellt eine als höchst persönlich empfundene Form der Bearbei-

---

98 Die Vorträge beider Tagungen liegen nur als Vorab-Papiere vor. HECEAS Heidelberg und Prof. Nagel Göttingen.

99 Hans-Joachim Höhn; Krise der Immanenz; Fischer Taschenbuch 12960; Frankfurt am Main, 1996, Seite 104

100 10: 47

101 Es ließe hier auf den koranischen Unterschied von muslim und mu'min verweisen (49: 14/15). Der Fromme wäre dann der mu'min.

tung der Sinnfrage dar. Auf diesem Kontinuum ist wohl derjenige der eigentliche Ungläubige, *Kafir*, dem die Herausforderung menschlicher Begrenzung und die Option zu ihrer Bearbeitung, einer Kontingenzbewältigung, schlicht gleichgültig ist; und, um einen heute geläufigen Ausdruck zu gebrauchen, man mag solche Persönlichkeiten schlicht religiös unmusikalisch nennen. Und mit Blick auf den ursprünglichen arabischen Sinn des Wortes Kafir, jemand der „undankbar"[102] ist, mag der Gleichgültige keinerlei Gefühl dafür haben, dass jemand für dieses Leben dankbar sein könnte.

Hingegen will der viel gescholtene Atheist nicht das religiös Vorhandene beziehungsweise negiert es. In meinen Begegnungen mit solchen Neinsagern habe ich im Laufe der Jahre zwischen den Nein-Sagern gemäß ihres religiösen Herkommens zu unterscheiden gelernt: Der katholische Atheist argumentiert gewöhnlicherweise intellektuell, der evangelische eher „aus dem Bauch" heraus, während der Orientale politisch argumentiert.

Da niemand in einem Gespräch, in einer Podiumsdiskussion, sagt oder in einem Artikel schreibt, wo sie beziehungsweise er sich selbst auf dem Glaubenskontinuum verortet, sondern seine Aussagen als Sachaussagen macht, um seinen Urteilen eine gewisse Objektivität zu verleihen, kommt es vielfach zum „Gefecht der Perspektiven" und nur ausnahmsweise zum Dialog. Dies wird verständlich, wenn man sich vorstellt, dass ein evangelischer Atheist mit einem islamischen Eiferer über das Thema des Friedens diskutiert oder ein desinteressierter Orientale, ein Kulturmuslim, mit einem frommen Christen.

Die Kategorie des Desinteresses zu identifizieren, machte mir einige Mühe. Es bedurfte dazu zahlreicher Gespräche, weil sich der Desinteressierte aus reiner Höflichkeit oder unter dem situativen Druck einer Akademietagung schwertat, sich zu bekennen. Meist stellte sich im abendlichen Zweiergespräch heraus, dass er oder sie aus reiner Neugier an den Arabern, Iranern et cetera die Dialogtagung besuchte. Die Kirche und der Glauben interessierten sie nicht, auch wenn sie oder er einen „Gott" oder eine „höhere Instanz" akzeptierte.

102 Toshihiko Izutsu; God and Man in the Koran; reprint edition, 1998, page 21

5.3 Die Position des Frommen

Lange Zeit weigerten sich europäische Muslime, den Begriff der Feiertagsgläubigkeit auch auf ihre Gemeinschaft anzuwenden. Doch inzwischen spricht man offen von den Ramadangläubigen, womit jene gemeint sind, die sich während des Fastenmonats mehr oder weniger einschränken und die Abschlussgebete mitmachen, ansonsten jedoch nicht um die Glaubenspflichten kümmern. Sie halten sich auch nicht an die Speiseregeln - bis auf eine allgemeine Zurückhaltung beim Schweinefleisch.

Die muslimisch Frommen bilden die größte Gruppe unter den Türken in Deutschland.[103] Sie sind zumeist völlig unauffällig. Es wäre falsch, wenn jemand diese Gruppe allein auf die Trägerinnen von Kopftüchern aller Art oder den älteren Mann mit Strickmütze beschränkte. Die jüngeren und zudem akademisch ausgebildeten frommen Muslime respektieren die religiös neutrale Öffentlichkeit und beschränken ihren Glauben auf den Privatbereich. Zudem haben diese Muslime Formen entwickelt, die gänzlich unauffällig sind. So vermag nur ein aufmerksamer Beobachter erkennen, dass zum Beispiel jemand die Arbeit am Laptop unterbrochen hat und betet, weil es Zeit zum Nachmittagsgebet ist.

In der öffentlichen Diskussion wird solch frommes Verhalten durchweg für fundamentalistisch gehalten oder als solches bezeichnet. Man muss jedoch anerkennen, dass es nicht nur Gläubige gibt und jene, die eifernd mehr tun, als es das Werk erfordert (super laborarum), sondern auch solche, die einen fundamentalen Wahrheitsanspruch vertreten, aus dem heraus sie nur noch beschränkt kommunikationsfähig sind. Extremisten gehen einen Schritt weiter. Sie mögen im Umgang mit ihrer Umgebung durchaus freundlich sein, aber religiös konzentrieren sie sich auf die eigene Gruppe.

Vom Standpunkt der Kommunikation ließe sich die eben dargestellte Dimensionalität als kommunikative Normalverteilung beschreiben, an deren Enden jeweils nicht kommuniziert wird. So lehnen Gleichgültige das Gespräch über Glaubensfragen ab, weil sie das Thema für unsinnig halten; und Extremisten verweigern das Gespräch mit Außenstehenden, weil sie meinen, dass die anderen die Wahrheit sowieso nicht

---

103 Bertelsmann Stiftung; Religionsmonitor 2008 - Muslimische Religiosität in Deutschland; Gütersloh, 2008, Seite 18

erkennen.[104] Hingegen freuen sich die meisten Frommen, wenn sie mit Christen ins Gespräch kommen können.

Einen besonderen Widerstand gegen das Gespräch mit den Muslimen entwickelten jene Humanisten, die im marxistischen Bereich zu Hause sind. Für sie ist das Wiedererwachen der religiösen Frage eine problematische Entwicklung, die die für überwunden gemeinte Haltung zur Welt zu neuem Leben erweckte, ohne dass es für sie überhaupt eine neue Frage gibt. Sie meinen, den Gespenstern von gestern zu begegnen. Dabei übersehen sie, dass die Muslime mit ihrem Festhalten am Islam nicht irgendeine Rückkehr zu welcher Kirche auch immer meinen, die der Islam nicht kennt, sondern den Glauben an sich. Damit provozieren sie die Frage nach der Sinnhaftigkeit von Leben oder - anders ausgedrückt - der Kontingenzbewältigung des Daseins. Muslime tun dies in jedem Gebet, indem sie auf dem Boden knieend leise und für den neben ihn Betenden nicht hörbar die *Schahada* sprechen: Es gibt keine Gottheit außer Gott. Dieser Tauhid, das Meinen der Wahrheit des Einen, ist die Kernaussage des Muslim.

Ayatollah Tabataba'i soll im Gespräch mit seinen Schülern vor den Missverständnissen des Begriffes „Ein" gewarnt haben, indem er sagte, dass es sich nicht um einen mathematischen Gedanken handele. Man könne nicht hier eins und eins addieren, denn Gott ist nicht zwei; genauso wenig ließe sich subtrahieren, potenzieren oder dieses „Ein" ins Negative setzen. Es gäbe hier kein minus eins, denn es gibt keinen Begriff „minus Gott". Die Entscheidung für diesen Tauhid ist eine Kontingenz bewältigende Letztentscheidung und nicht eine des Vorletzten, das heißt der Kirche oder religiösen Verfasstheit einer Gemeinschaft von Glaubenden. Humanisten fällt es schwer, dies zu akzeptieren. Wenn sie sich mit Muslimen auseinandersetzen, dann argumentieren sie so, als ob sie gegen irgendeine Art islamischer Kirche andiskutieren müssten. Offenbar, so hat man als Muslim den Eindruck, hatten Humanisten mit der Vergeschichtlichung der Kirche gemeint die Kontingenzbewältigung selber für obselet erklären zu können. Muslime bestehen jedoch auf ihrer tauhidschen Antwort als einer, die ihre Menschenwürde definiert.

---

104 Es sei hier nur auf den Gegensatz zur Offenbarung hingewiesen, in der die Muslime wiederholt auf das Gespräch verwiesen werden, so unter anderem in 17: 125.

5.4 Barriere Kritik

Islamische Mehrheitsgesellschaften sind durchweg auf die Familie konzentriert und haben über die Zeiten hinweg eine mehr oder weniger strenge Hierarchie bewahrt, in der die einzelnen Familienmitglieder eine genau definierte Art des Umgangs miteinander pflegen, das heißt, sie beachten ein bestimmtes Höflichkeitssystem. Mit der Höflichkeit legt eine Gesellschaft fest, in welcher Weise ihre Mitglieder sich zueinander verhalten. Jegliche Kritik an Personen muss in diesem Rahmen geäußert werden, wenn nicht der Sprecher der Inkrimination oder gar der Bestrafung anheimfallen will. Kritische Aussagen werden hier stets mit der Würde des Einzelnen, seiner Ehre und seinem gesellschaftlichen Ansehen verbunden.

Hingegen werden in hiesigen Disputen die Aspekte des Benehmens schon seit längerer Zeit kaum mehr beachtet. Vor allem in medialen Auseinandersetzungen scheint es kaum noch (mediale) Tabugrenzen zu geben. Diese Verhaltensform und die mit ihr verbundene Einstellung, man können alles und jeden nach allem befragen, führt im Dialog mit außereuropäischen Muslimen immer wieder zum Abbruch des Gesprächs, weil sich Muslime durch die Art des Wie (Höflichkeit) in der Begegnung gedemütigt fühlen. Nicht umsonst betonen außereuropäische Muslime gebetsmühlenartig in allen Gesprächen, dass der „Dialog auf gleicher Augenhöhe" stattfinden müsste.

Übrigens zeigt die in London erscheinende Reihe „Xenophobe's guide to ..."[105] welche erheblichen Unterschiede auch in den Höflichkeitssystemen Europas bestehen.

In diesen Kontext gehört die in Westeuropa übliche Selbstkritik beziehungsweise die Bereitschaft zur Diskussion auch nur denkerischer Alternativen. Die kritische Auseinandersetzung mit der eigenen Arbeit ist Teil wissenschaftlichen Arbeitens. Dies gilt nicht nur für den engen Raum des eigenen Arbeitszimmers, sondern ebenso zumindest für die interessierte Öffentlichkeit. Es zeigt für Europäer die Souveränität des Umganges mit dem untersuchten Gegenstand. Übrigens soll es Sprachen geben, in denen es das Wort Selbstkritik nicht gibt. Unabhängig davon ist in manchen Gesellschaften die öffentliche Selbstkritik auf Grund des Höflichkeitssystems schlicht nicht möglich, wenn man nicht sich selbst im Extremfalle dem sozialen Tod ausliefern will.

Natürlich mag man sich fragen, warum sich die westeuropäische Form entwickeln konnte. Die Ursache oder auch nur der auslösende Faktor

---

105 Die Reihe hat die folgende Internetadresse: www.xenophobes.com

mag in der christlichen Beichte gelegen haben, die mit der öffentlichen Selbstkritik in reformatorischen Gruppen den vom Glauben geschützten Raum verließ und schließlich durch das kommunistische Parteiritual säkularisiert wurde. Der nächste Schritt mag die Rezeption

Der Konflikt der Höflichkeitssysteme wird in Europa im Rahmen der interkulturellen Diskurse auf die richtige oder falsche verbale und nonverbale, körpersprachliche Ausdrucksweise reduziert. Das Wie des Sichverhaltens zu jemandem impliziert aber auch die Frage des Respektes vor jemandem und seiner kulturell bedingten Definition von Öffentlichkeit beziehungsweise Privatheit[106]. So bringt bereits vor der Begrüßung der Anblick Stellung und Beziehung zum Ausdruck, die durch die Art der Begrüßung bestätigt beziehungsweise variiert werden. Während die deutsche Formlosigkeit von orientalischen Besuchern häufig als Zumutung empfunden wird, sehen viele Deutsche das strenge Einhalten von Formen als antiquiert. In Bezug auf geistliche Autoritäten interpretieren Muslime solche Formlosigkeit als Missachtung des Islam.

Die Arbeit El Fadls verweist noch auf einen zweiten Aspekt, der tief in die Geschichte islamischer Auseinandersetzung mit der Offenbarung führt. Mit dem Auf- und Ausbau des islamischen Rechtssystems und der Monopolisierung der Rechtleitung durch die Gelehrten ist die Orthodoxie der Meinung, nur der fundiert Ausgebildete habe einen Anspruch, korrekt den Text zu interpretieren. Hingegen habe der „normale" Gläubige, wenn er oder sie eine Rechtleitung brauche, sich an einen ausgebildeten Gelehrten zu wenden, der dann eine Empfehlung, *fatwa*, erarbeite, der der Gläubige dann zu folgen habe. Dieser Anspruch auf Gehorsam, *taqlid*, mag politisch bequem sein, aber er kann den Gläubigen entmündigen.

Diese Grundeinstellung behindert den freien und kritischen Diskurs mit der Meinung des Gelehrten und beschränkt ihn auf die religiösen Fachleute, mit deren Meinungsvielfalt Muslime stets gelebt haben, was nur die Extremisten nicht wahrhaben wollen. Die Exegese, *Tafsir*, so meint die Mehrheit der Gelehrten, ist der geistlichen Elite vorbehalten. Nur, im Islam trägt keine Last tragende Seele die Last einer anderen (39: 7; 35: 18), das heißt, jeder Gläubige wird in der eschatologischen Situation allein vor dem Barmherzigen stehen. Daher müsste Kritik wohl ein Teil der eschatologisch orientierten Ethik des Islam sein.

---

106 Fatma Yilmazer diskutiert diese Frage im Kontext der Whorf'schen These des Zusammenhanges von Denken und Sprache. Interkulturelle Kommunikation; Pressespiegel der igmg vom 17.04.2008

5.5 Barriere methodischer Atheismus

Natur-, Ingenieur- und Sozialwissenschaftler auf der gesamten Welt arbeiten so, als gäbe es keinen Schöpfer, sondern alle weltlichen Phänomen könnten durch eine strikte experimentelle Anordnung untersucht und so in ihrem Zustandekommen in der Weise hinreichend erklärt werden, dass der beobachtende Wissenschaftler zu sagen vermag, welche Faktoren in welcher Form das beobachtete Resultat bedingen. Die konsequenteste Form dieser Grundhaltung ist der Versuch der Mathematisierung aller Wissenschaften, was auch in den Humanwissenschaften versucht worden ist, aber nur bedingt gelang. Nichtsdestotrotz bleibt der methodische Atheismus die Grundhaltung auch bei qualitativen und deskriptiven Arbeiten zum Beispiel selbst bei persönlichkeitspsychologischen Untersuchungen, was den Laien immer wieder befremden mag. Fromme Muslime halten eine solche Einstellung zu den Dingen der Welt für puren Unglauben, was sie mit Atheismus gleichsetzen, ohne die Gewinne solcher Arbeit zu berücksichtigen. Malik Badri[107] zeigte in seiner kleinen Schrift „Contemplation“, wie fruchtbar die Auseinandersetzung mit den Sozialwissenschaften sein kann. Dabei verwies er auf den ehrwürdigen Text, in dem zwischen „dem Äußeren diesseitigen Leben“ und dem Jenseits unterschieden wird.[108]

Im Kern des methodischen Atheismus steht der Ansatz eines radikalen Zweifels, wie er im Descartes'schen „Discours de la méthode“ zum ersten Male formuliert wurde. Gewöhnlicherweise wird auf diesen Essay in dieser verkürzten Form hingewiesen. Diese vier Wörter bilden jedoch den Anfang eines Satzes, der in seiner Gänze so lautet: „Discours de la méthode pour bien conduire sa raison, et chercher la verité dans les sciences.“[109] Während Descartes beim grundsätzlichen Zweifel ankommt, gegen dessen negative Folgen er sich wehrt,[110] suchen islamische Gelehrte ihr Nachdenken dadurch abzusichern, dass sie einem „bestätigenden Denken“ folgen: Da die Offenbarung wahr ist, brauche ich nur in Seiner Schöpfung mich umzusehen, um die Wahrheit bestätigt zu finden.

---

107 Malik Badri; Contemplation; London, 2001

108 30: 7

109 René Descartes; Von der methode; Philospohische Bibliothek Band 6; Darmstadt, 1960,

110 A. a. O., Seite 11

5.6 Barriere Zweifel und Wahrheitsanspruch

Dazu gehört der Umgang mit dem, was wahr sein könnte. Aussagen muslimischer Gelehrter differenzieren nicht zwischen Intersubjektivität, historisch bedingter Mehrheitsmeinung und mangelnder Falsifizierbarkeit einerseits und religiöser Wahrheit andererseits. Selbstzweifel oder auch nur die Sichtbarmachung eines Ringens um die rechte Leitung scheint den meisten von ihnen gänzlich fremd zu sein. Ihr bestätigendes Denken verschattet die Option des radikalen Zweifelns. Obwohl die Begründer der großen Rechtsschulen aus diesem Gestus heraus arbeiteten. Das Spüren solchen Verhaltens erhöht in Europa die Achtung vor dem Urteilenden.

Imam Buchari soll auf der Suche nach der Echtheit der Aussagen des und Berichte von Mohammed 600 000, arabisch spricht man von *Ahadith*[111], gesammelt haben, die er nach den Kategorien gesund, schön, schwach und falsch unterschied. Schließlich akzeptierte er nur 3628 von ihnen als echt. Diese analytische Arbeit zweifelt am historischen Phänomen und nicht an der Prophetenschaft, die seine Prüfung der Berichte absichern, das heißt bestätigen sollte. Wie verschieden unsere europäische Grundhaltung zu der orientalischen ist, wurde mir in bei einem Besuch in Ägypten bewusst, als ein orientalischer Geistlicher einer der Orthodoxien in einem Gespräch, in dem es um den Zweifel ging, sagte, dass, wer so an das Testament heranginge, den Glauben zerstöre. Europäische Wissenschaftler und Intellektuelle können sich daher nicht des Gedankens erwehren, dass es sich bei der Ablehnung kritischer Diskurse im religiösen Feld um eine allgemein orientalische Einstellung handelt. Das Zweifeln setzen viele, nicht nur islamische Gelehrte, problemlos mit Unglauben gleich. Als wissenschaftliche Grundhaltung gehört der Zweifel jedoch seit der philosophischen Aufklärung zum wissenschaftlichen Arbeiten schlechthin. Er zerstört nicht die Entscheidung zum Glauben, sondern vertieft sie. Bei der Nachfrage, warum die Ablehnung so hart ausfällt, stößt man auf den Umstand, dass in den Diskussionen die Unterscheidung zwischen Letztem und Vorletztem fehlt oder unbekannt ist. So wird das Sein in der Welt nicht befragt, sondern die Geschöpflichkeit als unbefragbar angesehen.

Glaubensentscheidungen sind eine Frage des Letzteren, um mit Dietrich Bonhoeffer

---

111 Ahadith ist der Plural, Hadith der Singular.

zu argumentieren.[112] Das Letzte ist, so ließe sich islamisch sagen, der *Tauhid*, die Einzigkeit des Einen Schöpfers und Seines Erbarmens. Dahinter kann kein Muslim treten. Die Annahmen menschlich normativer Grundeinstellungen in Gesellschaft und Politik leiten sich hieraus ab. Und erst danach kommt der Alltag mit seinen Erfordernissen konkreten Handelns. An dem Für-wahr-Halten einer Letztentscheidung kann man nicht zweifeln, wohl aber lässt sich über alles danach Stehende trefflich streiten.

5.7 Barriere Gedächtniskonflikte

Die Konflikte der Gedächtnisse sind fast ebenso hartnäckig wie die Konflikte der Höflichkeitssysteme. Ein politisch neutrales Beispiel dafür ist das Geschehen des Jahres 1492, mit dem Europäer stets spontan die Entdeckung des nordamerikanischen Kontinentes verbinden und sonst nichts weiter, was sich in Dialogveranstaltungen oder auch in universitären Seminaren immer wieder zeigen lässt. Wenn man dagegen Muslime und vor allem Araber nach diesem Jahr fragt, dann kommt sogleich die Übergabe Granadas an die katholischen Könige und erst auf Nachfragen wird die Fahrt des Genueser Kapitänes genannt. Kaum jemand außer den wenigen Historikern kennt den sachlichen Zusammenhang zwischen beiden Ereignissen. Er wird von den meisten Beteiligten, wenn sie in ihrem schulischen Bildungsgang überhaupt etwas davon erfuhren, aus der Erinnerung verdrängt.

Es gibt eine Vielzahl solcher Gedächtniskonflikte: Wien, Jerusalem, Ereignisse der Kolonialzeit, die deutsche Politik vor und während des Ersten Weltkriegs[113] beziehungsweise während des Zweiten[114] et cetera. Ein für Deutsche schwerwiegender Umstand ist das „Fehlen" der Erinnerung an die Shoah bei nicht-deutschen Muslimen, einem Gefühl, dem Muslime häufig geradezu hilflos gegenüberstehen. Schließlich haben die Türken die zu ihnen ins Land geflohenen Menschen trotz Nachfrage aus Berlin nicht ausgeliefert, andererseits wurde den türkischen Juden in den von den deutschen Truppen besetzten Gebieten auch nicht demonstrativ geholfen[115]. Was sagt also ein Schü-

---

112 Dietrich Bonhoeffer; Ethik; Gütersloh, 2. Aufl., 1998, Seite 141

113 Cemal Kutay; Kader Bagi (Das gemeinsame Schicksal); Istanbul, 1986 – Muammer Tuksavul; Eine bittere Freundschaft; Düsseldorf und Wien, 1985

114 M.Salim Abdullah; Geschichte des Islams in Deutschland; Graz, 1981 – Andreas Zielcke; Der Aufstieg der vierten Moschee; Süddeutsche Zeitung, 2010, Nr. 204, Seite 14

115 Siehe Corry Guttstadt, a. a. O.

ler im deutschen Geschichtsunterricht, dessen Großvater aus der Türkei oder Ägypten kam, auf die Frage seines Lehrers, was sein Großvater zwischen 1933 und 1945 getan habe?

Den Leidenserfahrungen zweier Weltkriege und zweier Totalitarismen stehen die Leidenserfahrungen des Unterworfenseins und der über Generationen hinweg andauernden demütigenden Nachrangigkeit gegenüber, in die die Spannung zwischen Auschwitz und Schatila, zwischen Shoah und Naqba, eingebettet ist. Von ihrem jeweiligen Standpunkt aus entwirft ein jeder seine Perspektive auf die Vergangenheit, in der der jeweils andere gänzlich unterschiedlich erscheint und historische Ereignisse verschieden einander zugeordnet werden. Unter dem emotionalen Druck solcher Einbindung ist kaum jemand zu einem Standpunktwechsel bereit und damit zum Perspektivenwechsel. Wer es dennoch tut, der setzt sich leicht dem Vorwurf des Verrates der eigenen Gruppe aus - wie die Armenien-Debatte zeigt. Das Gleiche gilt für das völlige Unverständnis der nicht-deutschen Muslime für den „moralischen Genickbruch" des deutschen Bildungsbürgertums durch den Weg in die Shoah.

Die Konflikte der Gedächtnisse gewinnen ihre besondere Schärfe dadurch, dass sowohl das kommunikative Gedächtnis als auch das Bindungsgedächtnis (kollektives Gedächtnis) wesentliche Faktoren für die Kohäsion einer Gruppe, Ethnie beziehungsweise Religionsgemeinschaft sind. Wer sie durch Reflektion in Frage stellt, der berührt das Selbstverständnis. An dieser Stelle die Perspektive des Anderen zuzulassen, verlangt, die eigene Ansicht zumindest zu relativieren, was rasch Emotionen mobilisiert. In dialogischen Gesprächen wechselt der Betroffene normalerweise kommentarlos das Thema und lenkt so von der eigenen Betroffenheit ab.

Die Traumata der Vergangenheit sind ein Teil der eigenen Geschichte und gehören zur Identität der Gruppe wie des Individuums.

Ein anderer Aspekt öffnet den Blick auf die unterschiedliche Geistesgeschichte im christlich-europäischen und islamischen Diskurs. Um ein Beispiel zu nennen, sei hier die Frage der Vernunft thematisiert. In der islamischen Entwicklung „scheiterte" ihre Diskussion mit dem Untergang der philosophischen Schule der Mu'tazila[116], während in Europa die Vernunft im Zugange der Aufklärung sich durchsetzte und im Kampf der Intellektuellen mit der Kirche beziehungsweise Gläubigkeit instrumentalisiert wurde. So gelang es, die Institution der Kirche für

116 Die Mu'tezila war im 9. Jh. eine der großen Schulen im Islam, die die Vernunft betonte.

einige Zeit zu marginalisieren, ohne sie je wirklich verdrängen zu können. Die Muslime hingegen bestanden stets auf der Kontingenzbewältigung als einem konstitutiven Akt des Menschseins. Ihr Begriff hierfür ist der der *Fitra.* Und „im Koran wie in der Sunna steht der Begriff Fitra für die von Geburt an gegebene natürliche Veranlagung des Menschen", schrieb Saffet Köse in einer Reflektion.[117]

Die Erfolgsgeschichte der europäischen Zivilisation verdeckte bisher die Konflikte beider Geistesgeschichten hinsichtlich der Grundfrage der transzendentalen Offenheit des Menschen.

5.8 Barriere Paradigmen

In außereuropäischen Diskursen werden häufig Bilder aus der Biologie oder der Pathologie gebraucht, um Entwicklungen zu veranschaulichen. So spricht man davon, dass etwas gesund sei, von Wachstum oder Reifen und Verfall, wenn es um normative Veränderungen in der Gesellschaft geht. Dabei entsteht der Eindruck, als ob die Biologie (noch immer) eine Leitwissenschaft sei. Gleichzeitig scheinen islamische Gelehrte davon auszugehen, dass allein der Theologie der Anspruch einer Leitwissenschaft zukomme. Hingegen lösten sich im universitären Diskurs Europas die epistemologischen Leitwissenschaften durch die Jahrhunderte hindurch nacheinander ab: War es bis an die Aufklärung heran die Theologie, so wurde es danach die Philosophie, auf die die Geschichtswissenschaft folgte, um im 19. Jahrhundert der Biologie Platz zu machen; und im 20. Jahrhundert trat die Soziologie nach vorne, deren Wissensbestände noch immer maßgebend sind, ohne dass man behaupten könnte, sie beherrsche die Szene. Im Gegenteil, im Augenblick ist keine der Human- oder Ingenieurwissenschaften so dominant, dass man von einer Leitwissenschaft sprechen könnte. Es scheint eher so zu sein, dass allein die Reflektion auf den Menschen als einem eigenständigen Phänomen vorherrscht. Eine allgemeine Irritationen scheinen nur die Resultate der Neurologie auszulösen, weil man nicht so recht weiß, wie sie das Bild vom Menschen verändern werden. „Die vielfach zu beobachtende ‚Naturalisierung' des Menschen gehorcht dabei nicht nur geistesgeschichtlichen Veränderungen, sondern

117 Muslime zitieren in diesem Zusammenhang eine Aussage des Propheten Mohammed: „Jedes Kind wird entsprechend der Fitra geboren. Erst später wird es von seinen Eltern als Jude, Christ oder Feueranbeter erzogen." (Buchari)

folgt ökonomisch lukrativen Machbarkeiten und gesellschaftlichen Machtansprüchen."[118]

Im islamischen Raum wird gerade eben dem Gedanken des intelligenten Designs (ID) als einer Antwort auf das stets bekämpfte Darwin'sche Konzept nachgegangen. Ansonsten hat man den Eindruck, als ob das *tauhidische* Axiom alles Andere verschatte. Dies macht die Diskussion zwischen den Sozialwissenschaften und den Gelehrten manches Mal mühselig, wenn sie denn überhaupt stattfindet. Wer sich jedoch mit den Rechtsempfehlungen selber beschäftigt, der kann sich nicht des Eindrucks erwehren, als wenn die Mehrheit der Gelehrten sich längst auf den ethischen Bereich zurückgezogen hat und unbewusst den preußischen Kanzelerlass[119] beachtet, dass Prediger nicht zu wissenschaftlichen Resultaten Stellung zu nehmen hätten.

5.9 Barriere Sprache

Es wäre unsinnig, an dieser Stelle die fachwissenschaftlich umfangreichen Diskurse zur Problematik des Übersetzens beziehungsweise der Lexikographie zu wiederholen. Es sei nur so viel wie an dieser Stelle notwendig bezüglich des Dialogs angemerkt.

Durch die Neigung der alten, philologisch orientierten Orientalistik, alles übersetzen zu wollen und für jedes Wort ein deutsches zu finden oder zu erfinden, ist der Islam in einer gewissen Weise für das deutsche Publikum christianisiert worden. Das gleiche gilt bei Muslimen für die christliche Theologie. Es ist mühselig, wie die Gespräche vor allem an der Basis der Glaubensgemeinschaften zeigen, die dadurch eingeschliffenen Irrtümer aufzuarbeiten. Angesichts dieses Umstandes böte sich die Überlegung an, ob man nicht dafür werben sollte, die unübersetzbaren Begriffe des Anderen als Fremdwörter zu lernen und damit zu Lehnwörtern zu machen, um damit dem anderen Denken Respekt zu zollen. Uri Avnery verwies in einem Artikel[120] darauf, wie scheinbar mühelos manche Begriffe in eine andere Sprache übernommen wurden. Als Beispiele nannte er unter anderem das deutsche Wort „Schadenfreude", das englische „gentleman", das japanische

---

118 Zeitschrift des Forschungsinstitutes für Philosophie (Hannover); Fiph Journal, Nr. 8, September 2006, Seite 17

119 Der sogenannte Kanzelparagraph wurde am 10. Dezember 1871 erlassen und verbot Pfarrern „Angelegenheiten des Staates" von der Kanzel zu besprechen.

120 Uri Avneri; www.amin.org/look/amin/en.tpl? - im PLO Missions Service am 11. September 2006

„Kamikaze" oder das arabische „intifada". Die deutschsprachige Kairiner Ausgabe geht einen Zwischenweg, in dem sie beispielsweise in 98: 5 kombinierend von Zakat-Abgabe spricht.

Die Übernahmen von Wörtern beziehungsweise Begriffen hat es wohl zu allen Zeiten gegeben. Im interreligiösen Raum scheinen jedoch emotionale Barrieren zu bestehen, die nur schwer aufzulösen sind. Ein typisches Beispiel ist der Begriff *„Zakat"*, der normalerweise entweder mit dem Wort Almosen oder Steuer wiedergegeben wird. Beides ist aus der kirchengeprägten Erfahrung richtig. Unglücklicherweise verschatten beide Übersetzungen einen wesentlichen Aspekt des islamischen Gestus. Auch wenn in der Geschichte islamischer Administrationen der Zakat zeitweise gleich einer Steuer eingezogen worden ist, so war er in den Augen der Muslime keine. Und mit der Geste des Almosenspendens ist er ebenfalls nicht zu vergleichen, weil es sich nicht um die Geste des Mitleides oder der Barmherzigkeit handelt. Hier verteilt keine Königin Münzen unter den Armen, die vor der Tür des Domes warten. Der Zakat ist die freiwillige Abgabe des Gläubigen (92: 17–21) von dem, was ihm Gott, der Allbarmherzige, für seine kurze Verweildauer auf Erden geschenkt hat und das er nicht für die Versorgung jener braucht, für die er sorgen muss, zum Beispiel seine Familie; indem er davon einen bestimmten Anteil abgibt, läutert beziehungsweise reinigt er sich vor Gott. Die Entscheidung, an wen der einzelne Gläubige seinen Zakat gibt, liegt allein in seiner Hand. Der Zakat kann an einen Imam gehen, einen geistlichen Führer (Scheich) oder eine Stiftung beziehungsweise in den Druck frommer Literatur gleich dem Koran. Aber die Geste der Läuterung gilt nur dann, wenn der Gläubige zuvor in sich die Absicht fasst, sich reinigen zu wollen. Sollte er dies vergessen haben, dann ist der Zakat eine schlichte Spende und sonst nichts.

Der Empfänger ist allerdings verpflichtet, den Zakat innerhalb einer bestimmten Frist für wenige Dinge auszugeben wie die Förderung des Glaubens, für Bildung, Krankenhäuser, den Bau und Erhalt gemeinnütziger Einrichtungen, Moscheen und nur dann, wenn die Existenz der Glaubensgemeinschaft in ihrem Bestand gefährdet ist, für die Abwehr der Gefährdung.

Im Rahmen der hiesigen Milli Görüs wurden und werden vom Zakat im Ramandan, dem Fastenmonat, zum Beispiel in Hungergebieten Nahrungsmittel gekauft. Dazu flog jemand extra in das betreffende Land, kaufte auf dem Markt dort das, was für den eingesammelten Betrag möglich war, um zum Beispiel das Fleisch dann in Kooperation mit einer einheimischen Organisation in seiner Gegenwart an die Bedürftigen zu verteilen. Viele muslimische Hilfsorganisationen verfahren auf diese Weise.

Das linguistische Feld des Wortes „Zakat" entspricht daher weder dem der Steuer noch dem Feld des Wortes Almosen, zudem gehört es in die religiös denkerische Geschichte islamischen Denkens, das heißt, christlich gesprochen, der Theologiegeschichte. Dies lässt sich nun wirklich nicht von den beiden anderen Begriffen behaupten.

Zu welchen Missverständnissen unterschiedliche Auffassungen führen können, lässt sich bequem am Wort Dschihad erläutern. Mahmoud Haggag Rashidi listete in seiner Magisterarbeit die Übersetzungen von sechs verschiedenen deutsch-arabischen Wörterbüchern auf[121]:

Autor	Übersetzung
Al-Mawrid	heiliger Krieg von Mohammedanern, Kampf
Krahl	bemühen, bestreben, Kampf
Langenscheidt	bemühen, Kampf; islamischer heiliger Kampf gegen Ungläubige
Wahrmund	Aufforderung zum Islam, Kampf gegen Ungläubige, Krieg, Anstrengung
Wehr	Kampf, heiliger Krieg (gegen die Ungläubigen)

Die arabische Sprache verfügt über drei gänzlich verschiedene Begriffe, um aggressives Verhalten zu meinen. Da ist zum einen das Wort *„harb"*, mit dem jener Krieg bezeichnet wird, der die Fortsetzung der Politik mit anderen Mitteln ist, wie Clausewitz ihn definierte; zum zweiten benutzen die Araber für das aggressive Verhalten zweier Personen gegeneinander das Wort *„kital"*, was wohl korrekterweise mit Kampf wiedergegeben werden kann. Die dritte Form der Auseinandersetzung, der *Dschihad*, wird vom Verb dschahada abgeleitet und meint „sich bemühen, streben, kämpfen". Im Zuge der Islamisierung der arabischen Gesellschaft des siebten Jahrhundertes kam die Bedeutung „für den Islam zu kämpfen" hinzu.

Mahmoud Zakzouk spricht deswegen von zwei Kategorien innerhalb des Dschihad: (a) der Selbstbekämpfung im Sinne von den Lastern und Sünden widerstehen und (b) dem legitimen Verteidigungskampf.

Wenn man jedoch berücksichtigt, dass die arabische Sprache zwei selbstständige Begriffe für aggressives Verhalten kennt, harb und kital,

---

121 Mahmoud Muhammad Haggag Rashidi; Zur Übersetzungsproblematik kulturspezifischer Termini in arabisch-deutschen Wörterbüchern; Al-Azhar Universität, Kairo, 2000, Seiten 98–99

dann muss man sich fragen dürfen, warum ein dritter notwendig war. Also gilt es der häufigen Aufforderung des Textes nachzukommen, nachzudenken.

Die Grundlage ist eine Aussage des Qur'ans, in der es heißt: „Erlaubnis ist denen gegeben, die bekämpft werden, weil ihnen ja Unrecht getan wurde [...] Und hätte Gott nicht die einen Menschen durch die anderen abgewehrt, so wären gewiss Mönchsklausen, Kirchen, Gebetsstätten und Moscheen zerstört worden, in denen des Namens Gottes viel gedacht wird" (22: 39). Die Begründung zur Abwehr der Aggression ist geschehenes Unrecht. Und jener, der Unrechtes tut, den nennt der Text einen Unheilstifter (mufsin). So warnt der Qur'an an 36 verschiedenen Stellen vor ihm, denn „Gott liebt nicht die Unheilstifter". Die Muslime werden ihrerseits ermahnt, weder „auf Erden Unheil zu stiften" (26: 152) noch dazu beizutragen, es zu verbreiten. (26: 183; 11: 85)

Die verpflichtende begrenzte Aggressivität gegenüber dem Anderen darf nicht maßlos werden (2: 190), vielmehr hat sie dem Frieden zu dienen: „Gott ruft euch zur Wohnstätte des Friedens, und Er leitet, wen Er will, zu Seinem geraden Weg" (10: 25). Das Ziel bleibt die das gesamte Leben umfassende Forderung, zum Islam zu kommen, das heißt in den Zustand des Friedens zu Ihm zu reifen.

Nach den politischen Exzessen der Propaganda und Desinformation im vergangenen zwanzigsten Jahrhundert erkennt man selbstverständlich die Problematik dieser Qur'anischen Passage, weil sie die Gefahr zu Instrumentalisierung in sich trägt. In Qur'anischer Sprache müsste man davon sprechen, dass sie zum Unheil genutzt werden kann. Allein, sich gegen diese Option in sich zu wehren und den Verführungen seiner selbst nicht zu erliegen, ist jenes Ringen, das die Lesung mit dem Begriff des Dschihad meint und will. Er ist daher zutiefst ein religiös ethischer Begriff, für den die christliche Theologie beziehungsweise das europäische Denken kein begriffliches Äquivalent hat. Daher sollte man ihn als Lehnwort in die deutsche Sprache übernehmen und dort nur in ethischen Kontexten verwenden, um so der Instrumentalisierung von welcher Seite auch immer vorzubeugen. Die Erfahrung zeigt jedoch, dass eingeschliffene begriffliche Instrumentalisierungen, die Teil der Ordnung des Diskurses[122] wurden, schwer aufzulösen sind. In ihnen findet die Asymmetrie des Diskurses zwischen Mehrheit und Minderheit ihren Ausdruck.

---

122 Michel Foucault; Die Ordnung des Diskurses; 9. Aufl., Fischer Taschenbuch Nr. 10083, Frankfurt am Main, 2003

Umso wichtiger scheint es mir, dass im Studium und zuvor mit der entsprechenden Didaktik im Religionsunterricht die Sprache vermittelt wird, die den künftigen gläubigen Staatsbürger dialogfähig macht. Dazu gehört nicht nur das Erklären der nicht übersetzbaren Wörter des anderen Glaubens, sondern ebenso die gezielte Erweiterung des aktiven Wortschatzes. Wer über seinen Glauben sprechen möchte, braucht Wörter, mit denen er sich auszudrücken vermag. Nun haben die Abmeldungen im Religionsunterricht, aber ebenso das schwindende Interesse an religiösen Themen in der Gesellschaft zur religiösen Sprachunfähigkeit der Mehrheit der Bevölkerung geführt, so dass der Aufforderung zum Dialog mit dem Nachbarn der Mangel an Ausdrucksmöglichkeiten gegenübersteht. Dieser Mangel ist eine Barriere der Verständigung, der sich niemand zuwendet. Es ist, als wenn all die Arbeitsergebnisse der pädagogischen Forschung über den (schichtenspezifischen) aktiven Wortschatz, die in den sechziger Jahren vorgelegt wurden, vergessen worden sind.

In seinem Eröffnungsreferat „Der eine Gott in vielerlei Gestalt" der Münchner Tagung „Judaism, Christianity, and Islam in the Course of History"[123] problematisierte Friedrich Wilhelm Graf die Begrifflichkeit religionswissenschaftlicher Terminologie. Er verwies darauf, dass „die im Titel der Konferenz benutzten religionsklassifikatorischen Kollektivsingulare eine komplexe Geschichte haben". Sie „blenden die hohe innere Differenziertheit innerhalb der drei monotheistischen Religionsfamilien aus". Kollektivsingulare haben die implizite Tendenz, Geschlossenheit anzunehmen, wo keine ist, und so zu Pauschalurteilen zu verführen. Sie unterstellen Wesenheit dort, wo Entwicklungen und Verläufe zu beschreiben angemessener wäre. Daher muss man sich fragen, ob der hoch differenzierte Begriffsapparat der Religions- und Sozialwissenschaften das Selbstverständnis der Handelnden früherer Zeiten hinreichend beschreibt, was fromme Gelehrte bezweifeln.

5.10 Barriere Trennung

Die Entstehung des heutigen Europa ist ohne die Geschichte der Kirche und die Auseinandersetzungen mit ihr nicht zu denken. Und so sind die europäischen Gesellschaften kirchengeprägt, während die islamischen kirchenlose sind. Dies ist für die kleine Gruppe der Fachleute ein Allgemeinplatz. Hingegen ist man sich außerhalb dieser kaum hierüber im Klaren, was insbesondere die Konsequenzen betrifft,

---

123 Die Tagung wird in einem Sammelband vom Historischen Kolleg veröffentlicht.

die bis in die juristische und politische Terminologie hineinreichen. Der Begriff der Gemeinde scheint hier ein Wort für ein geeignetes Beispiel zu sein.

Nun hat Europa im Laufe der vergangenen drei Jahrhunderte vier verschiedene Modelle der Trennung von Staat und Kirche entwickelt. Dabei gilt es, sich bewusst zu bleiben, dass die Institution der Kirche seit mehreren Jahrhunderten besteht, während sich ihre politischen Gegenüber ständig wandelten[124], was die modernen Begriffe vom Staat und von der Politik verschatten. Der moderne Staat ist schließlich eine historisch junge Erscheinung, in dessen Entstehungsgeschichte sich erst die Distanzierung zur Religion vollzog. Für Außenstehende kommt in Deutschland in verwirrender Weise hinzu, dass der Grundsatz der Trennung auch für das föderale System der Bundesrepublik Deutschland gilt. So bestehen etwa dreißig evangelische Landeskirchen nebeneinander, das heißt, in manchen Bundesländern gibt es bis zu drei die Landesgrenzen überschreitende Landeskirchen. Mit jeder von ihnen hat die jeweilige Landesregierung einen eigenen Staatsvertrag abgeschlossen. Die Gesamtheit derartiger historischer und neuzeitlicher Vereinbarungen wird als der Corpus des Staatskirchenrechtes bezeichnet. Islamischen Mehrheitsgesellschaften ist ein derartiges System schlicht fremd und unverständlich.

Historisch betrachtet machte Martin Luther die evangelischen Reichsfürsten zu quasi Landesbischöfen, die jedoch das Amt über ein Fachgremium ausüben ließen. Diese „Ehe von Thron und Altar" führte in Deutschland mit der Weimarer Reichsverfassung nach 1919 und dann mit dem Grundgesetz nach 1945 zur sogenannten „hinkenden Trennung" von Staat und Kirche, dem deutschen System der Säkularität. Ihr Charakteristikum ist, dass der Staat sich gegenüber den Kirchen, hier ist der Plural wichtig, für neutral erklärt, sie aber aus grundsätzlichen Überlegungen heraus fördert.

Im römisch-katholischen Zentralstaat der Bourbonen führte die Große Revolution nicht nur zum Sturz des Königs, sondern zwangsläufig zur Verbannung der Kirche, das heißt jeglicher Gläubigkeit aus der Öffentlichkeit der Gesellschaft, worüber der Staat durch seine Organe wachte. Diese Laïcité machte den Glauben der Bürger zu deren privater Angelegenheit. In diesem System ist der gläubige Citoyen ein Unding. Trotz allem blieb Frankreich eine katholische Nation, weil die Kirchen

124 Wolfgang Böckenförde; Die Entstehung des Staates als Vorgang der Säkularisation; In: Säkularisation und Utopie, Erbacher Studien, Ernst Forsthoff zum 65. Geburtstag, Stuttgart, 1967, Seiten 75-94

im Bildungssystem des Landes durch die Privatschulen, Krankenhäuser und anderes präsent blieben. - Man kann die Meinung vertreten, dass die später unter Lenin in der Sowjetunion entwickelte Form nichts anderes gewesen sei, als die Anwendung der jakobinischen Lösung der Trennung, wie sie in der Hochphase der Großen Revolution eingeführt worden war.

Dagegen entwickelte sich das Verhältnis der Religionsgemeinschaften, Denominationen, in den dreizehn nordamerikanischen Kolonien der britischen Krone aus gänzlich anderen Erfahrungen. Ihre Kolonisten hatten die gescheiterte Revolution des Generals Cromwell hinter sich, die Wiedereinführung der Staatskirche und die Rückkehr der Krone. Sie wollten sich den Staat vom Leibe halten; also sorgten sie für die Neutralität des Staates und wachten hierüber. Als in den beiden vergangenen Jahrhunderten Menschen aus allen Teilen der Erde in die Vereinigten Staaten strömten, brachten sie auch ihren Glauben mit, so dass sich über alle Denominationen, christliche Glaubensgemeinschaften und Kirchen, eine gemeinsame Form einer quasireligiösen Form entwickelte, die man später (die amerikanische) Zivilreligion nannte.

Wenn man die osmanische Entwicklung in diesem Rahmen betrachtet, was durchaus möglich ist, weil sich alle dortigen Reformen seit dem 19. Jahrhundert an der europäischen Entwicklung orientieren, dann ist der Weg dadurch gekennzeichnet, dass sich die Trennung von Religion und Staat vom jakobinischen Modell auf ein staatliches Kontrollsystem hin veränderte, das heißt, eine gewisse Form der „Staatsreligion“. Die oberste Religionsinstanz in der türkischen Republik ist eine Staatsbehörde und als solche an die politischen Vorgaben der jeweiligen Regierung gebunden.

In den gegenwärtigen Diskussionen werden nicht nur alle vier Modelle durcheinander geworfen oder gleichgesetzt, sondern auch wechselseitig inkriminiert, anstatt die Modelle als Optionen der (Geistes-)Geschichte zu sehen.

Wenn ich heute von intellektueller türkischer Seite die Behauptung höre, Säkularität und Laizismus wären identisch, dann frage ich zurück, ob man sich vorstellen könne, dass die oberste Religionsbehörde, Diyanet, den gleichen Rechtsstatus erhielte wie die Synode der EKD oder die Deutsche Bischofskonferenz, und dann wird sofort heftig abgewehrt. Religionsfreiheit bedeutet eben auch, dass die Institutionen der eigenen Mehrheitsreligion wie der Minderheitsreligionen Freiheitsrechte in Anspruch nehmen dürfen und müssen. Hierbei geht es nicht nur um die Freiheit des Glaubens, sondern ebenso um die des Wortes wie der Finanzen und der Personalhoheit.

5.11 Barriere Theologie

Als Mohammed im siebenten Jahrhundert die Bühne der Welt betrat, da hatten die Kirchen und das Judentum bereits eine lange, umfangreiche und intensive religiöse Entwicklung hinter sich. Daher konnten beide auf eine sechs Jahrhunderte umfassende Geschichte theologischer Auseinandersetzungen zurückblicken. Mohammed begegnete diesem Stand der Theologiegeschichte in der Form unterschiedlicher Kirchen und Klöster beziehungsweise Einsiedeleien. Nun wird kein christlicher Theologe erklären, die eigene Wissenschaft wäre noch auf dem gleichen Diskussionsstand wie zu jenen Zeiten; dennoch wird den Muslimen unterstellt, ihr theologisches Denken habe sich seit jenen Tagen nicht mehr bewegt.

Nun muss man als Muslim allerdings sagen, dass andererseits die Mehrheit der muslimischen Gelehrten so gut wie nichts über die Veränderungen in den christlichen Theologien west-europäischer Kirchen weiß, weil sie sich bisher allein an den Orthodoxien ihrer Länder orientierte. Ihr Erscheinungsbild wird in einem Trugschluss für *die* Christenheit genommen. Die wenigen intellektuellen Ausnahmen bestätigen hier wieder einmal die Normalität. An dieser Stelle gilt es allerdings auch festzustellen, dass sich zahlreiche Muslime kaum mit dem eigenen denkerischen Weg von Mekka bis in die Gegenwart auseinandersetzen. Die von Europa so gerne eingeladenen Reformdenker bilden eine bisher nicht mehrheitsfähige Minderheit, die der Gefahr unterliegt, als nicht mehr gläubig angesehen zu werden.

Andererseits berücksichtigen europäische Gesprächspartner in der Vorbereitung dialogischer Begegnungen zumeist nicht, dass nicht jede ihrer Fragen auch eine islamische ist. Es gibt zwar gleiche Wörter wie *„Sünde"* oder *„Werke"*, aber diese werden von Muslimen in gänzlich anderen Kontexten diskutiert, als man es in Europa gewohnt ist. Termini gleich dem der *„Liebe"* werden in künstliche Gegensätze gestellt, die, wenn man die Glaubenskontexte mit bedenkt, keine sein müssen. Das systematisch auftretende Problem scheint jeweils der spontane Eindruck der Ähnlichkeit zwischen einem jüdischen, christlichen und islamischen Gegenstand zu sein und der sich damit wie von selbst anbietende Vergleich. Eine solche Stelle ist beispielsweise jene Stelle im islamischen Gebetsruf, an der für Muslime zum „Erfolg" oder aber für christliche Übersetzer zum „Heil" gerufen wird. Vielfach wird auf dem eigenen Begriff bestanden, um so die Überlegenheit der eigenen Tradition und ihres denkerischen Ansatzes herausstellen zu können, wie Anja Midelbeck-Varwick schrieb.[125]

Nicht-europäische Muslime und europäische Christen stehen häufig geradezu gleichgültig vor der Geistesgeschichte des jeweils anderen, in deren Kontext die Sprache steht, in der man dialogisiert. Unter solcher Kontextualisierung ließe sich zum Beispiel fragen, in welcher Form und welchem Ausmaße Teile der *schari'a* in Analogie zum kanonischen Recht oder der protestantischen liturgischen Ordnung zu setzen wären? Hier hätte auch Abdullahi Ahmed An-Na'ims Diskurs zum Verhältnis des europäischen öffentlichen Rechtes zu Teilen der *schari'a* ihren Platz.[126]

Ein anderes Beispiel für die Unterschiedlichkeit und zugleich Ähnlichkeit der Entwicklung des geisteswissenschaftlichen Diskurses ist die Frage der Beschränkung des forschenden Umganges mit der Welt, dem Sein, der Schöpfung. Während im europäischen Kontext bis zur Aufklärung die Behinderung durch das kirchliche Lehramt dominierte, war es in islamischen Mehrheitsgesellschaften vor allem die Autorität des Gelehrten[127], die das Fragen behinderte. Dies galt weniger für die Natur- und Ingenieurwissenschaften als vor allem für die Sozial- und Humanwissenschaften. Den Schock, den die Christen durch die Entzauberung der beiden Testamente durch die Geschichtswissenschaft und der Welt durch die naturwissenschaftlichen Forschungsresultate erlebte, machten die Muslime im Grunde genommen mit den entstehenden Sozialwissenschaften durch, die den Bericht vom geschaffenen Menschen verblassen ließen, indem Psychologie und Soziologie zu zeigen vermochten, dass menschliches Verhalten schlüssig durch soziale Vorgänge erklärt werden kann.

In diese Auseinandersetzung gehört der Umstand, dass alle drei abrahamischen Glaubensweisen in der Moderne gemeinsame Leidenserfahrungen machen mussten. Bekennende Juden, Christen und Muslime wurden in den Vernichtungslagern beider Totalitarismen, des Nationalsozialismus und des Bolschewismus, umgebracht. Und Per-

---

125 Anja Middeöbeck-Varwick; Über göttliche Gerechtigkeit und menschliche Erkenntnis bei Abd al-Gabbar; in: Hansjörg Schmid, Andreas Renz, Jutta Sperber; Heil im Christentum und Islam; Akademie der Diözese Rottenburg-Stuttgart; 2004, Seite 168

126 Abdullahi Ahmed An-Na'im; Toward an Islamic Reformation; Syracuse University press, New York, 1990

127 Khaled Abou El Fadl; Speaking in God's Name; Oneworld, Oxford (UK), reprinted 2003

sönlichkeiten gleich dem protestantischen Pfarrer Dietrich Bonhoeffer, dem Jesuiten Alfred Delp, dem Rabbiner Leo Beack und dem Gelehrten Said Nursi haben in ähnlicher Weise die geistigen und geistlichen Angriffe zu bewältigen versucht. Sie lebten ihre Gegenwehr aus dem bewussten Rückzug auf das *Letzte* in der Form der von jedem Einzelnen bekannten Offenbarung. Der Bezug auf die Metaebene des „Letzten" macht den Vergleich möglich, ohne allerdings die Unterschiede in ihm zu verschatten. Leider wurden ihre Leidensgewinne mit dem Zusammenbruch der Totalitarismen in die Bibliotheken verbannt, aus denen sie nur noch zu Gedenktagen herausgeholt werden.

Zusammenfassend lässt sich sagen, dass sich in Europa eine theologisch orientierte Diskurskultur entwickelte, während die Muslime sich an den Problemen der Orthopraxie abarbeiteten. In beide Diskussionsstränge waren und sind gesellschaftspolitische Aspekte eingebettet.

5.12 Barriere des Lasten tragenden Anderen

Eine zentrale Kategorie des Sozialen in allen drei abrahamischen Glaubensweisen ist die Art und Weise wie sich die einzelnen Gläubigen und wie sich die Gemeinschaft als Ganze in Not und angesichts bedrängender Ereignisse zueinander verhalten. Diese Aufgabe wurde von europäischen Christen im Widerstand gegen die Leiden unter den Totalitarismen als besondere Herausforderung verstanden, die in die Tiefe des Verhältnisses von Schöpfer und Geschöpf hineinreichte.

Auf christlicher Seite wird auf das Paradigma des „das Kreuz" tragenden Jesus hingewiesen, der das Leid der Welt auf sich genommen habe. So habe auch die Kirche eine Tragende zu sein, die sich des Leidens der Menschen annehmen müsse. Während diese Forderung in der Geschichte der Christenheit immer wieder auf die Christen beschränkt worden ist, haben Theologen angesichts des Leidens im zwanzigsten Jahrhundert die Sorge um den Mitmenschen auf alle Leidenden erweitert.

So zeigte Dietrich Bonhoeffer, in welcher Weise Luthers Lehre von den zwei Reichen um die Frage erweitert werden müsse, was denn mit denen geschehe, die unter den Entscheidungen der Regierenden der Welt litten; ihrer hätte sich die Kirche anzunehmen. Auf katholischer Seite sei nur auf den Jesuiten Alfred Delp verwiesen.

Das muslimische Motiv der Sorge um den Anderen wurde durch den Lebensweg des Mohammed geprägt, der in seinem Bemühen um den Qur'an immer wieder erlebte, wie nicht nur er selber als Prophet, sondern auch das, was er sagte und wovon er sprach, auf tiefe Ablehnung stieß. Der Text mahnte ihn in solchen Situationen mehr als einmal ab, indem ihm gesagt wurde, er sei nicht der Hüter der anderen. Gleichzeit forderte der Qur'an von den Muslimen, barmherzig zu sein und das Gute zu tun. Und Mohammed selber lebte den Gestus der Barmherzigkeit. Er wurde später die Grundlage für die arabo-islamische Ritterlichkeit zum Beispiel eines Saladdin, an der sich die europäische orientierte.[128] Gerade sein Handeln zeigt, dass die beiden Konzepte der Fürsorge für den Mitmenschen und der Barmherzigkeit zu ihm gesellschaftliche wie politische Konsequenzen implizieren, die durch den Aspekt eschatologisch orientierter Verantwortung ihre Brisanz erhalten.

Die Muslime sind daher in der Gegenwart durch die gesellschaftlichen Veränderungen herausgefordert, etwas zu entwickeln, das der Seelsorge beziehungsweise ihren institutionellen Formen, der Diakonie beziehungsweise Caritas, entspricht. Erste Ansätze entstanden durch die Hilfe der kirchlichen Fachkräfte in Form der Telefonseelsorge in Berlin[129] und der Anstaltsseelsorge in verschiedenen Städten. Im Westharz ließ sich eine Gruppe engagierter Muslime um Firouz Vladi für die Notfallseelsorge ausbilden. In Mannheim kooperiert das Institut für Integration und interreligiösen Dialog e. V. mit der Evangelischen Akademie Pfalz und der Union muslimischer Theologen/innen.

5.13 Barriere Fragerichtung

Niemand im Dialog der Glaubenden beziehungsweise der Kulturen spricht, ohne an einen bestimmten Standpunkt und die sich aus ihr ergebende Perspektive gebunden zu sein[130]. In ihrem Kontext ist die Richtung, in die man gewöhnlicherweise fragt, eingebunden. In den Offenbarungsreligionen fragt der Glaubende, was er tun müsse, um dem Geoffenbarten Genüge zu tun. Dies gilt vor allem für die Muslime, die sich bewusst in die Rechtleitung des Qur'ans stellen. So fragt der Muslim, welche rechtleitende Pflicht er erfüllen soll, um Verdienst vor Gott zu erwerben.

Hingegen hat sich unter Christen in Europa zunehmend die Haltung verbreitet, zu fragen, was denn das Geoffenbarte zu einem, *meinem* konkreten Problem der Gegenwart beitrüge? Welche Antwort gibt der

---

128 Sigrid Hunke; Allahs Sonne über dem Abendland; Fischer Sachbuch Nr. 3543, Frankfurt am Main, 1990

129 Die Berliner Telefonnummer lautet 030/44 35 09 821.

130 Carl-Friedrich Graumenn; Grundlagen einer Phänomenologie und Psychologie der Perspektivität; de Gruyter, Berlin, 1960

Text, die Bibel, auf die Umweltbelastungen, die Informationsungleichheit zwischen Industrienationen und Ländern der Südhalbkugel, den Eingriff in das menschliche Werden durch die Genetik?

Während im ersten Falle von der Offenbarung her gefragt wird, wendet sich der Fragende im zweiten Falle auf die Offenbarung zu. In beiden Fällen wird Gott von gänzlich verschiedenen Standpunkten befragt. Hieraus ergeben sich zwei Schwierigkeiten: Die eine ist, dass die erste Art als altmodisch und die zweite als modern erachtet wird und zu wechselseitigen Missverständnissen führt; die andere ist, dass Antworten auf die gleiche Grundfrage unverbunden nebeneinander stehen.

5.14 Barriere Lebensverständnis

Bis zum kolonialen Einbruch der Europäer in die islamischen Mehrheitsgesellschaften lebten die Muslime in der Einbettung einer Lebensweise, die gänzlich vom spirituellen Verständnis des Alltags, des Seins, gesehen wurde. So erklang der Ruf zum Gebet fünfmal in vierundzwanzig Stunden, die Fastenzeit unterteilte den Jahresrhythmus, und die islamische Rechtsprechung deckte so gut wie alle Vorkommnisse des Alltags ab. Das undiskutierte Axiom dieser kirchenlosen Gesellschaften war und blieb der Tauhid, worunter die Menschen die Einzigkeit des einen Schöpfers verstanden, der jegliches Sein schuf und erhält.

Die europäischen Machthaber gingen aus ihrer Erfahrung mit Kirche und Religion nach der Aufklärung davon aus, dass Religion, so wie sie diesen Begriff und ihre Funktion verstanden, auf bestimmte Bereiche beschränkt war. Dies wurde für sie durch die technische, ingenieurwissenschaftliche und administrative Entwicklung recht anschaulich. Schließlich betrafen mehr als 90 % aller staatlichen Regulierungen keine religiösen Fragen. Säkularität und Religion, worunter man in den kolonialen Mutterländern stets Kirche verstand, waren zwei voneinander getrennte Sphären.

Diese Trennung war implizierter Teil des Bildungsimperialismus, den die kolonialen Verwaltungen über ihr Schulsystem vertraten. Die politischen Auseinandersetzungen verschatteten diesen Aspekt des aufkommenden religiösen Diskurses der Gelehrten fast vollständig. Abdulkader Tayob machte in seiner Antrittsvorlesung in Nimwegen darauf aufmerksam, dass die *ulama*[131] die Säkularität zwar als Gegen-

131 Der Begriff „ulama" meint die islamische Gelehrtenschaft.

begriff auffassten, aber dadurch, dass sie ihn in ihre Diskussionen einführten, bereits im Diskurs mit der Moderne standen.

5.15 Barriere Theologiegeschichte

In der Vergangenheit brachen Gespräche zwischen selbst im Dialog Geübten immer wieder ab, ohne dass zu erkennen war, warum das Gespräch auslief. Normalerweise wechselten die Gesprächsteilnehmer dann das Thema und gingen zum Smalltalk über - jenen Belanglosigkeiten des Alltags, die den Kontakt zum Anderen aufrechterhalten, ohne dass man auf die Problemsphäre zugehen muss, über die man gerade gestolpert war. Die nachträgliche Analyse des Gesprächsverlaufes ergab meist keinerlei Hinweise auf die Ursache. Erst der Blick auf die Situation des Abbruches selber führte zur Einsicht, dass es sich um eine Differenz der Standpunkte und deren Perspektive handelt.

Der Ausgangspunkt hierfür wurde die häufig zu hörende Annahme, dass die Muslime einen bestimmten Begriff „noch nicht" bearbeitet hätten, weil sie in ihrem Denken noch nicht so weit gekommen seien wie wir Europäer durch die Aufklärung. Wenn die Muslime, so hieß es beispielsweise, sich erst einmal den Begriff der Freiheit erarbeitet hätten, dann kämen sie auch zum Begriff der Zivilgesellschaft. Etwas schlichter hieß es, dass die Muslime lernen müssten, was Toleranz sei. Der Hinweis auf die großen Symbiosen in Andalusien, auf Sizilien oder in Indien wurde zumeist übergangen. Aber waren beide gesellschaftlichen Pazifizierungen begrifflich wirklich identisch?

Ein Vergleich der gesellschaftlichen Entwicklungen zeigte, dass beide Entwicklungen auf gänzlich verschiedenen Voraussetzungen aufbauten. Der europäische Begriff der Toleranz ergab sich aus dem jahrhundertealten Konflikt zwischen kirchlichem Lehramt, das mit politischen Mitteln abgesichert worden war, und den denkerischen Entwicklungen in der Philosophie und den Naturwissenschaften. Hierin war das Nein zu Kirche und Glauben ebenso enthalten wie die Konkurrenz christlich kirchlicher Vielfalt durch die reformatorischen Bewegungen. Die politisch durchgesetzte staatliche Toleranz in englischen Königreich und dessen nordamerikanischen Kolonien sowie in Preußen führte zur inneren Pazifizierung der sich bildenden Nationen.

Der Ausgangspunkt der islamischen Gesellschaften war die koranische Aussage, dass alle abrahamischen Propheten und deren Bücher von Gott seien, der Qur'an bestätige, was an Wahrem in ihnen sei und alle, die sich an den Weg ihrer Offenbarungen hielten, nicht unglücklich sein würden;[132] zudem habe der Schöpfer jedem Volk in seiner Sprache einen Propheten gesandt. Eine Auseinandersetzung hatte nur in „schönster Weise" zu erfolgen, so dass eine aggressive Form nur gewählt werden durfte, wenn der Andere sie ergriff, das heißt nur zur Abwehr. Hinzu kam die sich entwickelnde Rechtsauffassung, die Anderen der Buchreligionen seien die Schutzbefohlenen der eigenen Herrschaft, die nur eine Steuer zahlen sollten, weil sie in einer islamischen Gesellschaft nicht wehrpflichtig seien. Diese Haltung wirkte ebenso pazifizierend wie die Toleranz.

Denkerisch schloss sie jedoch die Nein-Sager zu Religion und Glauben aus. Die Inkorporation der Nichtgläubigen einer Gesellschaft ist jedoch das Kriterium moderner Pazifierung, das heißt der Toleranz. Daher sind islamische Denker herausgefordert, über jene zu reflektieren, die durch ihren bisherigen Ansatz nicht erfasst wurden.

Die Frage lautet also, ob denkerische Ergebnisse des einen auch von dem Anderen akzeptiert werden können, um dann zu fragen, ob sie sich aus dem eigenen Denken heraus begründen lassen. Dies gilt für die Menschrechte ebenso wie für etwa den Begriff der Kategorial- beziehungsweise Anstaltsseelsorge und die Trennung von Religion und Staat beziehungsweise Gesellschaft.

5.16 Barriere Zweifel

Es ist ein merkwürdiges Phänomen, dass zwar die Wörter Kritik und Selbstkritik einen breiten Raum im öffentlichen Diskurs einnehmen, aber in der Praxis alltäglicher Gespräche werden beide durch das Festhalten an Erwartungshaltungen, die die eigene Position und Meinung bestätigen, konterkariert. Der Zweifel ist unpopulär. Zwar wird die umfangreiche Forschung zu den Fragen des Vorurteils in universitären Seminaren der verschiedenen Sozialwissenschaften intensiv diskutiert und in Examina abgefragt, aber nur wenige Persönlichkeiten nehmen die Resultate offenbar so ernst, dass sie sie in die Lebenspraxis umsetzen.

Vielleicht hat die Forschung selber auch dazu beigetragen, die eigenen Vorurteile und Überzeugungen nicht zu hinterfragen oder gar anzuzweifeln, indem unter anderem die Wahrnehmungspsychologen nachwiesen, dass der Mensch ohne Vorurteile kaum handlungsfähig ist. Aber auch die Arbeiten zum Verstehen selber zeigen, dass der hermeneutische Zirkel ein fester Bestandteil unseres Verstehens ist.

[132] Qur'an 16: 36

Das wäre kein besonderes Problem, wenn Gesellschaften in sich selbst ruhten. Einheimische Minderheiten und die kleiner werdende Welt machen jedoch aus dem einst Fremden den Nachbarn, den Arbeitskollegen und die angeheiratete Verwandtschaft. Die ganze Spannung dieser Entwicklung zeigte sich in Theo Sundermeiers Versuch, den Fremden durch eine praktische Differenzhermeneutik zu verstehen,[133] die letztlich der Vereinnahmungsfalle nicht entgeht.

Hier könnte der (gelegentliche) Zweifel[134] an den persönlich gewonnenen oder „ererbten" Überzeugungen helfen. Er muss ja nicht gleich die Descartes'sche Radikalität[135] annehmen. Allein in Skepsis das Tradierte nach seinen Begründungen zu befragen, würde das abrahamische Gespräch beflügeln. Dies ist für einen Intellektuellen leichter hingeschrieben als vom Frommen angenommen.

Und mit welchem Recht darf der Erstere vom Frommen fordern, dass dieser den Zweifel lerne? In welcher Weise stört die quietistische Frömmigkeit einer Minderheit, zum Beispiel der muslimisch Frommen, die politische Ordnung einer der europäischen Mehrheitsgesellschaften? Im Dialog aber kann die Haltung, den Zweifel und die Skepsis einzufordern, den Frommen vom Dialog abschrecken, so dass er aus dem Felde geht, wie Lewin es in seiner Feldpsychologie beschrieb.[136] Muslime halten die Forderung, ihre Glaubenstraditionen kritisch zu hinterfragen, für eine Zumutung, während gerade ihre reflektierten Gesprächspartner diese Haltung als für eine gemeinsame Zukunft erforderlich ansehen.

An dieser Stelle treffen zwei unterschiedliche Leidensgeschichten auf einander. Die deutsche wurde am treffendsten vom Grafen Krockow mit den Worten beschrieben: „Wer je die Wogen des ‚Heil'-Geschreis anbranden sah, nahe genug, sie leibhaftig zu spüren, verloren fast schon an den wirbelnden Sog geradewegs ins Unheil, in den Abgrund hinein […]Wer dies je erlebte, vergißt es nie. Der noch einmal Davongekommene trägt unauslöschbar seine Erfahrung mit sich. Und die Erfahrung bedrängt ihn fort und fort, bis in den seltsamen Widerspruch hinein, sie weitergeben zu wollen, um sie den Nachkommen,

---

133 Theo Sundermeier; Den Fremden verstehen; Göttingen, 1996

134 Mario Gmür; Die Unfähigkeit zu zweifeln; Stuttgart, 2006, Seite 32 ff.

135 René Descartes; Von der Methode; Hamburg, 1960

136 Vgl. etwa http://www.medialine.de/deutsch/wissen/medialexikon.php?snr=1867

den Enkeln zu ersparen."[137] Hiervon ist auch der deutsche Muslime geprägt, dessen Skepsis im und zum heutigen Dialog von den Parallelitäten zur Minderheitengeschichte dieses seines Volkes und Landes mitbestimmt wird.[138]

Der Diskurs der sich so erinnernden „aufgeklärten" Intellektuellen in Europa unterscheidet im Gespräch mit dem Frommen nicht zwischen der Kontingenzbewältigung, dem das eigene Sein bewältigenden Glaubensakt, und den Traditionen einer Religion. Seine Kritik empfindet der Fromme meist als die ihn bedrohende Forderung, an seinem Glaubensakt und seinem Für-wahr-Halten zu zweifeln, anstatt die Tradition an sich zu befragen. Nun ist auch dieses Auseinanderhalten von Kontingenzbewältigung und religiöser Tradition ein typisch intellektuelles Verhalten, dem der schlicht Fromme bereits mit Misstrauen begegnet. Umso eher sollte der Intellektuelle selber diese Differenz beachten, um nicht den Gesprächspartner zu überfordern, auf dass dieser innerlich und kommunikativ den Diskurs abbricht.

Dem religiös Unmusikalischen ist der Gestus des Zweifelns nichts Anderes als eine Form der Distanzierung vom Thema der Kontingenzbewältigung, die mancher gerne als Gesellschaftsspiel betreibt, was der orientalische, türkische Fromme nicht zu erkennen vermag. Für ihn ist der unmusikalische europäische Gesprächspartner nichts Anderes als ein abzulehnender „Atheist". In manchen Dialogforen, in denen der Muslim sowieso eine Minderheit ist und als Minderheitenvertreter sitzt, können Redebeiträge aus solchem spielerischen Gestus heraus als demütigend erlebt werden. Sie provozieren dann geradezu den Willen zum Nicht-Zweifel, in dem er den Qur'an zitiert: „Und sprich: ‚Die Wahrheit ist von euerem Herrn. Wer nun will, der glaube, und wer will, der glaube nicht'" (Qur'an 18: 29)

Es sind durchaus zwei verschiedene Ansätze, Barrieren des Gespräches zu identifizieren und solche Hindernisse aufzuarbeiten, auf dass sie bei künftigen Begegnungen nicht mehr stören. Bisher konzentrierten sich die Bemühungen auf die Bewusstmachung von Vorurteilen und die Vermittlung von Wissen über den Anderen, weil man annahm und annimmt, Wissen über den Anderen ändere die Einstellung zu ihm. Die Entwicklung in den ehemaligen europäisch-osmanischen Gebieten gleich Bosnien, in denen über Jahrhunderte hinweg Frieden

---

137 Christian Graf Krockow; Politik und menschliche Natur; Stuttgart, 1987, Seite 168

138 Sabine Schiffer; Pressefreiheit, Selbstzensur, kollektive Diffamierung?; Forum Loccum, Nr. 3, August, 2006, 25. Jg., Seite 6

herrschte, machen deutlich, dass ein solcher Ansatz bei der Lösung der Aufgabe des Friedenserhaltes nicht ausreicht, weil die emotionalen Vorbehalte nicht in der Tiefe erreicht wurden. Dies gelang auch nicht über den Aufbau einer dritten Ebene, dem philosophischen Ansatz im Marxismus (-Leninismus) jugoslawischer Ausgestaltung. Das Kennenlernen des Anderen beschränkte sich auf formales Wissen der Religion, dessen Rituale, Feste oder folkloristische Elemente. Es thematisierte kaum den Glauben selber, dessen Exklusivität im Glaubensgestus den Anderen stets in Frage zu stellen scheint oder, wie manche Missionswissenschaftler meinen, negiert. Den Anderen in seiner Andersartigkeit anzunehmen ist nicht eine implizite Aufgabe des abfragbaren Wissens, sondern der Reifung. Durch sie wird die Persönlichkeit fähig, die Würde der existenziellen Entscheidung des Anderen als seiner eigenen Würde gleich anzuerkennen und anzunehmen. Die Option zu solcher Reifung muss in der Pubertät entwickelt werden, also in dem Zeitraum, da der Einzelne sich für eine bestimmte Art des Umgangs mit der Kontingenz entscheidet. Hier ist nicht nur das Elternhaus gefragt, sondern zuvörderst die Didaktik des Religionsunterrichts, in dem die Entscheidung des Anderen weder negiert noch diskreditiert wird. Gleichzeitig müssen die Curricula der anderen Unterrichtsfächer wie Deutsch, Geschichte und Erdkunde, um die zentralen Fächer zu nennen, den Anderen so schildern, dass ebenfalls Demütigungen durch die Schilderung des Vergangenen verhindert werden. So gälte es, die Geschichte der andalusischen Symbiose von Juden, Christen und Muslimen entsprechend darzustellen, so dass die Tragik der Reconquista fassbar wird.

5.17 Der Gewinn ständiger religiöser Begegnung?

Die Repräsentanten des Islam in Deutschland suchten stets das Gespräch mit den Gläubigen ihrer Umgebung. So erzählte der frühere Imam der alten Berliner Moschee, Aman Hobohm, dass man bereits in den vierziger Jahren mit Christen und Juden gesprochen habe. Diese Tradition wurde durch das später aufgebaute Islam-Archiv Deutschland unter der Leitung von Muham mad Salim Abdullah und seinen Mitarbeitern wieder fortgesetzt. So schrieb Abdullah mit den verschiedensten christlichen Co-Autoren wie zum Beispiel Michael Mildenberger[139] eine große Anzahl von kleineren Schriften, die das Gespräch in den Gemeinden fördern sollten. Zahlreiche Pfarrer und ihre Gemeinden folgten diesem Ruf zur Sozialdiakonie. Sie luden Muslime aus

139 Muhammad S. Abdullah, Michael Mildenberger; Moslems unter uns; Evangelische Zentralstelle für Weltanschauungsfragen, Stuttgart, 1974

ihrer Umgebung zu abendlichen Gesprächen ein, denen die Muslime jedoch nur in kleiner Zahl folgten. Die Zahl blieb über die Jahre klein, was nicht nur an sprachlichen beziehungsweise sozialen Schwierigkeiten lag. Die türkischen Migranten waren eben keine Intellektuellen und die wenigen Akademiker unter ihnen beherrschten kaum die theologische Fachsprache des Islams, um über spezifische Fragen diskutieren zu können. Hinzu kam, dass die ersten Studenten aus der zweiten Generation nicht gerade in die Sozialwissenschaften strömten, vielmehr wählten sie solche Disziplinen, von denen sie erwarten konnten, möglichst rasch Geld zu verdienen. So setzte sich die allgemeine Sprachlosigkeit der ersten Generation mit der besonderen theologischen Sprachlosigkeit der zweiten fort. In den achtziger Jahren wandten sich Einzelne wie Bekir Alboga, Mohammed Siddiq oder Mohammad Kalisch solchen Studiengängen in Deutschland und im Orient zu, aus denen heraus die Gesprächsfähigkeit erwuchs. Bekir Alboga baute in Mannheim an der dortigen Moschee ein entsprechendes Institut auf, Mohammed Siddiq wurde die Leitung des Hauses des Islam im Odenwald übertragen und Mohammed Kalisch erhielt den ersten Lehrstuhl für die Religion des Islam an der Universität in Münster, den er allerdings 2009 aufgab. Dies alles dauerte Jahrzehnte. Daneben erwuchs in den Verbänden durch die große Zahl der Begegnungen dialogische Kompetenz.

Dennoch fand der Dialog auf der Ebene der Kommunen und in den kirchlichen Akademien nicht den breiten Widerhall, den man sich gesellschaftlich gewünscht hätte. Es war nirgends so, dass es einen Widerstand gegen den Dialog gegeben hätte. Dies zu vermuten, wäre Unsinn. Es blieb vielmehr so, dass die schlichten Mitglieder in den Moschee-Vereinen fragten, was ihnen diese ständigen Begegnungen praktisch brächten. Sie sahen doch, dass es bei den sie interessierenden Fragen, dem Schächten, dem Religionsunterricht et cetera keinen Forschritt gab. Warum also sollte man den Einladungen folgen? Der Widerstand war daher vielfach ein schlichter Unwille. Da man keinen Sinn erkennen konnte, sagten sich Muslime, dass sie das Gespräch in theologischer Hinsicht nicht bräuchten, weil der Qur'an bereits alles Wissenswerte über das Christentum sagt.

Dabei rezitierten sie häufig die kleine Sure 109, in der es heißt: „Sprich: Ihr Verleugner, ich diene nicht dem, dem ihr dient, und ihr dient nicht dem, dem ich diene, und ich bin kein Diener dessen, was ihr dient, und ihr dient nicht dem, dem ich diene. Für euch ist eure Religion und für mich ist meine Religion." Die im Text deutliche Offenheit gegenüber dem Bestehen einer anderen Religion wird kontrastiert von der ebenfalls hörbaren Option zur Trennlinie „die Anderen" und „wir". Sie führt zu der Alltagshaltung: Sollen sie doch weiterhin die Wahrheit verdecken, warum sollen wir uns um sie kümmern. Auch an dieser Stelle dominiert der Unwille als einem unspezifischen Gefühl, welches kaum zu verbalisieren ist. Es löst sich dann auf, wenn, wie im hannoverschen Stadtteil Linden, nachbarschaftliche Interessen von den im Ortsteil ansässigen Vereinen und Gemeinden gemeinsam diskutiert werden. Hier wird das sonst abstrakte Gemeinwohl im konkreten Problem zum Beispiel der Kinderspielplätze erleb- und fassbar. Hier vermag der Vorsitzende des Moschee-Vereines konkrete Erfolge vorzuweisen, die seine Mitglieder überzeugen.

5.18 Sind Irritationen keine Barrieren?

Lange Zeit habe ich den Gegensatz zwischen den Reformdenkern und den Gemeinden, das heißt den Moschee-Vereinen, mit Sorge betrachtet, ohne ihn als Problem oder gar Barriere der Verständigung einzuordnen. Er schien mir im Zuge der Ausdifferenzierung der Meinungen innerhalb der Minderheit zwangsläufig. Je stärker jedoch die Institutionen der Mehrheitsgesellschaft die ihnen sympathischen Reformer in ihren Diskurs einbanden, desto deutlicher wurden die Vorbehalte „Ali Normalverbrauchers" gegenüber dem Diskurs. „Die", so erzählte man sich beim Tee, „wollen den Islam zerstören. Mit dem Imperialismus haben sie es nicht geschafft; nun versuchen sie es mit den Feinden und Verrätern des Glaubens."

Und so hielten sie an den tradierten Formen der Vermittlung des Qur'ans fest, obwohl die Zahl der Schüler abnahm beziehungsweise klein blieb. Nichtsdestotrotz erlebten die Eltern voller Stolz den Tag, an dem ihre Tochter oder ihr Sohn den Qur'ran rezitieren konnte. Wenn dann sie beziehungsweise er für einen der nationalen Rezitationswettbewerbe ausgesucht wurde, dann ließen auch Außenstehende ihren Respekt erkennen.

Obwohl diese Veranstaltungen offen ausgeschrieben werden und die Plakate, mit denen auf die Wettbewerbe hingewiesen wird, nicht nur in den entsprechenden Stadtvierteln hängen, sondern auch in den Straße anderer, sieht man höchst selten nicht-muslimische Mitbürger in den Hallen. Dies gilt umgekehrt für Orgelkonzerte.

Nun wird keine Minderheit ihrer Mehrheitsgesellschaft vorschreiben können, wen sie sich als Gesprächspartner aussucht. Sie wird verständlicherweise jene bevorzugen, die ihr sympathisch sind, und nicht jene, mit denen sie vor allem strittig diskutiert. Andererseits sieht sich die Minderheit in einer demokratischen Gesellschaft vor die Aufgabe gestellt, sich Koalitionspartner suchen zu müssen, mit denen sie ihre Vorstellungen durchzusetzen vermag. Wenn die Mehrheitsgesellschaft die Randständigen der Minderheit bevorzugt einlädt, dann darf sie sich nicht wundern, wenn die Nichteingeladenen sich nach einer Weile diskriminiert fühlen, wodurch eine prekäre Situation wechselseitiger Verdrängung entsteht.

In der Vergangenheit haben derartige Konstellationen sowohl zur Ghettoisierung geführt als auch zur Entwicklung einer angepassten intellektuellen wie wirtschaftlichen Elite. Da jedoch in der Gegenwart eine Rückkehr in die Herkunftsregionen oder Länder der Großelterngeneration problemlos möglich ist, kann jedermann auf das Bequemste aus dem Feld gehen, in dem er „zurückkehrt", was bei der türkischstämmigen akademischen Jugend bereits eine Option ist, weil unter anderem die Niederlassungen deutscher Firmen in der Türkei Arbeitsplätze anbieten. Zudem können Akademiker nach ihrem Examen an einer deutschen Hochschule problemlos an eine türkische Universität wechseln, was nicht nur im Bereich der Ingenieur- sondern ebenso der Sozialwissenschaften geschieht. Die Folge ist, dass zum ersten Male in der Minderheitengeschichte Deutschlands eine Minderheit den Weg in die Mehrheitsgesellschaft nicht mehr zu gehen gezwungen ist. Das Gespräch zwischen beiden Gruppen entbehrt damit des Drucks, miteinander zusammenkommen zu müssen. Wenn die Kinder nicht die Ausbildung erhalten, von der die Eltern meinen, dass sie sie bekommen sollten, dann schickt man sie auf ein Internat in der Türkei oder zu den Verwandten. Die türkische Religionsbehörde praktiziert bereits ihre eigene Alternative, indem sie Studenten der Islamwissenschaft Stipendien an der Universität von Ankara anbietet. Der Dialog erhält auf diese Weise etwas Optionales, was wie eine Barriere wirken kann.

Als einem deutschen Muslim fiel es mir schwer, einer Problematik bewusst zu werden, die mit meiner eigenen Bildung zu tun hat. Erst ein Referat und das anschließende abendliche Gespräch mit dem Malaien Syed Farid Alatas[140] während einer Tagung in Istanbul 2008 machte mir deutlich, in welcher Weise ich durch meinen Bildungsgang und den darin implizierten Standpunkt diskriminiere. Wie selbstverständlich ging ich davon aus, dass die Forschungsergebnisse der Sozialwissenschaften weitgehend für den Menschen generalisierbar sind und die Privatisierung der Gläubigkeit, die Säkularisierung, unvermeidbar sei, was moderne orientalische Wissenschaftler anzuerkennen

140 Syed Farid Alatas; An Agenda for Nursi Studies: Towards the Construction of an Social Theology; International Workshop: Theology and Society in the Thought of Said Nursi; unveröffentlichtes Referat, Istanbul, 2008

schienen. Dabei sah ich nicht, dass wir Europäer nur wenige islamische Denker wie Avicenna (Ibn Sina, gest. 1063) oder Sayid Qutb (gest. 1966) diskutieren und eine Vielzahl anderer Denker übersehen. Im Anschluss an Immanuel Wallerstein sprach Alatas vom Gegensatz des „lokalen Ethnozentrismus" und einem Eurozentrismus. Im Ersteren werden allein die einheimischen Denker berücksichtigt, während im anderen nur solche Anerkennung finden, die die europäischen Konzepte diskutieren. So kommen Männer wie Mullah Sadra oder Said Nursi in den europäischen Diskursen nicht vor. In muslimischen Diskursen hingegen werden alle euro-amerikanischen Denker als Christen gekennzeichnet, aber deren Vielfalt in der Theologie der Gegenwart nicht zur Kenntnis genommen. In beiden Zentrismen sind die jeweils anderen ein undifferenziertes Ganzes. Einer der wenigen katholischen Geistlichen, die sich um eine differenzierende Aufklärung der islamischen Gesprächspartner bemühen, ist Christian Troll (SJ) in der Frankfurter Hochschule St. Georgen.

6 Existenzieller Dialog

Der Mensch ist zwar ein auf Kommunikation angewiesenes Wesen, aber das Sprechen über den Glauben mit jenen, die seinen eigenen Glauben nicht teilen, fällt ihm schwer - insbesondere die Auseinandersetzung mit Zeitgenossen, die die transzendentale Offenheit des Menschen für Unsinn halten. Für den orthopraktisch frommen Muslim kommt hinzu, dass die islamische Orthopraxie das Verführerische in sich trägt, den Gläubigen im rechten Verhalten so einzubetten, dass er sich in ihr geradezu auflöst und zu verschwinden vermag, wodurch die geistliche Reflexion verschattet wird. So wurde Abdellah Hammoudi während seiner Pilgerreise in Mekka von einem Mitpilger erstaunt gefragt: „Nachdenken [...] Hast du denn nicht den selben Glauben wie wir? Aber bitte, jedem das Seine."[141]

Wer aber die geistliche Arbeit des Anderen nicht abwertend als falsch, irrig oder zu korrigieren auffasst, sondern ihm als einem Menschen begegnet, der aus der identischen Selbstsorge um ein sinnhaftes Dasein sich für die Arbeit an der Kontingenz entschied und dabei sich einem bestimmten Glauben zuwandte, der wird dem anders Glaubenden in Respekt begegnen, weil er im anderen Fall seine eigene Entscheidung für eine Kontingenzbewältigung entwertete. Die Hinwendung zum anderen Glaubenden führt in die Reflexion des eigenen Tuns, der eigenen Entscheidung des Für-wahr-Haltens einer bestimmten Form dieser Bewältigung, die im Glaubensakt ihre Verfestigung und im von der Gemeinschaft tradierten Verhalten zur Gestalt (Figuration) im sichtbaren Verhalten findet. Der Muslim tut dies bei aller Routine fünfmal in 24 Stunden, in dem er am Boden kniend nur sich selbst hörend sagt, denkt[142]: „Ich bezeuge die Wahrheit, dass es keine Gottheit gibt außer Gott." - „Aschadu la illaha Mohammad rasullah." Die Spannung zwischen dem individuellen schweigenden Sprechen des Einzelnen und der real beobachtbaren schweigenden Gemeinschaft der Knienden beim Freitagsgebet ist wohl nur als elliptische zu beschreiben, deren

---

141 Abdellah Hammoudi; Saison in Mekka - Geschichte einer Pilgerfahrt; München, 2007, Seite 236

142 Das Credo der Muslime wird von jedem Betenden auch während des freitäglichen Gemeinschaftsgebets „schweigend" gesprochen. Dabei kniet sie oder er mit aufrechtem Oberkörper auf dem Boden.

beide Zentren, mathematisch spricht man von Brennpunkten, das Simulacrum islamischer Wirklichkeit abbilden.[143]

Wenn Hegel in seinen „Vorlesungen über die Philosophie der Religion" schrieb, er könne von allem abstrahieren, aber vom Denken, vom Ich nicht, dann zeigt jener islamische Gebetsgestus, dass der Gläubige auch vom Glauben nicht zu abstrahieren vermag. Dies bedenkend, lässt sich Niklas Luhmann nur bestätigen darin, dass die „Pauschalkonfrontation von Religion und Wissenschaft zu den Überbleibseln der Entwicklungsphase der Gesellschaft" gehört.[144]

Es ist eine geradezu pubertäre Attitüde, zu meinen, ein jeder verhalte sich in individueller Art und Weise zum Bewusstsein der eigenen Begrenzung. Auch in diesem so persönlichen Augenblick der Sinnentscheidung bleibt das Individuum an die ihm vorgegebene Mit- und Umwelt gebunden, indem es sich davon distanziert, das Angetroffene variiert, bestätigend internalisiert oder eine Alternative wählt. Stets wird dies in Form der Sprache in sein Bewusstsein treten, die er als Kind erlernte. Radikale Veränderungen, wie sie der Quraischit Mohammad in der Stammesgesellschaft seiner Zeit in nur dreiundzwanzig Jahren durchsetzte, sind so ungewöhnlich, dass der Muslim den Wandel nur mit dem göttlichen Eingreifen zu verstehen vermag.

Die Religionswissenschaft hat, so meine ich, mit ihrer erfolgreichen Kategorisierung religiösen Verhaltens gezeigt, dass der Einzelne nur eine der beschränkten Formen in Variation des historisch Entstandenen lebt:

(a) Es gibt ein personal schöpferisches Sein jenseits der Grenzen meiner Bedingtheit (abrahamisch);
(b) jenseits humaner Bedingtheit besteht ein seiendes Nichts (fernöstlich);
(c) jedes Menschliche, Natürliche steht einer Vielzahl von Kräften gegenüber (naturreligiös);
(d) das Leben ist allein gemäß der Rationalität der vom Individuum gelebten historischen Zeit und seiner kulturellen Bedingtheit zu beurteilen.

---

143 Abdellah Hammoudi; Saison in Mekka - Geschichte einer Pilgerfahrt; C.H. Beck, 2007, Seite 228

144 So Niklas Luhmann in seinem 1977 erschienenen Buch „Funktion der Religion"; http://www.scribd.com/doc/22857399/Luhmann-Niklas-Funktion-Der-Religion, Seite 71

Aber warum soll jemand, der sich doch bereits entschied, mit einem anderen sprechen, der nicht seiner Entscheidung folgt oder gar die Arbeit an der Frage der Kontingenz für unsinnig hält? Wer an dieser Stelle seine Befürwortung des Dialogs mit rationalen Begründungen und mit der Arbeit an den Barrieren des Verstehens argumentativ vertritt, der sei an die Realität des Alltags erinnert, die immer wieder dialogische Ansätze konterkariert, weil unter anderem die Kontingenzfrage vor allem unter europäischen Intellektuellen für irrelevant gehalten wird.

Hingegen eröffnet die Rationalität küngscher Sätze Optionen der Kommunikation, aus denen der Wille erwachsen kann, sich dem Anderen zuzuwenden. Aber, so ist zu fragen, warum führt selbst der Wille zum Gespräch selten zur dialogischen Begegnung und „nur" zu jenen publikationsträchtigen oder medienwirksamen Tagungen, Konferenzen oder Verhandlungen oder zur Banalität der Talkshows? Die schlichte Aussage, weil Kommunikation selbst keine Entelechie kenne, hilft nicht weiter; ebenso wenig hilft der Satz, dass jegliche Kommunikation interessengesteuert sei und man eben nicht wissen könne, was der jeweilig Andere mit dem Gespräch bezwecke. Also gilt es, dem Dialog als einem humanen und letztlich sozialen Phänomen selber nachzugehen. Das Kommunizieren und das Sprechen gehören zur Conditio humana, nicht jedoch das Dialogisieren.

Wenn man sich diesem selbst zuwendet, dann imponiert als Erstes die Sprachfähigkeit. Wer über seine Kontingenzbewältigung und die daraus sich ergebenden religiösen Bindungen sprechen will, der muss aus der eigenen Reflexivität heraus zur Sprache fähig sein. Dies setzt sowohl Distanz zur eigenen Emotionalität voraus als auch den entsprechenden aktiven Wortschatz. Es bedarf ebenso einer Mindestanforderung an sprachlicher Intelligenz. Daher lässt der Nähkurs in einer Familienbildungsstätte, so notwendig er ist, zwar Empathie unter den Teilnehmerinnen entstehen, aber nicht Dialog. Allerdings wäre es eine Illusion, anzunehmen, in einem universitären Seminar reiche die dort vorhandene sprachliche Intelligenz schon aus, um es zum Dialog kommen zu lassen. Sie genügt immerhin, um sich wechselseitig intensiv kennen zu lernen, was überhaupt nicht hoch genug einzuschätzen ist.

Um jedoch die drei verschiedenen abrahamischen Theologie- und Geistesgeschichten darstellen zu können, bedarf es einer sprachlichen Intelligenz und Reflexivität, die, ob man will oder nicht, nicht jedermann zur Verfügung stehen. Das Gleiche gilt für die Sensibilität, die

Differenz zwischen lexigraphischer Begriffsbestimmung einerseits und religiös denkerischer Kontextbestimmung andererseits zu erkennen.

Dazu sei noch einmal auf Mahmud Haggags lexikalische Untersuchungen verwiesen. An dieser Stelle greife ich die Problematik am Beispiel des so populären Ausdrucks „inscha'allah" auf. Haggag diskutierte sie, in dem er die Übersetzungen in fünf bekannten Wörterbüchern[145] nannte:

Wörterbuch	Wiedergabe/Übersetzung
Al-Mawrid	wenn es der Wille Gottes ist, ich hoffe
Krahl	so Gott will, hoffentlich
Langenscheidt	so Gott will, hoffentlich
Wahrmund	so Gott will, hoffentlich
Wehr	so Gott will

Der Ausdruck geht auf einen Satz des Qur'ans selber zurück, der dort in der Sure 18 Vers 24 im Kontext eines längeren Textes steht. Es ging darum, dass Mohammed von jüdischen Gesprächspartnern nach dem Höhlengleichnis gefragt worden war; und er hatte erklärt, er könne am nächsten Tage im Rahmen einer Offenbarung antworten.

Hierauf folgte die Abmahnung: „Und sage nie über etwas: ‚Ich werde das bestimmt morgen tun', ohne anzufügen: ‚So Gott will.' Und erinnere dich deines Herrn, wenn du es vergessen hast, und sprich: ‚Möge mein Herr mich näher zum Rechten leiten.'" (18: 23 f.) Das menschliche Bemühen steht hier in der für den Qur'an charakteristischen direkten Theozentrizität. Danach möge der Mensch im Vertrauen auf Gott leben, indem er sich bei allem Tun auf ihn verlässt. Schließlich gibt es jenseits der Grenzen humaner Bedingtheit nur ein schöpferisches personales Sein, islamisch ausgedrückt: „Es gibt keine Gottheit außer Gott." Aus diesem Satz folgt, dass alles Sein, dem das Geschöpf Mensch begegnet, Schöpfung ist. Wer also nach einer in die Zukunft gerichteten Absichtserklärung den Ausdruck „inscha'allah" hinzufügt, der macht sich und seinem Gesprächspartner den Lebenszusammenhang, in dem er und seine Mitwelt stehen, bewusst. Er ist ein Ausdruck des Lebensgefühls, dem das heutige Verständnis gegenübersteht, nämlich das individuelle eigene Handeln weitgehend unter eigener, rationaler Kontrolle zu halten und als gesellschaftlich bedingt zu betrach-

145 Mahmud Muhammad Haggag Rashidi; Zur Übersetzungsproblematik kulturspezifischer Termini in arabisch-deutschen Wörterbüchern an Beispielen von ausgewählten islamischen Begriffen; unveröffentlichte Magisterarbeit an der Universität Al-Azhar, Kairo, 2000, Seiten 106–108

ten. Infolgedessen ordnen Europäer das Inscha'allah dem Fatalismus zu oder wenigstens einer gewissen Skepsis hinsichtlich der Zukunft. So versteht man das Wort „Inscha'allah" gemeinhin im Sinne von: wenn nichts dazwischenkommt.

Mit Recht fordert Mahmud Haggag am Ende seiner Überlegungen, solche religiösen und kulturellen Ausdrücke in Wörterbüchern nicht nur zu übersetzen, sondern zugleich mit einer Erläuterung zu versehen, die einen Zugang zum Verstehen des Anderen eröffnet, denn wer sich Fremdes über eine fremde Sprache aneignet, ohne genau hinzuhören, worum es sich auch kontextuell handelt, wird am Ende nur Eigenes in den Händen halten[146].

So erscheint die Übertragung des arabischen „inscha'allah" mit „(wenn) Gott es will" vom eigenen kulturellen Standpunkt so evident, dass schon die Annahme einer möglichen Heterogenität als störend verdrängt wird. Dialog aber meint die Anstrengung des Verstehens, wie der Andere sein Sprechen begreift.

Dies ist nicht auf dem Forum Romanum möglich, wo die vox populi ihre Selbstbehauptung verteidigt.[147] Immer wieder versuchte ich das dialogische Gespräch gegen diese Grundregel zu erzwingen, was niemals gelang. Allein, kein Dialog lässt sich unter Druck aufbauen. Ich weiß nicht an wie vielen Abenden sich mir der Baltharsar'sche Satz bestätigte und meine Ungeduld beschämte.

So mag es nicht verwunderlich erscheinen, dass bei kritischer Betrachtung von Augenblicken, die andere im Rückblick als dialogische bezeichneten, mir „nur" das verstehende Zuhören im Gedächtnis geblieben war, das heißt der Wille und die Bereitschaft zuzuhören, was der jeweils andere mitteilte beziehungsweise der Zuhörende selber sagte. Jeder der Beteiligten ließ sich voller Respekt vor dem Anderen auf dessen Standpunkt ein und bemühte sich, die diskutierten Sachbestände unter der von dort entworfenen Perspektive zu sehen. Wie schwer dies fiel, war immer dann zu spüren, wenn einer die Sätze des anderen in der eigenen Sprache wiederholte, um sich zu versichern, dass er verständen hätte. Immer wieder entstand dann eine lange Reihe von wechselseitigem Nachfragen. Denn das „Fremdverstehen ist schließ-

---

146 Jürgen Straub; Verstehen, Kritik, Anerkennung; Essener Kulturwissenschaftliches Institut Vorträge 4; Götttingen, 1999, Seiten 14 f.

147 In diesem Sinne schrieb Urs von Balthasar im Vorwort zu einem Essay für Martin Buber, dass das Gespräch zwischen ihm und Buber erst dann beginne, wenn die Säle sich geleert hätten und Stille eingetreten sei. Vgl. Seite 30 dieser Arbeit.

lich notwendigerweise ein Akt der Relationierung von Eigenem und Fremden."[148] Denn, um mit Jürgen Straub fortzufahren, „wie ein methodisch kontrolliertes Fremdverstehen begriffen und betrieben werden könnte, das im wesentlichen von relationalen Operationen zehrt, ist nach wie vor eine offene Frage"[149]. Dies trifft auch auf die Verschattungen in der eigenen Perspektive zu, auf die man erst durch den Anderen aufmerksam wird. So verschattet die Betonung des Glaubens mitunter die Konkretion, das heißt die Gestaltung des Glaubens im Verhalten. Ein ähnliches Phänomen tritt bei den Schnittmengen beider Traditionen auf. So sind „ethische Reflexionen über menschliches Handeln sowohl in der islamischen als auch in der christlichen Tradition zentral. Im Christentum werden diese seit dem 16. Jahrhundert in der Disziplin Moraltheologie beziehungsweise theologische Ethik systematisiert. Im Islam findet man ethische Fragen und Themen in Koran, Hadith, philosophischen, rechtlichen, theologischen und sufischen Traditionen."[150]

Nun setzt jegliches Gespräch wechselseitiges Verstehen voraus, in dessen Zentrum die Interpretation, der Vergleich und die Wertung stehen mit dem anschließenden Akt der Zuordnung innerhalb des eigenen Wissensbestandes und der Zuordnung zum Bestand eigener Handlungsoptionen. Mein Denken bedient sich dabei der mir durch meine Erfahrungswelt vorgegebenen Sprache, ihres Wortschatzes, Grammatik, Syntax et cetera, das heißt eines mir weitgehend vorgegebenen Standpunktes und dessen Perspektive.[151]

An den Stellen, da ich den Anderen nicht verstehe, weil dessen Sprache mit einem Wort ein Geschehen oder einen Sachbestand bezeichnet, welches außerhalb meiner Erfahrungswelt liegt, muss ich mir das Wort, seine Bedeutung und das, worauf es verweist, in der fremden Sprache des Anderen erklären, beschreiben lassen und anschließend als etwas Entlehntes erlernen, wenn ich nicht einen Neologismus entwerfen will. Als Beispiel mag der Begriff Sa'iba dienen, mit dem die Araber eine solche Kamelstute bezeichnen, die zehnmal hintereinander

---

148 A. a. O., Seite 22

149 A. a. O., Seite 19

150 Hansjörg Schmidt, Kays Mutlu; Christen und Muslime in ethischer Verantwortung; in: Hansjörg Schmidt, Andreas Renz, Abdullah Takim, Bülent Ucar; Verantwortung für das Leben; Regensburg, 2008, Seite 12

151 Es sei an dieser Stelle auf die grundlegende Diskussion Edmund Husserls in dessen „Logische Untersuchungen" hingewiesen, deren Linie aufzunehmen hier zu weit führen würde.

geworfen hat. Sie wurde nach altem Brauch nicht geschlachtet, sondern bekam das Gnadenbrot, wie es in Deutschland bei Pferden üblich ist.

Wörter wie „Kindergarten" wurden problemlos in zahlreiche Sprachen übernommen. Hingegen wird es beim Begriff des „Tauhid", der die Einzigkeit des Einzigen meint, schwierig, weil christliche Gesprächspartner sich gefordert fühlen, die Trinität monotheistisch zu erläutern. Ein entsprechender Begriff aus dem christlichen Denken ist für Muslime der der „Eucharistie".[152]

Solchen Begriffen geht das Setzen eines Standpunktes durch Kontingenzbewältigung voraus. Sie sind hierfür ein Zeichen,[153] dessen Bedeutung aus dem Akt der Kontingenzbewältigung erwuchs. Aus ihr folgt eine Vernünftigkeit des Denkens und Handelns, die die Regeln des allgemeinen Urteilens und Schließens nicht außer Kraft setzt (was ihr aber leicht vom Standpunkt anderer Kontingenzbewältigungen unterstellt wird), sondern ihr entspricht.

Wenn beispielsweise im Akt der Entscheidung, von den Früchten des verbotenen Baumes zu essen, der dem Menschen schlechthin vererbte Bruch enthalten ist, dann ist der Heilsweg in der Prophetie, um den Bruch aufzulösen, konsequent. Wenn das Vergehen im Qur'an dadurch versöhnt wird, dass der Mensch „Worte empfing" und „seine Reue angenommen" wurde, dann ist die Prophetie kein „Heilsweg", sondern Mahnung und Warnung, auf dass - wie die Muslime sagen - der Mensch, Sein Geschöpf, den Bund mit Ihm halte. Im existenziellen Dialog wird solches Urteilen des Anderen, auch wenn es nicht verstanden werden kann, als das Seine achtend angenommen. Man hört der Melodie der Rohrflöte, der Nay, zu und hat den Klang der eigenen Querflöte im Ohr.

In den Fällen, da die Gesprächspartnerin beziehungsweise der Gesprächspartner sich im Zuge ihres beziehungsweise seines Lebenslaufes selber entwickelnd verändert, tritt eine weitere Schwierigkeit im Verstehen auf. Es geht hier nicht allein um die Frage der Verlässlichkeit beziehungsweise Stabilität einer Aussage wie des Selbstbildes und des Bildes des Anderen an einem bestimmten biographischen Zeitpunkt, sondern ebenso um die Begriffsgeschichte im Werden der Gemeinschaft des Anderen. Durch lebenslanges Lernen sowie mögliches

152 Bertram Schmitz; Vom Tempelkult zur Eucharistiefeier - Die Transformation eines Zentralsymbols aus religionswissenschaftlicher Sicht; Münster, 2006

153 Edmund Husserl; Logische Untersuchungen; Band II/1, Tübingen, 6. Aufl., 1993, § 5 f., ab Seite 30

Reifen und durch die Gewinne aus der (Leidens-)Geschichte einer Gemeinschaft, manche heißen sie Fortschritt, kann sich ein einst erworbener Standpunkt verändern und damit die Perspektive; und sei es allein die Einsicht, dass mein eigener Standpunkt eine Perspektive entwarf, die Anderes verdeckte, das aber von meinem Gesprächspartner nicht nur gesehen wurde, sondern für ihn wesentlich war. So entwirft der Islam einen Standpunkt, in dessen Perspektive der (abrahamischen) Prophetie Jesus als der Sohn Marias erscheint, während er vom Standpunkt des Christen über die (abrahamische) Prophetie zum Heilsziel wird. Für den Christen lag der Bruch des Zur-Welt-Seins im Sündenfall, der aber über die Linie eines Heilsweges, dessen wegweisende Punkte die Propheten bildeten, in Jesus Christus sich bricht, weil er in ihm zum Ende kommt.

Für Muslime bildet das Essen der verbotenen Frucht, die gemäß dem Qur'an beide Menschen zu sich nehmen, ein Lernakt auf dem Wege in die Welt, in der der Mensch als Khalif, Stellvertreter des Einen, die ihm gestellte Aufgabe und seine Bestimmung der Bewährung lebt. Hierbei halfen ihm die Propheten mit ihren regelmäßigen ermahnenden Hinweisen, allein Ihm zu dienen, und dem Verweis auf ihre eschatologische Verantwortung. Dies kommt in Mohammed zu ihrem Ende, so dass Jesus in die Reihe jener warnenden Propheten gehört.

Dabei gilt es zu berücksichtigen, dass unter den Bedingungen der Moderne nicht nur Halbwertzeiten des natur- und ingenieurwissenschaftlichen Wissens ständig gesunken sind, sondern ebenso die der Geisteswissenschaften. Wenn das dialogische Verstehen dem nachkommen will, so muss es als ein in die Zukunft offener Prozess aufgefasst werden, dessen Grundbedingung lebenslanges Lernen ist. Auch wenn nicht jeder während der gesamten Lebensspanne zu lernen und zu reifen bereit ist, so gilt doch, dass ich im Dialog mit mir selber reifend lerne und an der Reifung des Anderen.

Daher ist es problematisch, wenn jemand Ereignisse, Aussagen oder Urteile in sein Gespräch aufnimmt, ohne den einstigen Kontext darzustellen, weil er auf diese Weise etwas über die Zeiten hinweg als „objektiv" ausweist, was im laufenden Gespräch selber zum Gegenstand geworden war. Wenn man jedoch das Einstige als Zeichen für den eigenen Weg einführt beziehungsweise den Weg der eigenen Gemeinschaft, dann wirkt das Zitat offen.

Nun dialogisiert niemand auf einen Unbekannten zu; vielmehr ist der Partner oder die Partnerin durch den Horizont der Situation, in der der Dialog stattfindet, vorgegeben. In dem Bemühen, ihn zu verstehen, nehme ich ihn vor dem Hintergrund der Gruppe wahr, zu der sie oder er gehört, wobei mir deren Vielfalt gerade noch mitzudenken möglich ist, jedoch kaum die Breite seiner, ihrer Gesamteinbindung. So mag beispielsweise der Pfarrer vor mir ein reformierter Geistlicher sein; als evangelischer Theologe steht er zugleich im Kontext der EKD, ist Vorstandsmitglied des Vereines Studieren in Jerusalem, ist in einer Bürgerbewegung für Umweltschutz engagiert und so weiter. Nichtsdestotrotz erscheint er einem indischen Muslim als Christ, der auch für „das" Christentum zu sprechen vermag; und Gleiches gilt für den türkisch hanafitischen Muslim, der als Mannheimer Unternehmer mit Erfolg ein Service-Unternehmen aufbaute und aus einer gegenwartsoffenen Moscheegemeinschaft kommt, deren Ursprung im geistlichen Ringen des untergehenden osmanischen Khalifates liegt, und der eine ihn bindende Sympathie mit den Sunniten im Allgemeinen fühlt. Er gilt den ihn fragenden deutschen Mitbürgern als „der" Muslim, den man zu Ereignissen im indischen Haidarabad[154] ebenso fragen kann wie zu einem Schari'a Gerichtsurteil im Iran. Von beiden Ereignissen mag er weder etwas gehört haben noch sachlich etwas verstehen, was er seinen Gesprächspartnern durchaus sagen kann. Nichtsdestotrotz wird man ihm entgegenhalten, dass er aber als Moslem dazu eine Meinung habe.

Es ist für den Dialog in der Moderne charakteristisch, das er von Persönlichkeiten geführt wird, die in mehrfache Loyalitäten eingebunden sind, wodurch das jeweils gesprochene Wort sowohl gänzlich verschiedene Verbindlichkeiten haben kann als auch ihnen entsprechend formuliert wird.

In zahlreichen Begegnungen vermögen die Partner nicht zwischen der gelebten Glaubenswirklichkeit des Gegenübers und seiner Einbettung innerhalb der kontextuellen Vielfältigkeiten seiner (globalen) Glaubensgemeinschaft zu unterscheiden. Häufig springen im Gespräch die Gedanken und Argumente oder Beispiele zwischen den kontextuellen Bezügen so munter hin und her, als ginge es um einen Wettkampf. Bei solchen Verwirrungen besteht nicht einmal die Hoffnung auf ein Wort, das stehenbliebe, damit der andere es bedenken könnte. Dies ist jedoch eine der Voraussetzungen für den Beginn eines Dialogs. Aber wie häufig wird an solchen Worten, wenn sie denn gesprochen werden, vorbeigehört, indem man sich einem anderen Thema zuwendet oder das Angesprochene für „das nächste Gespräch" aufhebt. Der in die Tiefe gehende Dialog stört die Unverbindlichkeit des alltäglichen Redens, weil er einen Anspruch der Ernsthaftigkeit und Verbindlichkeit des

154 Sudhir Kakar; Die Gewalt der Frommen - zur Psychologie religiöser und ethnischer Konflikte; München, 1997

Sprechens setzt, der nicht allein die Differenzen zum Anderen ernst nimmt, sondern die Andersartigkeit des Anderen respektiert. Da der Sprechende in solchen Augenblicken von sich wahrhaftig redet, beansprucht er die Wahrhaftigkeit des Anderen. Erst wenn die Kommunikationspartner bereit sind, aus dem Gegenüber den Gesprächspartner werden zu lassen, aus dem dann die Begegnung mit dem Anderen erwächst, erst danach wandelt sich das Gesicht des Gegenübers zu seinem Antlitz. Das Sprechen begründet nun eine eigene Beziehung,[155] indem das Sprechen wie das Zuhören selbst zur Arbeit werden, bei der keiner der Gesprächspartner die Definitionsgewalt über die Wörter aus welcher Überlegenheit auch immer für sich beansprucht. Jeder hat den beidseitig undiskutierten Anspruch darauf, dass die von ihm gesprochene Sprache die Welt von seinem Standpunkt aus in treffender Weise bezeichnet und die mit Hilfe ihrer Grammatik konstruierten Sätze wahre Sätze sind. Die Sprache hat hier nicht nur die Funktion, etwas bewusst werden zu lassen, wie Emmanuel Lévinas[156] schreibt, sondern sie ist zugleich das Werkzeug meiner Arbeit mit mir, seiner Arbeit mit sich und unserer gemeinsamen Arbeit, wie sie sich in unserer Kommunikation entfaltet. So dies im Gespräch wahrhaftig geschieht, überschreitet es die normativ geforderte Oberflächlichkeit alltäglicher Kommunikation und wandelt sich die kommunikative Selbstinszenierung zum Prozess verbaler wie non-verbaler Selbstentfaltung. Dies war und ist stets eine mühselige Anstrengung, weil die Wörter und ihre Zusammensetzung gemäß der Grammatik bedacht sein wollen. Vielleicht ist es in der Gegenwart schwieriger als in früheren Zeiten, denn zum Gegensatz von Alltagssprache und intellektueller Sprache kommt heute die Anstrengung hinzu, gegen den medialen verwahrlosenden Umgang mit den Wörtern angehen zu müssen.

Bisher gelang es niemandem, die Faktoren zu bestimmen, die in einer Alltagskommunikation den Prozess des Wandels auf einen existenziellen Dialog zu in Gang setzen. Meine Selbstversuche haben nur zu deskriptiven Bestimmungen geführt, die die Situation charakterisieren. Der Dialog bedarf danach scheinbar

(a) der Dualität und nicht eines Dritten,
(b) eines Raumes, in dem Privatheit möglich ist,
(c) der Zeit, so dass ein Wort nicht nur stehen bleiben kann, sondern auch gesucht werden darf,

---

155 Emmanuel Lévinas; Zwischen uns; München, 1995, Seite 17

156 An gleichem Orte

(d) die vorbehaltlose Annahme der Befremdlichkeit des Zeugnisses des Anderen in Wort und Gestus,

(e) des Respektes, aus dem heraus kein Beteiligter die denkerischen Widersprüche beziehungsweise Blößen des Partners ausnutzt, sondern als Herausforderung zu gemeinsamer Arbeit annehmen kann,

(f) der Annahme der Leidenserfahrung der Gemeinschaft des Partners als geistesgeschichtliches Lernen[157],

(g) das Zulassen einer anderen Sichtweise auf die die eigene Gemeinschaft begründenden Gedächtnisinhalte.

Allein dies führt nicht zwangsläufig in den Dialog. Gute Gespräche unter Eheleuten, Freunden, am Rande von Kongressen bis hin zu manch kat-[158] und weinseliger Runde lassen sich so charakterisieren. Der nächste Schritt scheint durch Signale des Leibes eingeleitet zu werden. Schließlich sind die miteinander Sprechenden nicht allein verbal Kommunizierende, sondern kommunizieren ebenso durch ihren Leib[159]: dessen Haltung, Gestik und Mimik sowie Haptik, in dem der eine den anderen berührt. Der Körper ist in solchen Augenblicken nicht allein Sache,[160] vielmehr wird der Andere an ihm und mit ihm sichtbar. Gerade im beredten Schweigen spricht der Leib. Und so müssen verbale und leibliche, nonverbale Kommunikation in der Weise zusammenklingen, dass die Wahrhaftigkeit des einen durch die Wahrhaftigkeit des Anderen als bestätigt erlebt wird. In solch existenziellem Dialog ist jeder Augenblick dem eigenen Werden gegenüber und auf den Anderen hingewandte verantwortete Kommunikation, von der der Qur'an sagt, dass „keine beladene (Seele) die Last einer anderen

---

157 Heiner Bielefeldt; Philosophie der Menschenrechte; Wissenschaftliche Buchgesellschaft, Darmstadt, 1998

158 Gemeint ist das Kauen der Katblätter, wie es vor allem im Jemen gepflegt wird.

159 Jürgen Streeck, Mark I. Knapp; The Interaction of Visual and Verbal Features in Human Communication; in: Fernando Poyatos; Non-verbal Communication; Amsterdam/Philadelphia 1992, Seite 3

160 Ich knüpfe hier ausdrücklich an Lévinas an: Emmanuel Lévinas; Zwischen uns; Hanser Verlag, München, 1995, Seite 44

trägt" (Sure 35: 18).[161] Im Kontext islamischen Denkens bedeutet dies, dass die dialogische Verantwortung[162] eschatologisch eingebunden ist. Daher gehört die Taqwa[163] strukturell zum Dialog.

Orientalisten übertragen das mit dem Wort Gemeinte mit dem christlich konnotierten Begriff der Gottesfurcht. Muslime erläutern den hier angesprochenen Gestus mit folgender Erzählung. Gemäß einem Hadith soll ein älterer Beduine dem zweiten der rechtgeleiteten Khalifen, Umar ibn Khatab, den Gestus der Taqwa so erklärt haben: „Oh Khalif, wenn ein Hirte nach seinem verlorenen Schaaf zwischen den Sträuchern sucht, dann wird er darauf achten, dass er sein Kleid rafft, auf dass es nicht in den Dornen der Sträucher hängenbleibt und von diesen eingerissen wird." So achtet der Mensch darauf, nicht vom geraden Pfad des Schöpfers, dem *serat al mustaqim*, abzuirren. Im hiesigen Zusammenhang meint Taqwa die Attitüde der Achtsamkeit, die die Verantwortung vorausgehend begleitet. Sie meint die Würde der Mitmenschlichkeit und, religiös gesprochen, die Würde der Mitgeschöpflichkeit, denn der Schöpfer „zeichnete die Kinder Adams aus" (17: 70), ohne unter ihnen unterschieden zu haben.

In solch seltenen Augenblicken wandelt sich das Antlitz des Anderen zum Du, das erst dadurch mir zum Du wird, dass ich mich als zur Verantwortung berufenes Ich durch die Harmonie meiner hörbaren (verbalen) und sichtbaren (leiblichen) Kommunikation erweise. Mein Ich wird zum Du für den Anderen, und umgekehrt wandelt sich sein Ich zu dem mir antwortenden Du. Jedes Ich muss bei sich sein, um als Du sichtbar und hörbar zu werden. Damit beginnt der Weg vom personalen zum existenziellen Dialog, der jedoch nur beschritten werden kann, wenn der Andere in sich die gleiche Gesprächsentwicklung vollzog, was durchaus nicht zwangsläufig ist. Bleibt dieser Schritt dem Augenblick verhaftet, dann gewinnt er nachträglich einen reinen Erlebnischarakter im Sinne des goetheschen Wortes „Zum Augenblicke dürft ich sagen: Verweile doch, du bist so schön"[164].

Der Dialogisierende kann ihn als Erfahrung und damit als Lernen begreifen und annehmen. In der Erwachsenenbildung gab es immer wieder den Versuch, dies Geschehen dem systematischen Lernen zu öff-

---

161 Max Hennig (Überarbeitung durch Murad Wilfried Hofmann); Der Koran; Istanbul, 1998, Seite 292

162 Muhammad Asad spricht in seiner Übersetzung des Qur'ans von einem „grundlegenden ethischen Gesetz".

163 Die orientalistische Übersetzung lautet: Gottesfurcht.

164 Johann Wolfgang von Goethe; Faust II, 17. Bild

nen, was allerdings nur näherungsweise gelang[165]. Obwohl sich Themen wie „Ehre" und „Würde" insofern dafür anböten, als man fragen könnte, inwieweit sich beide Begriffe decken. Ist unser historischer Begriff der „Ehre" in dem der „Würde" aufgegangen? Sind beide Termini nicht kulturell eingebunden? Aus den Erfahrungen mit traumatischen Erfahrungen gleich denen der Frauen in Szebrenica oder dem Mittel der „logischen Entehrung"[166] im Prozess der Gehirnwäsche weiß man, wie sehr die Frage nach der Würde in ihrer Unantastbarkeit in die Intimsphäre des Anderen, des Individuums, eindringt, also sich allein im existenziellen Dialog öffnen lässt.

Gemäß meiner Erfahrung scheint es eher normal, dass die Gesprächspartner im personalen Dialog bleiben wollen. Und es gibt etwas Merkwürdiges: Wenn ich mit jemanden, der dem existenziellen Dialog nahe war, über dialogische Begegnungen sprach, dann deutete er mir seine Enttäuschung darüber an, dass ihm der existenzielle Dialog „verweigert" wurde. Die im personalen Dialog sich entwickelnde Option zum existenziellen Dialog wird eben nur selten genutzt.

Vom therapeutischen Standpunkt ließe sich nun fragen, ob man nicht mit dem Begriff des Rapports weiterarbeiten müsste, um das Ausmaß des Kontakts der Beteiligten zu prüfen. Der Umstand, dass die Gesprächspartner in den personalen Dialog gegangen sind, zeugt bereits von einer ungewöhnlichen Beziehung beider zueinander. Der Rapport besteht daher. Deswegen ist zu prüfen, ob nicht soziologische Kategorien den Stillstand der dialogischen Entwicklung treffender beschreiben könnten, denn die miteinander Sprechenden haben mit dem gemeinsamen Weg in den personalen Dialog nicht ihren sozialen Zusammenhang verlassen. Sie verblieben im Horizont ihrer Sozialität, Gesellschaft wie Gemeinschaft(en) und deren „offenem Potential für Sinnbestimmung"[167]. Der existenzielle Dialog arbeitet „am Gegebenen mit dem Blick auf ein mögliches Anderssein"[168]. Der personale Dialog erläutert bereits das Gegebene, das Tradierte, und er erläutert es in seiner historischen Bedingtheit; aber das kontingente Möglichsein von Anderem kommt nicht in den Blick, das heißt zur Sprache.

Dazu gehört auch das Bewusstsein der historischen Bedingtheit des eigenen Standpunktes wie der von ihm aus entworfenen Perspektive,

---

165 M.& J.F. Hartkemeyer, l. Freeman Dhority; Miteinander Denken - Das Geheimnis des Dialoges; Klett-Cotta Verlag, Stuttgart, 1998

166 Robert J. Lifton; Thought Reform; Victor Gollancz Ltd.; London, 1962

167 Niklas Luhmann; Soziale Systeme; Frankfurt am Main, 1987, Seite 151

168 Ebd., Seite 152

so dass die Gesprächspartner verstehen lernen können, „wie und warum sie eigentlich verschieden sind und als Verschiedene in einem Spannungsverhältnis zueinander stehen“[169]. Damit wird die erreichte Ich-Identität ins Prozessuale gestellt[170] und, da „jede Form sozialer Zugehörigkeit ihre Form von Erinnerungskultur entwickelt“[171], wird das Werden der eigenen Gruppe befragbar.

Hier mag die eigentliche Barriere liegen: Die Weigerung, aus der Behaglichkeit des auch durch Leiden Gewonnenen in die zugige Luft der in die Zukunft gewandten Möglichkeiten hinauszutreten, denn aller Dialog meint nicht die Geschichte, die Historie der eigenen Kultur oder Gemeinschaft oder gar ihre verpassten wie verdrängten Optionen, sondern die Zukunft der Gesprächspartner.

Wenn jeder Dialogisierende die Tendenz in sich trägt, ein Wanderer zwischen den Welten zu werden, so ist derjenige, der sich dem existenziellen Dialog zuwendet, Entdecker auf hoher See, denn hier wird die eigene Kontingenz im Horizont des Letzten herausgefordert; und sei es im lutherschen Wort: „Hier stehe ich. Ich kann nicht anders.“ Muslimisch ist es die Situation des Stehens zu Beginn des Gebetes, da der Gläubige sich zur Absicht entschließt, nun, Dank der Barmherzigkeit Gottes, beten zu wollen.

Aber vielleicht ist der existenzielle Dialog deswegen so selten, weil die meisten dialogischen Begegnungen im Kontext der Herausforderung, die Konvivenz zu gestalten, stattfinden, bei denen der wechselseitige Erwerb des Wissens über den anderen dominiert. So durchdringen sich das Kennenlernen, die Schilderung der eigenen Lage, die wechselseitigen terminologischen Verständigungsbemühungen und die Neugier aufeinander mit der Sicherung des Eigenbildes, in dem die kritischen Nachfragen der jeweils anderen nicht als unterschwellige Demütigungen interpretiert werden wollen. Dies fällt Gesprächspartnern aus außereuropäischen Höflichkeitssystemen besonders schwer, weil sie die europäische Art diskursiver Auseinandersetzungen nicht gewohnt sind. Und so entwickelt sich die normale dialogische Begegnung

---

169 Jörn Rüsen (Hg.); Westliches Geschichtsdenken; Göttingen, 1999, Seite 21

170 Dan Bar-On verweist darauf, daß die Sozialpsychologie zwei Möglichkeiten unterscheidet: die Strukturierung der Identität mittels eines „Anderen“ und das innere Gespräch zwischen den verschiedenen Komponenten der Identität. In: Dan Bar-On; Die Anderen in uns; Edition Körber-Stiftung, Hamburg, 2001, Seite 17

171 Jan Assmann; Zeitkonstruktion und Gedächtnis; in: Jörn Rüsen, ebd., Seite 88

höchstens am Rande offizieller Gespräche zum personalen Dialog, aus dem jene Brücken entstehen, die den ganz normalen Dialog weitertragen.

Das Verhältnis des auf Konvivenz in der Mehrheitsgesellschaft gerichteten Dialogs und dem existenziellen ist durch die Tiefe an Verantwortung gekennzeichnet. Während der Erstere stets eine innerweltliche Zukunft gestalten will, meinen die Beteiligten im Zweiten sich selbst in ihrer Beziehung zum Letzten. Die Konsequenz ist, dass alles Tun auf den fünf Ebenen des Dialogs unter den Anforderungen der Loyalität, der Gruppenkohärenz und der Diskrimination in dem Falle steht, da die beiden anderen verletzt werden. Im existenziellen Dialog gibt es keine Diskrimination. Die in ihm geleistete Arbeit muss jeder der mündigen Gesprächspartner vor sich selbst verantworten oder, aus dem Glauben heraus formuliert, vor dem Letzten. Für die drei monotheistischen Glaubensweisen bedeutet dies das Bewusstsein eschatologischer Verantwortung. Daher besteht zwischen dem auf Konvivenz gerichteten und dem existenziellen Dialog eine konstitutive Spannung, die jeder nur in sich selbst bewältigen kann.

Sie findet gesellschaftlich ihren Ausdruck in der Art des Verhältnisses zwischen Mehrheitsgesellschaft und ihrer Minderheit und ihrem Diskurssystem zueinander. Im existenziellen Dialog tritt beides so weit in den Hintergrund, dass es scheinbar nicht mehr besteht und seinen Machtanspruch auf die Wirklichkeit nicht umzusetzen beanspruchen kann.

Es ist ein Irrtum, anzunehmen, jegliche dialogisch gemeinte Begegnung oder Tagung wäre verantwortetes Dialogisieren. Der Dialogtourismus zeigt, dass viele Menschen eine gehobene Art der Unterhaltung meinen und nicht verpflichtende Ernsthaftigkeit. Für sie bleibt der Andere stets der mit wohlwollender Neugier betrachtete Fremde, auch wenn er sich so einheimisch kostümiert, wie er will. Talkshows leben davon, dass der Andere bereits phänotypisch und oder zumindest phonetisch, verbal positioniert werden kann. Daher fragt man den vom visuellen Eindruck nicht mehr unterscheidbaren Gesprächsteilnehmer, von wo er komme; und auf die Antwort, er käme aus Flensburg, wird nachgefragt, ob er dort geboren sei, und auf die Bestätigung, man sei dort geboren, heißt es dann, aber die Eltern seien doch woanders geboren. Nun kommt endlich die erwartete Identifikationsmöglichkeit, die Eltern wären in Trabzon zur Welt gekommen. „Aha", heißt es dann, „Sie sind ein Türke." Die in kirchlichen Akademien arbeitenden Andragogen bemühen sich, diese Haltung aufzulösen, um eine dialogische Atmosphäre zu erreichen. Nichtsdestotrotz bleibt der Dialog zumeist im Ansatz stecken, weil viele Teilnehmer den Veranstaltungsort für als eine Art dritten Ort empfinden, an dem für sie keine Handlungsverpflichtung besteht. Dies gilt für alle Beteiligten auf den Podien und im Auditorium. Die wenigen Ausnahmen wie in Loccum[172] bestätigen die Regel.

Der Dialog braucht die Verantwortung wie das Leben den Sauerstoff, denn ohne sie gerät die dialogisch gemeinte Begegnung zur Talkshow, in der die Wörter zu jeglichem Nießbrauch wie Missbrauch zur Verfügung stehen.

Die Option des personalen Dialogs zum Existenziellen hin kann erst genutzt werden, wenn Ich *(ego)* und Du *(alter)* die eschatologisch orientierte Verantwortung in Achtsamkeit vor dem Letzten *(taqwa)* bewusst zu leben begonnen haben. Ich habe mich immer wieder gefragt, wie dies bei Menschen sein mag, die keinen derartigen transzendentalen Letztbezug anerkennen. Für Gläubige im abrahamischen Horizont scheint mir der Letztbezug ontologischer Natur. So, wie es nur einen Schöpfer gibt, also keinen schöpfungsfreien Raum, steht der Mensch als Sein Geschöpf in steter Verantwortung vor Ihm. Daher löst sich der „existenzielle Dialog" der Gläubigen nicht im Begriff der „kommunikativen Rationalität" (Habermas) auf.

Islamisch formuliert klänge dies so: Da es keine Gottheit gibt außer Ihm, wird der Mensch am Tage des Gerichtes das Geringste an Gutem und Schlechten, das er tat, sehen (unter anderem 99: 7); was eben auch für meine Begegnung mit dem Anderen, Seinem anderen Geschöpf, gilt.

Im praktischen Dialoggeschehen dreht es sich um das, was der einzelne Gesprächsteilnehmer seiner Bezugsgruppe, der Kirche, der Landesregierung beziehungsweise seiner Partei und ihren Wählern zumuten kann, in anderen Worten, meint verantworten zu können. Diese Perspektive verschattet den transzendentalen Bezug so vollständig, dass der Hinweis der Bindung auf ihn befremdend wirkt. Selbst kirchliche Begegnungsorte werden so vom Grundsatz der politischen Machbarkeit der Konvivenz beherrscht, dass der existenzielle Dialog fast verunmöglicht wird. Er wird mit dem Satz, man führe keine Glaubensgespräche, sie brächten nur Ärger, beiseitegeschoben. Die Politik beherrscht den Dialog, in der jeglicher transzendentale Bezug dem einzelnen Bürger zugewiesen wird und bleibt.

---

172 Gemeint ist die Evangelische Akademie in Loccum der Hannoverschen Landeskirche unter der Leitung von Fritz-Erich Anhelm.

Der existenzielle Dialog als religiöser Dialog bleibt auch unter Einschluß des Prinzips der Unteilbarkeit der Verantwortung in der Moderne ein Ausdruck des Rechts auf Religionsfreiheit. Sie enthält nicht nur das Recht, eine Religion privat und öffentlich zu bekennen, sondern ebenso das Recht, eine Religion nicht zu bekennen, ohne dass die staatsbürgerliche Rechtsstellung davon berührt würde.[173] Dies wird im existenziellen Dialog nicht in Frage gestellt, in ihm sprechen jedoch die Gesprächspartner unter der Bedingung ihrer unteilbaren Verantwortung, in welcher Weise auch immer jeder von ihnen eben diese Freiheit begründet. Mit dem denkerischen Ansatz auf eine Antwort zu beginnt die Suche „nach den Kräften"[174], die eine Gesellschaft zusammenhält, aus deren Lebendigkeit Konvivenz erst möglich wird.

Angesichts der verschiedenen Arten der Kontingenzbewältigung in Judentum, Christentum und Islam kann der Diskurs nicht zu den identischen oder auch nur gleichen Antworten führen, vielmehr muss jeder zu Aussagen finden, die für ihn stimmig sind und vom Anderen respektiert werden können - selbst wenn sie ihm unverständlich erscheinen. Der Respekt vor dem Bemühen des Anderen, das der aus der Selbstsorge entspringenden eigenen Anstrengung entspricht, birgt in sich den Frieden, der zum bruchlosen säkular pluralen Diskurs befähigt. Hier werden die Voraussetzungen in den Dialog genommen, die der Einzelne sich selbst erarbeiten, die er erleiden muss, die jedoch in einer säkularen Gesellschaft weder verbindlich generalisierbar sind noch vom säkularen Staat garantiert werden können.

Dem Axiom der Achtung im existenziellen Dialog entspricht jenes der Toleranz in der Konvivenz. Ja, die Toleranz findet ihre Grundlage in der ontologischen Achtung der selbst verantworteten unhinterfragbaren Sinnentscheidung des Anderen. Nur so lange, wie ich den Anderen respektiere, beleidige ich ihn nicht mit meiner Toleranz. Entfällt die Achtung, so wird die Toleranz zu der den Anderen demütigenden Duldung, die sich zu meist nicht verbal ausdrückt, sondern non-verbal in den Haltungen des Leibes. Daher trägt die Pazifisierung einer Gesellschaft durch das säkulare Prinzip der Toleranz nur so lange, wie der sie ausübende Bürger den Respekt internalisiert hat und im Alltag lebt.

---

173 Ich orientiere mich im Folgenden an Wolfgang Böckenfördes Diskussion, die den Titel trägt: „Die Entstehung des Staates als Vorgang der Säkularisation". Siehe Fußnote 124 und 262 dieser Arbeit.

174 Ebd., Seite 60

Von den Menschenrechten her gesehen geht es um die Annahme der Würde des Anderen, die meiner eigenen Würde nicht nur entspricht, sondern mit der seinen identisch ist. Die menschliche Würde ist in sich nicht dimensionierbar, als habe jemand mehr oder weniger von ihr. Für den säkularen Staat ist der wortmächtige Begriff der Menschenwürde daher unhintergehbar. Allein, der gläubige Bürger ist herausgefordert, ihn im Horizont seines eigenen Letztbezuges zu verorten. Für den Muslim berief Gott, der erhabene Schöpfer, den Menschen zum Khalifa, zu seinem Stellvertreter in Seiner Schöpfung (2: 30), und er vertraute ihm die „amana" (33: 72) an. Sie ist „die Berufung des Menschen. Der Mensch hat die Sendung: das Absolute Gottes zu bewahren und zu bezeugen", sagte der tunesische Denker Mohamed Talbi schon vor vielen Jahren in einem Dialog in Tübingen.[175]

Das Bemühen um die Stimmigkeit der Voraussetzungen und ihrer Beziehungen zu dem als Letztem angenommenen, dessen, was weder Staat noch Gesellschaft als verbindlich fordern können beziehungsweise dürfen, meldet keinen Zweifel an der Suprematie des Weltlichen und politisch Säkularen an; vielmehr findet in diesem Bemühen des gläubigen Bürgers etwas seinen Ausdruck, das nur das Individuum, der Bürger und der Mensch, für sich zu leisten vermag: Lebenssinn und Mitmenschlichkeit (Soziabilität) miteinander zu verbinden. Muslime sprechen hier von Brüderlichkeit.

Denn, wenn weder der Staat noch die Gesellschaft letztverbindliche Begründungen vorhalten beziehungsweise durchsetzen dürfen und können, dann muss das Individuum, das heißt der (gläubige) Bürger diese Arbeit in sich selbst leisten, um sich als ganzen Menschen, als Gesamtpersönlichkeit zu erhalten. Der politische und der existenzielle Dialoge sind hierdurch miteinander verbunden.

Normative und interessengeleitete Diskurse werden in der gegenwärtigen Verbändegesellschaft von den Einzelnen unter Ausschluss der eigenen Persönlichkeit geführt, das heißt weitgehend ohne Ich-Bezug. Diese Attitüde stößt im auf Konvivenz gerichteten Dialog dort an seine Grenzen, wo Begründungen eingefordert werden. Ein charakteristisches Beispiel sind die ständigen Diskussionen um das Fasten im Ramadan und seine öffentlichen Auswirkungen, was nicht nur das Arbeitsleben betrifft, sondern vor allem die öffentliche Sichtbarkeit des für privat erklärten Begründungskontextes individueller Sinninterpre-

175 Mohamed Talbi; Religionsfreiheit - Recht des Menschen oder Berufung des Menschen; in: Johannes Schwartländer; Freiheit der Religion; Mainz, 1993, Seite 252

tation. Fasten und beten sind kein Teil des auf Konvivenz gerichteten Dialogs, aber sie können zu Gegenständen des existenziellen Dialogs werden, der keine Aufgabe der säkularen Gesellschaft ist.

Eine zweite Dimension, in der sich der auf Konvivenz gerichtete und existenzielle Dialog unterscheiden, ist das Ausmaß des Vertrauens. Beim Dialog im Treppenhaus oder am Gartenzaun herrscht „vertraulicher Umgang miteinander", um Ute Frevert zu zitieren.[176] Auf der Ebene der Kommunen ist Vertrauen am treffendsten mit Zuverlässigkeit zu charakterisieren. Wenn nämlich ein Bürgermeister und der Sprecher eines Moschee-Vereines über die Verkehrsregelung vor der Moschee während des Fastenmonats Ramadan sprechen, dann geht es darum, dass der eine sich auf den anderen verlassen kann - nicht mehr und nicht weniger. Auf beiden Ebenen lässt sich das Vertrauen als horizontales Geschehen beschreiben, weil sich die Dialogisierenden von Angesicht zu Angesicht persönlich kennen[177], was auf der Ebene des Bundeslandes nur bedingt gilt. Die muslimischen Funktionsträger und die Vertreter des für Schulfragen zuständigen Ministeriums mögen sich schon des Öfteren getroffen haben, aber sie sind einander „Zugangspunkte" relativ abstrakter Bezugsgrößen (Systeme) der Organisation der Moscheevereine beziehungsweise des Bildungssystems.

Sie brauchen, um miteinander sprechen zu können, ein Mindestmaß an Vertrauen in Form von Verhaltenskonstanz, Verlässlichkeit und Fairness. Ein Aspekt dieser Fairness ist die wechselseitige Anerkennung der Definitionsmacht über die eigene Sprache. Wer diese seinem Gesprächspartner auch nur partiell verweigert, der nimmt ihm die Möglichkeit, wahre Sätze zu sagen.

So passiert es Muslimen immer wieder, dass jemand ihnen sagt, ein arabisches Wort habe nur eine bestimmte Bedeutung wie beispielsweise das Wort „dschihad". Es bedeute heiliger Krieg und sonst nichts anderes.

Der Aufbau von wechselseitigem Vertrauen meint daher ganz praktisch vertrauensbildende Maßnahmen, so dass die beteiligten Personen sich aufeinander verlassen können, dass die von ihnen vertretenen

---

176 Im Folgenden orientiere ich mich an der Diskussion des Begriffes von Ute Frevert „Vertrauen - eine historische Spurensuche"; in: Ute Frevert (Hg.); Vertrauen - historische Annäherungen; Göttingen 2003, Seite 18

177 Anthony Giddens spricht hier von „gesichtabhängigen Bindungen"; Konsequenzen der Moderne; Suhrkamp Verlag; Frankfurt am Main, 1995, Seite 103

Systeme, Institutionen in miteinander besprochener Weise reagieren und handeln.

Im Übergang vom personalen zum existenziellen Dialog lernen die Gesprächspartner voneinander, dass sie sich nicht nur wechselseitig auf die Aggressionslosigkeit des Anderen verlassen können, sondern ebenso auf das respektvolle Wohlwollen, wodurch die Möglichkeit des Missbrauchs von Wort und Geste ausgeschlossen ist. Die Gesprächspartner des auf Konvivenz gerichteten Dialogs bedürfen des wechselseitigen Respekts, aber nicht des gegenseitigen Wohlwollens; in ihm jedoch steckt die Option zum Beginn eines Weges zu einem rückhaltlosen Vertrauen, auf dem die gelebte Rollendarstellung als Repräsentant meines Verbandes, personeller Zugangspunkt für den Politiker oder Konferenzteilnehmer, langsam in den Hintergrund tritt, um dem Ich jenen Freiraum zu geben, dem Du des Anderen Ich zu sein. Was bis dahin nur in der Form vom Ich gelebt wurde, wie die Rolle als jemand, der etwas repräsentiert, für den Anderen sichtbar oder hörbar durchklang (personare[178]) , wird nun dem Ich das Antlitz des Anderen zur Herausforderung - und vice versa. Um hierhin zu gelangen, ist die Entfaltung des Vertrauens die Conditio sine qua non. Für diese Intimität des existenziellen Dialogs erscheint mir jegliche Art von Öffentlichkeit zerstörerisch.

Nach meiner Beobachtung sind solche Dialoge weder vorhersagbar noch in ihrer zeitlichen Dauer planbar. Sie ereignen sich. Und keiner der beiden Gesprächspartner berichtet später darüber. Es bleibt etwas intim Persönliches.

Das Ereignis des Dialogs wurde bisher trotz der heute üblichen Geschwätzigkeit medialer Berichterstattung nirgends veröffentlicht. Das Symbol dafür wurde das Wort von der „Männerfreundschaft" - etwa zwischen General de Gaulle und Adenauer oder Kohl und Gorbatschow. Das politische Beispiel wirft die Frage nach der Stellung des Dialogs in der Gesellschaft auf. Die Mehrheit der in der Öffentlichkeit so genannten Dialoge sind nüchterne Verhandlungen der Interessen der Beteiligten, die nur, wenn sie eine gewisse Intensität erreichen, als auf Konvivenz ausgerichtete Dialoge bezeichnet werden können. Eines der Beispiele hierfür ist die Aufgabe, den Bau einer Moschee umzusetzen. Die Chance, die islamische Frage der Bedeckung zum Dialogthema werden zu lassen, ist leider durch die sogenannte Kopftuch-Debatte politisch zerstört worden.

---

178 Claudia Schmölders; Das Gesicht als Bürgschaft; in: Ute Frevert; a. a. O., Seite 217

Der existenzielle Dialog mag angesichts der bisherigen Erfahrungen wirklich etwas Intimes sein, aber die Option zum personalen Dialog sollte durch Lernen möglich werden, denn die Welt bedarf um ihres Friedens Willen des Miteinanders der jeweiligen Zeitgenossen.

Manche muslimischen Intellektuellen verweisen bei dieser Frage auf das friedliche Nebeneinander unterschiedlichster Glaubensgemeinschaften und Ethnien beziehungsweise Völker in den alten islamischen Großreichen, während europäische Intellektuelle auf den historischen Gewinn ihrer Leidensgeschichte, die Toleranz, verweisen. Das Nebeneinander bedurfte keines Gespräches, hingegen erwies sich der Dialog zur Aufrechterhaltung der Toleranz als notwendig. Seit jedoch die Informationstechnologie die Welt zum Dorf hat schrumpfen lassen, sind die Gegensätze der Interessen, der Interpretationen des Seins und die unterschiedlichen Erfahrungen der Menschen und ihrer Gesellschaften so dicht aneinandergerückt, dass die Ansprüche auf das Leben und seine Erfüllung in Glauben, Wohlstand und Zukunft nur noch über Gespräche ausgeglichen werden können; also muss die Pädagogik sich der Aufgabe des Gespräches annehmen, das heißt, Pädagogen sollten nach solchen Lernkonzepten wie Didaktiken suchen, die Gesellschaften befrieden. Der Theorien haben wir einige, es fehlen die aus ihnen hervorgehenden, in sich stimmigen und generalisierbaren Didaktiken.

7 Die Kehrseite des Dialogs

Es war vor Jahren in einer der Dienstbesprechungen des Soester Islam-Archivs, als Salim Abdullah und ich uns bewusst wurden, dass wir nun seit 25 Jahren im Dialog engagiert waren. Und spontan nannten wir uns wechselseitig die Namen all der Menschen, die in den zurückliegenden Jahren an Gesprächen beteiligt gewesen waren. Es wurde eine lange Liste, die mich beunruhigte, weil ich mich fragte, warum jene sich zurückgezogen hatten. Bei den Verbandsvertretern schien dies einigermaßen klar zu sein. Sie hatten entweder Karrieren gemacht und andere Aufgaben in ihren Verbänden beziehungsweise Organisationen übernommen oder sie waren an andere Arbeitsplätze versetzt worden. Bei ihnen gehörte der Dialog zur Arbeitsplatzbeschreibung und war nur bedingt ein Stück persönlichen Engagements, obwohl mancher mehr getan hatte, als vorgeschrieben war. Aber ihr Interesse am Dialog erlosch mit der beruflichen Veränderung.

Was war mit all den anderen? Da erinnerte ich mich auf der Rückfahrt von Soest in das heimische Gütersloh meines eigenen Weges, auf dem ich auch einmal „ausgestiegen“ war. Damals hatte ich alle Bücher und Unterlagen zum Entsetzen meiner Frau in das Auto getan und war zum Archiv nach Soest gefahren, um dort alles abzugeben. Ich wollte nicht mehr, denn ich konnte nicht mehr.

Als dann einige Monate später der erste Golfkrieg ausbrach, war ich über die mediale Begleitmusik[179] erschrocken und in Erinnerung an die Geschichte der Minderheiten so bewegt, dass ich in tiefem Protest gegen die antiislamische Berichterstattung den Dialog wieder aufnahm und fortan dabeiblieb. Künftig begleiteten mich die Fragen, warum der Dialog immer wieder scheiterte beziehungsweise was ihn be- und verhinderte.

Wenn man von populistischen Erklärungen wie der ständig unterstellten Blauäugigkeit oder politischen Naivität absieht, dann waren es Verena Klemm und Karin Hörner, die mit ihrem Sammelband „Das Schwert des Experten“[180]die erste wissenschaftliche Analyse vorlegten.

---

179 Sabine Schiffer; Die Darstellung des Islams in der Presse; Ergon Verlag, Würzburg, 2005

180 Verena Klemm, Karin Hörner (Hrsg.); Das Schwert des Experten, Palmyra Verlag, Heidelberg, 1993

Dem waren ein Artikel Heinz Halms in der Süddeutschen Zeitung[181] und Gernot Rotters Buch „Allahs Plagiator" vorausgegangen. Alle Autoren vermochten einsichtig zu zeigen, in welcher Weise „Intellektuelle ihre Xenophobie hinter pseudo-historischen Bedrohungsszenarien verstecken und so genannte Kronzeugen zitieren, anstatt selbst zu reden"[182]. „Außerdem", so fügte Arnold Hottinger an anderer Stelle hinzu, „findet ein hermeneutischer Kreislauf statt: Wenn die Vorurteile des zum Quasi-Historiker gewordenen Berichterstatters mit jenen seines Zielpublikums übereinstimmen, findet er lauten Beifall; dieser schmeichelt ihm, bringt ihm Geld und Erfolg ein und verführt ihn dazu, sich noch stärker auf seine Vorurteile zu verlassen und noch entschiedener denen seines Zielpublikums nachzuschreiben - denn wer möchte nicht gerne erfolgreich sein und als Autorität gelten?"[183] Die Schattenseite solcher Argumentation erlebt der Muslim, wenn er dagegen andiskutiert. Entweder hält man ihm vor, den Islam „schönreden" zu wollen, oder jemand attestiert dem Muslim, dass er persönlich eben die Ausnahme sei, die die Regel bestätige. Kurz, der Muslim musste seine Glaubenswahrheit gegen die als wahr ausgegebenen Schilderungen seines Dialogpartners verteidigen. Heute kommentiere ich solche „Gegendarstellungen" mit der Variation eines bekannten Satzes: „Der Islam ist gut, aber die Muslime ..." Gleichzeitig empfehle ich die Lektüre von Jane Goodwins Buch „Price of Honour - Muslim women lift the veil of Silence on the Islamic World", das selbst im „Observer" als „remarkable book" bezeichnet wurde. Es erlebt nicht nur eine hohe Auflage, sondern ist bis heute im Buchhandel zu erhalten.[184]

Die hier kolportierte Einstellung ist meist mit einer Reihe von Fragen verbunden, die, wenn man sie sammelt, einen Block von Standardfragen, „frequently asked questions" (FAQ), bilden. Sie unterscheiden sich bei den Fragestellern nur dadurch, dass eine Sozialarbeiterin schlichter fragt als ein Ordinarius der Soziologie. Da dieser Satz von Fragen sich über Jahrzehnte bis heute nicht geändert hatte, meinten einige Muslime im Zentralrat der Muslime, sie könnten diese Standardfragen aufarbeiten, indem sie diese im Internet gesammelt auflisteten und beantworteten[185]. Der Erfolg war kaum messbar, wenn er

---

181 Die Überschrift lautete „Die Panikmacher"; Süddeutsche Zeitung, 16./17. Februar 1991

182 A. a. O., Seite 10

183 A. a. O., Seite 184

184 Es empfiehlt sich, die englische Ausgabe zu lesen: Jan Goodwin; Price of Honour; London, 3. Aufl., 1996

185 Internetseite des Zentralrates der Muslime in Deutschland

sich überhaupt eingestellt hat. Vor allem die überall hörbare Standardbehauptung, die Muslime würden sich abschotten und keine Pressearbeit betreiben, so dass der interessierte Bürger sich selber alles zusammensuchen müsse, demonstriert, dass der Versuch offensichtlich gescheitert ist. Das Gleiche gilt für die Mengen an Papier, die inzwischen bedruckt wurden, mit denen Muslime auf eigene Kosten versuchten und noch immer versuchen, ihre Mitbürger zu informieren. Offenbar herrscht ein so grundsätzliches Misstrauen gegenüber der religiösen Minderheit, dass die angebotene Information auf Wahrnehmungsbarrieren stößt, durch die selbst Sachinformationen nicht durchkommen. Hier mag das von Sozialpsychologen beschriebene Phänomen eine Rolle spielen, nach dem ein Vorurteil, dem man wiederholt begegnet, Wirklichkeit zugeschrieben wird. Es wird zur Tatsache.

Muslimische Verbandsfunktionäre sprechen gerne von einem Vertrauensdefizit. Es mag verständlich sein, dass nach Jahren des Ringens mit diesem Defizit Christen und Muslime sich in das private Umfeld zurückziehen. Übrigens habe ich nach Gesprächen in Mehrheitsgesellschaften mit anderer religiöser Dominanz den Eindruck, dass sich die eben beschriebene Struktur dort ebenso nachweisen ließe. Muslime produzieren ebenso Standardfragen zum Christentum und lesen kaum die Informationen, die in Bibliotheken et cetera zu finden sind. In ihren „Gedanken zum Freitag“ vom 21.3.2008 berichtet die Hamburgerin Halima Krausen, dass ihre Schüler sie „ab und zu fragen, was denn Muslime überhaupt von den anderen lernen können, denn im Qur'an stände doch alles“. Die gesprächsoffenen Fachwissenschaftler bilden auf beiden Seiten die Ausnahme. Hinzu kommt, dass in den Familien der ersten Generation die Begegnungen mit Christen bewahrt werden, die in deren heimatlicher Umgebung lebten, das heißt den orientalischen orthodoxen Christen. Die Theologien jener autokephalen Kirchen sind nur schwer mit den Positionen deutscher Theologie(n) zu vergleichen. Die Frauenordination erscheint dort wie der Abfall vom Glauben. Man darf dabei nicht vergessen, dass „noch Jahrhunderte nach der islamischen Eroberung die orthodoxen Christen in vielen Region des Orients, wenn nicht gar die Bevölkerungsmehrheit, so doch einen erheblichen Prozentsatz der Bevölkerung“ stellten.[186]

Im Laufe der Jahre lernte ich zudem eine Reihe verschiedener Arten der Instrumentalisierung des Dialogs kennen. So etwa die „dialogischen Monologe“, mit denen nicht der islamische Gesprächspartner

---

186 Martin Tamcke; Christen in der islamischen Welt; München, 2008, Becksche Reihe 1765, Seite 13

gemeint war, sondern die eigene Gruppe. Sie musste - warum auch immer - gegen die scheinbare Bedrohung oder mögliche Verunsicherung durch den Dialog abgesichert werden. Dazu suchte man nach Bestätigungen der eigenen Argumente in den Aussagen des Gegenübers, was die Zuhörer bei Podiumsdiskussionen dazu verführte, den Muslim selektiv zu hören und zu verstehen. Bei christlich fundamentalistischen Gruppen hatte man leicht den Eindruck, dass dialogische Begegnungen der Mission dienen sollten, indem der christliche Gesprächspartner seine Argumentation ausprobierte, bevor er eine Aufgabe in der sogenannten Dritten Welt übernahm. Im Kontext evangelikaler Gruppen tauchte dann der Begriff von der „missionarischen Freundschaft" auf, der wohl in Lausanne entstanden ist.

In den Anfangsjahren geschah es zudem immer wieder, dass die Veranstalter den eingeladenen Muslim schlicht vorführen wollten, wozu man sich einen phänotypisch passenden Referenten aussuchte, der weder die deutsche Umgangssprache noch die Fachsprache evangelischer beziehungsweise katholischer Theologie kannte und mit der deutschen Vergangenheit überhaupt nichts anzufangen wusste. So waren die Nürnberger Rassengesetze im Gegensatz zu uns deutschen Muslimen für ihn kein theologisches Thema; zudem hatte fast niemand die Gedenkstättenkultur wahrgenommen.

Darauf konnte man sich als einheimischer Muslim einstellen. Schwieriger war es, die zahlreichen Tagungen an politischen und kirchlichen Akademien selbst einzuschätzen, die häufig als Thinktanks der Selbstorientierung der sie tragenden Organisationen beziehungsweise Kirchen dienten. Über die Jahre hinweg lernten die islamischen Funktionäre, dass Akademien sogenannte „dritte Orte" in der Gesellschaft sind, an denen unverbindlich schwadroniert werden darf, weil keiner der Beteiligten unter einem Befolgungszwang stand und steht. Der dennoch unabsichtlich ausgelöste Lernprozess erfasste nicht die häufig zufälligen Teilnehmer, die ihren Dialogzirkus haben wollten, sondern nur jene, die über die Zeit hinweg im Podium, den Arbeitsgruppen oder in den Vorbereitungsteams immer wieder zusammentrafen. Es waren jene Persönlichkeiten, die aus dem Dialog-Tourismus in den Dialog fanden. Sie lernten trotz der Monologe und hörten selbst in dem Gerede aneinander vorbei die langsamen Veränderungen in den Wörtern und Einstellungen. Dem Interessierten sei die Lektüre der Loccumer Protokolle beziehungsweise die Publikationsreihe der Akademie Stuttgart-Rottenburg empfohlen, die leider beide bisher nicht aufgearbeitet wurden. Schon ein kursorischer Blick zeigt, dass die Leitungen dieser Akademien immer wieder versuchten, die Begegnungsroutine zu durchbrechen, um sowohl Praktisches zu erreichen als auch inhaltliche Gewinne zu erarbeiten.[187]

Als Kontrastprogramm dazu entwickelten sich die Tagungen der Friedrich-Ebert-Stiftung, die solche Referentinnen und Referenten bevorzugte, die von der muslimischen Mehrheit gesehen eher randständig waren und sind. Der fromme „Ali Normalmuslim" fragte sich schon beim Lesen der Einladungen, ob hier gegen ihn argumentiert werden solle.

Hingegen betrachteten die Gemeinden, das heißt die Menschen in den Moschee-Vereinen vor Ort, solche Tagungen als Beschäftigungstherapien für die ihrem Empfinden nach letztlich unerwünschten Muslime. Wenn die ehrenamtlichen Funktionäre dennoch für den Dialog stritten und die Verbände ihre Vertreter zu den Tagungen schickten, dann konnte es geschehen, dass jemand sie im Moschee-Verein an der Basis fragte, wie viel „die" Kirche oder „die" Politiker ihnen gezahlt hätten.

In solchen Augenblicken dräute die Gefahr, dass der Ehrenamtliche den Kontakt zur Basis der Gläubigen in den Gemeinschaften verlor. Dies deutete sich stets dann an, wenn die Dialogtagungen Fragen aufgriffen, die gleich den juristischen inhaltlich für alle Beteiligten schwierig waren und viel Zeit zur Bearbeitung brauchten, während die Vereine einfache und rasche Lösungen einforderten. In den Diskussionen hieß es dann: „Die Katholiken und die Evangelischen haben doch ihren Religionsunterricht - und die Juden auch. Es ist doch ungerecht, dass sie ihn uns nicht geben wollen. Die halten sich nicht einmal an ihre Gesetze, denn im Grundgesetz steht doch, dass unsere Kinder Religionsunterricht bekommen müssen." Im Hintergrund solch emotionaler Äußerungen stand die Verletzung der Selbstachtung, die man aus der Kolonialzeit im Gedächtnis behalten hatte. Dahinter steht das Gefühl verdrängter Demütigung.[188]

Dialogisierende sind Grenzgänger zwischen den Kulturen, Religionen, Gesellschaften und Gruppen. Aber keine von ihnen hat ein Belohnungssystem für erfolgreiche Arbeit an ihren Grenzen und über sie hinweg entwickelt. Selbst die Friedenspreise betonen eher die Konvivenz zur Pazifizierung der Gesellschaft als das dialogische Gespräch. Und das Bemühen, den Anderen zu verstehen, um ihn der eigenen Gruppe verständlich zu machen, wird von den Gemeinden

---

187 Fritz Erich Anhelm (Hg.); Säkulare Ordnung und religiöser Glaube; Loccum, 2004

188 Avishai Margalit; Politik der Würde; Frankfurt am Main, 1999, Fischer Taschenbuch 14266

und den Gesprächsverweigerern leicht als Verrat oder als Häresie betrachtet. Der Dialog hält keine Lorbeeren bereit, so dass die Fähigkeit durchzuhalten fast einer Tugend gleichkommt, die bei Persönlichkeiten gleich dem Prinzen Talal von Jordanien oder Bischof Koppe bewundert wird. Mit Recht hat der Pater Christian Troll einmal angemerkt, dass das Gespräch über die Grenzen hinweg nur von dem ausgehalten zu werden vermag, der aus seinem Glauben die dazu nötigen Kräfte schöpfen kann. Dieses ist jedoch eine lebenslange Aufgabe des Reifens unter Leiden. Der Erwachsenenbildner, der Andragoge, spricht eher vom lernenden Selbst, das sich durch seinen Willen zum Lernen eine stete Offenheit für den Anderen bewahrt, aber in eben dieser Offenheit von der eigenen Gruppe als schwach, weich, blauäugig et cetera wahrgenommen wird.[189]

Die Praxis der Gespräche sieht anders aus. Für viele der nichtmuslimischen Gesprächspartner ist *„der"* Islam schlicht der Gegenentwurf zum christlichen Glauben, ihrem eigenen Lebensstil und zur persönlichen Lebenseinstellung.[190] Leider gilt dies umgekehrt genauso. In diesem Zusammenhang wird jedes in den Medien gemeldete negative Ereignis beim Anderen als Beweis dafür angesehen, dass man selbst Recht hat. Diese Tendenz wird durch drei Phänomene verstärkt:

1. Mediale Berichterstatter neigen dazu, Meldungen durch Attribute zu markieren, obwohl sie nichts zur Sachaussage in der Meldung beitragen, wie zum Beispiel, dass ein einer von zwei Streithähnen bei einem Autounfall Muslim war.[191]

2. In einer regionalen Gesellschaft selten auftretende Ereignisse werden mit Recht berichtet. Da solche Ereignisse jedoch global auftreten und in der gleichen Zeitung auf der stets selben Seite zu lesen sind, entsteht der Eindruck, solche seltenen Ereignisse gehörten zum Wesen der betreffenden Sachfrage, das heißt, nach einer gewissen Zeit der Häufung der Attributierungen neigen die Menschen zur Verallgemeinerung. Ein charakteristisches Beispiel dafür ist die eheliche Gewalt, bei der die Religionszugehörigkeit mitgemeldet wird, wenn der Ehemann Muslim war. Das entsprechende Phänomen des spanischen Machismo ist in deutschen Medien keine Meldung wert.

---

189 Dan Bar-On; Die Anderen in uns; Edition Körber-Stiftung; Hamburg, 2001, Seite 21

190 W. Huber, J. Friedrich, P. Steinacker; Evangelisches Leserforum; Evangelische Verantwortung, 2006, Seite 16

191 Sabine Schiffer; Pressefreiheit, Selbstzensur, kollektive Diffamierung?; Forum Loccum, 3/2006, Seite 7

3. Als im Rahmen der Darstellung einer Studie des Bundesinnenministeriums die Berichterstatter schrieben, dass 40 % aller in Deutschland lebenden Muslime fundamental orientiert seien, war in den Zeitungen zu lesen, dass die Muslime fundamentalistisch seien. Die journalistisch legitime Art, einer Überschrift oder dem Artikel „Pep" zu geben, in dem man ein wenig übertreibt, führt im Dialog mit einer Minderheit leicht zu deren Diskrimination. Im Grunde bestätigt die Zeitung mit einer solchen Übertreibung ihrem Leser dessen Vorurteil, so dass der oben beschriebene sozialpsychologische Effekt eintritt. Die Reaktion an der islamischen Basis lautete: *„Die"* finden doch nur, was sie finden wollen.

Schon in den Podiumsdiskussionen der siebziger Jahre mussten die muslimischen Sprecher zu jedem gerade in der Presse diskutierten Ereignis nicht nur Stellung nehmen, sondern sich zugleich rechtfertigen, als wären sie selber die Verursacher des gemeldeten Ereignisses. Dabei verglich man das eigene ethische und politische Ideal mit dem defizitären Bild der Gegenwart der arabo-islamischen Mehrheitsgesellschaften. „Dem Islam" wurde die Schuld zugewiesen, wobei selbst säkularisierte Gesprächspartner von einem christlichen Schuldbegriff ausgingen. Diese allgemeine Attitüde, vom Muslim stets eine Rechtfertigung für ein Ereignis zu erwarten, das irgendwo auf der Welt geschehen und vom berichtenden Journalisten mit dem Attribut „islamisch" versehen worden war, belastete auf Dauer und führte bei unerfahrenen Persönlichkeiten zur Aggressivität, die manche Zuhörer als Bestätigung dafür empfanden, dass sie doch Recht hätten. Und so wurde dann gesagt: „Der ist bloß aggressiv, weil er ein schlechtes Gewissen hat." Wenn man jedoch gelassen reagierte, dann entstand eine schweigende Anti-Stimmung, die nonverbal im Raum stand und sich in Zwischenbemerkungen beziehungsweise Gesten bemerkbar machte, aber in den Diskussionsbeiträgen nicht thematisiert wurde. An solchen Abenden überhörte das Auditorium jede positive Schilderung und verwies selbst nur auf die negativen Erscheinungen, die kein Moslem bestritten hätte. Konterkarierte er mit negativen Beispielen wie zum Beispiel dem Verhalten Europas zu Beginn der bosnischen Auseinandersetzungen, dann wurden derartige Momente sofort relativiert. Das Übersehen der positiven Aspekte im Islam wirkte auf muslimische Gesprächsteilnehmer auf Dauer demütigend. Nach einer solchen Veranstaltung sagen die muslimischen Teilnehmer untereinander, *„die"* Christen hätten ihnen das Wort im Munde verdreht.

In diesen Kontext gehört eine Grundhaltung, die bei Muslimen ebenso anzutreffen ist wie bei den unterschiedlichen christlichen Gesprächspartnern. Sie zeigte sich kürzlich in der Vorlesung Benedikt XVI. an seiner alten Wirkungsstätte, der Universität Regensburg. Sein Grundgedanke war, über die Frage der Vernunft zu reflektieren und dies unter anderem am Beispiel der Gewalt zu tun. Das ihm passend erscheinende Beispiel fand er in einer Übersetzung eines mittelalterlichen Diskurses zwischen dem Basileus Manuel II. Palaiologos und einem nicht näher genannten Perser. In solchen damals populären Streitgesprächen kam es darauf an, selber keine argumentative Blöße zu zeigen; zudem befand sich der byzantinische Kaiser mit einem muslimischen Herrscher im Krieg. So stand häufig Zitat gegen Zitat. Der Kaiser argumentierte gegen die dem Perser unterstellte Behauptung, der Islam betreibe Mission mit dem Mittel der Gewalt. Professor Ratzinger, Papst Benedikt, hätte ohne größere Mühen sich der eigenen Kirchengeschichte erinnern können, um Gleiches zu entdecken. Sie ist voll davon. Aber das Beispiel des Persers war gefällig zur Hand, so dass man nicht weiter nachzudenken brauchte. In dieser leichten Gefälligkeit des Gegenbeispiels beim Anderen liegt das Problem. Sie verschattet die Reflexivität auf das Eigene und sein Werden. Es ist mühsam, gegen solche Gefälligkeit anzudenken; zudem ist ein solches Unterfangen nur dann erfolgreich, wenn der Gesprächspartner selber kritisch zu reflektieren beginnt, was manche als Zumutung empfinden - vor allem dann, wenn es der Gesprächspartner anregte. Im Dialog erfahrene Muslime, die diese Attitüde erkennen und in Podiumsdiskussionen damit umzugehen vermögen, können davon ausgehen, dass sie nicht wieder eingeladen werden. Sie eignen sich nicht für Talkshows, sondern höchstens für Volkshochschulen.

Das Gleiche gilt für spontane Unterstellungen, wofür auch hier das Kopftuch ein markantes Beispiel ist. Wenn eine Frau ein Kopftuch trägt, dann ist sie „fundamentalistisch"; und wer regelmäßig und vielleicht sogar am Arbeitsplatz betet, ist dies auch. Es scheint, als wenn heute die Dimension schlichter Frömmigkeit bereits eine Zumutung darstellt. Die islamische Orthopraxie wird im Urlaub als Folklore der Rückständigkeit gerne fotografiert, aber im Alltag zu Hause abgedrängt, so wie man die christliche Glaubenspraxis in die Kirchengebäude einsperrte.

Ich habe oft genug neben einem Freund gestanden, der in einer ruhigen Ecke eines Bahnhofs oder Flughafens auf seinem auf dem Boden liegenden Mantel sein Gebet verrichtete, und beobachtet, wie Passanten unangenehm berührt und mehr als einmal angewidert auf den Betenden schauten. Und an mancher Autobahnraststätte kann man in solchen Augblicken wahrhaft erstaunliche Kommentare hören. Daher bedarf es für den Betenden einer gewissen Unerschrockenheit des

Glaubens, von der der türkische Reformer Said Nursi schon in seiner Damaskus-Predigt von 1911 sprach.

Hierher gehört die deutliche Verärgerung der Teilnehmer mancher Fachkonferenz, wenn Muslime darauf bestehen, dass der Tagungsablauf zu den Gebetszeiten unterbrochen wird. Muslime halten es ihrerseits für eine Zumutung, wenn die gastgebenden Organisatoren ihnen keinen Gebetsraum zur Verfügung gestellt haben und sie erst auf die Suche nach einem geeigneten Platz im Veranstaltungsgebäude gehen müssen. Sie tun es mit dem Gefühl, ihr Recht zur religiösen Selbstentfaltung erst selbst durchsetzen zu müssen. Die demütigende Wirkung solcher Situationen ist kaum zu überschätzen. Avishai Margalit kommt daher zu dem Ergebnis, dass es „dringender sei, ein unerträgliches Übel zu beseitigen, als Gutes zu schaffen. Demütigung ist ein schmerzliches Übel, Achtung hingegen ein Gut; Demütigung zu vermeiden sollte daher wichtiger sein, als Achtung zu zollen"[192], was die Arbeit Rauf Ceylans bestätigte. Er untersuchte in seiner an der Universität Bochum vorgelegten Promotion, die sozialen Strukturen im Duisburger Stadtteil Hochfeld.[193]

Wie subtil Demütigungen in den Alltag eingestreut sind, mögen die beiden folgenden Beispiele verdeutlichen:

Viele junge, in Deutschland geborene und aufgewachsene muslimische Akademikerinnen leiden darunter, dass sie und ihre Gruppe deutscher muslimischer Frauen stets auf ihren Beitrag zur Integration angesprochen werden und nicht auf ihren Beitrag zum Diskurs gläubiger Bürgerinnen in säkularer Gesellschaft. So fragte eine muslimische Juristin in einem Streitgespräch über Scheidungsprobleme ihr Gegenüber, es war eine Journalistin, ob sie ihre Promotionsurkunde holen solle, um zu beweisen, dass sie etwas vom deutschen Familienrecht verstünde, in dem sie ihre Promotion geschrieben habe.

Ein weiteres Beispiel erzählte mir ein Gymnasiast, dessen Großvater bereits Chefarzt im örtlichen Krankenhaus war und dessen beruflich erfolgreiche Eltern engagierte Mitglieder einer bürgerlichen Partei sind, der aber im Unterricht erleben musste, wie sein Glaube als außereuropäischer Fremdglaube behandelt wurde, ohne das islamische Erbe Europas auch nur anzusprechen. Sein Hinweis auf Andalusien wurde mit der Bemerkung übergangen, na ja, er sei eben Palästinenser.

---

192 Avishai Margalit; Politik der Würde - über Achtung und Verachtung; Fischer Taschenbuch, Frankfurt am Main, 1999, Seite 167

193 Rauf Ceylan; Ethnische Kolonien; Promotion, Lehrstuhl Professor Eichener an der Universität Bochum, 2006

Mir selber passierte es, dass nach einem Dialogabend mit protestantischen Pfarrern ein junger Theologe mich fragte, ob ich tatsächlich Deutscher sei. Als ich dies bejahte, fragte er, ob jemand meiner Eltern aus einem muslimischen Lande käme; als ich auch diese verneinte, wollte er wissen, ob jemand meiner Großeltern von dort gekommen wäre. Daraufhin bot ich ihm an, ihm den „Ariernachweis" meines Vaters zu zeigen. Erst jetzt bemerkte er, auf welchem Weg er war, und entschuldigte sich.

Das Bemühen staatlicher und anderer gesellschaftlichen Kräfte, unter den Muslimen Gesprächspartner zu finden, die den Diskurs der Moderne ebenso vorantreiben, wie sie selber es tun, führte in der Vergangenheit immer wieder dazu, dass Reformdenker aus allen möglichen islamischen Mehrheitsgesellschaften zu Tagungen eingeladen wurden, die von der Basis der Moschee-Vereine als für sie nicht repräsentativ angesehen wurden und werden. Die Antwort auf die von außen gesetzte Herausforderung ist häufig die, dass man die aus den Ursprungsregionen gewohnte Introversion aktiviert, mit der die türkischen Frommen Jahrzehnte in den Hochzeiten des Kemalismus „überwinterten". Gerdien Jonkers Untersuchung des Verbandes der Islamischen Kulturzentren zeigte dies in eindringlicher Weise.[194]

Ein besonderes Phänomen stellt der methodische Atheismus der Sozialwissenschaften dar, auf dessen Grundlage die Minderheit untersucht und interpretiert wird. Dabei sehen die Untersucher vom Glauben der Muslime ab, um so zu „objektiven" Aussagen zu kommen. Nun sind die Muslime als religiöse Minderheit nicht irgendeine Minderheit gleich den Dänen in Schleswig-Holstein oder den Sorben im Spreewald, sondern sie definieren sich über und werden von anderen durch Ihren Glauben definiert. Die Folge ist, dass Muslime beim Lesen der sozialwissenschaftlichen Forschungsergebnisse immer wieder den Eindruck gewinnen, dass sie in ihnen nicht vorkommen. Das Verdrängen ihrer Gläubigkeit empfinden sie als letztlich inhuman, denn ihr Beharren auf der eigenen Kontingenzbewältigung ist ein zutiefst menschlicher Sinnanspruch, der sie vor sich selbst legitimiert. Auch wenn einzelne Bürger in diesem Land diesen Anspruch für irrelevant halten, so bleibt er doch ein menschlich legitimer, dessen demütigende Missachtung die Würde des Anderen verletzt. Wenn jemand unmusikalisch ist, dann muss er nicht sogleich die Freude an einem Streichquartett für ein psychiatrisches Phänomen halten.

---

194 Gerdien Jonker; Eine Wellenlänge zu Gott; Verlag transcript, Bielefeld, 2002

Es wäre unglücklich, würde die Analyse der Ursachen von Demütigungen diese allein bei den Nicht-Muslimen identifizieren wollen. Es gibt genügend Beispiele für gruppeninternen Verschleiß. Wenn beispielsweise ein im Dialog Engagierter in seiner Gemeinschaft seinen persönlichen Einsatz für den Dialog wieder und wieder verteidigen muss, dann verliert er nach einer Weile die Lust am Engagement.

Zum Schutz der Betroffenen wird häufig empfohlen, religiöse Themen grundsätzlich zu vermeiden, wozu das bewusste Überhören von Anspielungen gehört, was in der säkularen Öffentlichkeit als Bestätigung ihrer Säkularität, das heißt Glaubensferne verstanden wird. Es bleibt jedoch die Frage, ab wann ein Hinzugekommener nicht mehr der Fremde ist, sondern „einer von uns". Während einer Talkveranstaltung hatte Navid Kermani den Eindruck, dass es den Zuhörern fast undenkbar schien, dass Muslime eines Tages zum deutschen „Wir" gehören könnten.[195] Wie schwierig die hier aufgeworfene sozialpsychologische Frage zu beantworten ist, zeigt ein Blick in die Geschichte der Minderheiten in Deutschland. Man braucht dazu überhaupt nicht auf die Tragik der Mitbürger jüdischen Glaubens zu blicken. Ein evangelischer Pfarrer erzählte mir, dass er in einer Dorfgemeinde Anstellung fand, in der die nach 1945 angesiedelten Flüchtlinge noch immer nicht fest integriert waren, denn die Alteingesessenen unterschieden noch 1980 zwischen sich und den „Neuankömmlingen", was sich selbst bei Beerdigungen zeigte. So wurde der Pfarrer darauf aufmerksam gemacht, dass er diesen Unterschied beachten möge. Wann hört also ein Fremder auf, ein Fremder zu sein? Sind möglicherweise analytische Begriffe wie der der Konvivenz, den Theo Sundermeier begründete, nur dann für das gesellschaftliche Geschehen nützlich, wenn ihr Verfallsdatum mitdiskutiert wird? Und wenn dies nicht geschieht, fördern solche soziologischen Begriffe die Ausgrenzung?

Zum intellektuellen Dialog der Gelehrten gehört das Ringen um Worte, Begriffe und „Übersetzungen" aus den unterschiedlichen religiösen Denksystemen, den Theologien. Es gibt Wörter wie das Wort „Gebet", die sich eher problemlos übersetzen lassen. Schwieriger ist es beim Begriff des „Gottesdienstes", bei dem sich fragen lässt, ob das Gemeinschaftsgebet der Muslime der katholischen Messe oder dem evangelischen Wortgottesdienst gleichgesetzt werden muss, oder sollte man ihn in diesem Falle eher als einen analog deskriptiven Begriff ansehen?

---

195 Navid Kermani; Wer ist wir?; Verlag C.H. Beck, ohne Jahr, Seite 27

Mahmud Haggag wies in einer Arbeit[196], die er an der deutschen Abteilung der Universität Al-Azhar schrieb, darauf hin, dass derartige Übersetzungen durch Wörterbücher tradiert werden, denen jedermann gänzlich unkritisch Objektivität unterstellt; also lernt der jugendliche wie der erwachsene Schüler diese, um sie entsprechend später im Alltag zu verwenden. Der nächste Autor trifft dann auf diesen Wortgebrauch und notiert ihn für seine Arbeit. Frank-Olaf Radtke[197] hat diesen Circulus vitiosus in einer umfangreichen Untersuchung zum Islambild in deutschen Schulbüchern nachgewiesen.

Ich weiß nicht, wie oft ich dies meinen Zuhörern schon erklärt habe, ohne eine langfristige Wirkung erreicht zu haben. Heute reagiere ich auf derartige Fehlinterpretationen so routiniert, dass es schon arrogant wirkt, wie mir jene, die mich kennen, hinterher sagen. Was mich wiederum betroffen macht. Im Laufe der Jahre lernte ich, den Rückzug in die Routine als meinen Schutzmechanismus gegen den Verschleiß zu begreifen.

Zu meiner Überraschung erzählten mir bei meinen Recherchen einzelne Muslime, dass sie den Dialog abgebrochen hätten, weil sie ihre Teilnahme an den vielen Tagungen nicht mehr hätten finanzieren könnten. Dies ist sicherlich einer der Faktoren, warum so wenige Muslime zu Dialogtagungen fuhren und fahren. Auf Seiten der Planenden in den Akademien beziehungsweise der Stiftungen wurde vermutet, dass *„die"* Muslime den Dialog verweigerten. Ein weiterer Faktor ist, dass die zum Gespräch fähige zweite Generation im Augenblick ihren ersten Berufsabschnitt durchläuft, in dem sie gefordert ist. Die Folge ist, dass mancher Vorsitzende eines Moschee-Vereines auf einen Teil seines Urlaubs verzichten muss, um wenigstens an der einen oder anderen Begegnung teilnehmen zu können. Doch so etwas kann man sich in einem mittelständischen oder gar kleinen Betrieb nur sehr bedingt leisten. In manchem Großbetrieb blockieren aber auch die Kollegen, wenn jemand in ihrer Schicht ständig Kurzurlaube beantragt. Dazu gehören dann die zwangsläufigen familiären Belastungen.

Junge Muslime, die in Deutschland aufgewachsen und zum Engagement durchaus bereit sind, berichten enttäuscht von ihren Erfahrungen

---

196 Mahmud M. Haggag Rashidi; Zur Übersetzungsproblematik kulturspezifischer Termini in arabisch-deutschen Wörterbüchern an Bespielen von ausgewählten islamischen Begriffen; Al-Azhar, Kairo, 2010

197 Frank-Olaf Radtke; „Wir" und „Sie" - Bilder vom Fremden im Schulbuch; in: Islam im Schulbuch; Islamrat Dokumentation Band 1, Verlag Spohr, Kandern, 2001

mit der Dialogkultur der Parteien, Gewerkschaften, Bildungswerke et cetera, von denen sie zu Diskussionen eingeladen werden. Da die Themen ihnen viel versprechen, folgen sie den Einladungen, um dann zu erleben, dass man nicht über ihre Sorgen und Nöte diskutiert, sondern auf den Podien Intellektuelle oder zumindest Studenten reden, die Fragen debattieren, zu denen sie zwar eine Meinung haben, die sie jedoch in ihrem Alltag überhaupt nicht berühren.

Charakteristisch für diese Situation war ein Bericht der „taz" vom 8. September 2006. Dort befragte eine Journalistin der „taz" Jugendliche, die sich während einer Veranstaltung vor der Tür des Veranstaltungsortes gesammelt hatten. Auf die Frage, warum sie draußen ständen und nicht drinnen wären, hieß es: „Die da drinnen reden nur über sich. Niemand will wissen, wie wir das finden." Und: „Jetzt reden sie über den 11. September. Was hat das mit uns zu tun?" Ein Jugendlicher antwortet auf die Frage, was er gesagt hätte: „Ich bin Moslem und ich will mich nicht ändern lassen. Meine Religion hat nichts mit Gewalt zu tun."

Es mag merkwürdig sein, aber es gibt im Dialoggeschehen auch das Phänomen der Langeweile. So leitete Ahmed Al-Tayyeb, Rektor von Al-Azhar, sein Referat auf dem sechsten El-Doha-Kongress mit der Bemerkung ein: „Uns allen wird es schon langweilig von den Konferenzgesprächen voller gegenseitiger Komplimente." Für „Ali Normalmuslim" im Moschee-Verein in Dortmund Nord lesen sich Berichte solcher Dialog-Gespräche wie Berichte aus einer anderen Welt, die ihm bestätigen, dass sich in Wirklichkeit nichts bewegen wird.

Es wäre falsch, wollte man das Phänomen des Verschleißes allein auf äußere Faktoren beschränken. Es gibt ebenso innere. So fällt es manchen Menschen offensichtlich schwer, die Exklusivität der eigenen Kontingenzbewältigung, die in nichts so deutlich wird wie im Gebet, in der Weise zu relativieren, dass die Exklusivität des Anderen zumindest als konstitutiver menschlicher Anspruch oder als soziale Rechtsnorm anerkannt wird. So besuchen selbst im Dialog Engagierte die Rituale der Anderen nur einmal, um sich „das Theater" anzusehen und um zu wissen, wovon die anderen reden. Damit die Belastung aus dem Gespräch mit dem Anderen nicht zu groß wird, reduzieren sie den Dialog auf den intellektuellen Teil.

Dies geht bei der Spannung zwischen Gruppenloyalität und persönlicher lernender Reifung nicht ohne Weiteres, weil die Rationalisierung eines emotionalen Problems dieses selber nicht löst. Wer das dialogische Gespräch auch für sich selbst ernst nimmt, also die Option zum Buber'schen Grundwort Ich-Du[198] und zur Lévinas'schen Herausforderung des Antlitzes des Anderen[199] annimmt, der verändert sich im Laufe der Jahre, wodurch Distanz zur eigenen Gruppe entstehen kann. Manche Meinung beziehungsweise Haltung der Glaubensbrüder gegenüber dem Anderen erscheint dann als allzu schlicht, ohne dass man diese Einsicht der eigenen Gruppe vermitteln kann, weil sie nicht in der gleichen persönlichen Herausforderung gestanden hat; zudem neigen Menschen zur Vereinfachung komplexer Vorgänge und verlangen das Gleiche von jenen, die sie im Dialog repräsentieren. Demagogen der Abgrenzung sind leidenschaftliche Vereinfacher. Schon Jakob Burkhardt warnte vor diesen ‚terrible simplificateurs', deren Argumentationen schlichte Geister rasch überzeugen können, so dass der für den Dialog Engagierte in die Isolation gedrängt wird. Bar-On spricht von einem Dialog-Dilemma[200]. Verbandsvertreter stehen darüber hinaus vor der Herausforderung, ihren Einsatz in jeder der zum Verbande gehörenden Gruppe begründen zu müssen. Und entgegen der offiziellen Position, es gäbe nur *„den"* Islam und *„die"* Einheit der Muslime müsse gewahrt werden, vertritt eine jede Gruppe ihre eigenen Interessen, die mit kürzeren oder längeren religiösen Zitaten aus dem Qur'an oder der Sunna unterfüttert werden. Solche Erfahrungen lassen den dialogisierenden Grenzgänger innerlich vereinsamen, wodurch vielfach der Rückzug aus dem Dialog eingeleitet wird. Meist bleiben die in den Jahren aufgebauten persönlichen Freundschaften bestehen. Allein, man brennt aus. Dazu mag die Routine des Perspektivwechsels beitragen.

Der Verschleiß ist die Schattenseite des Dialogs, sein hässliches Gesicht, das die im Dialog Beteiligten zum Selbstschutz verdrängen; dennoch muss er reflektiert werden, wenn das Gespräch unter Gläubigen über die Zeiten hinweg eine bleibende Chance erhalten soll. Seine Verarbeitung ist nach meinen Erfahrungen eine Voraussetzung für ein persönliches Durchstehvermögen.

Bis hierher habe ich den Begriff des Dialogs auf das Gespräch in der religiösen Begegnung beschränkt, was umgangssprachlich nicht üblich ist. Das Wort Dialog wird häufig auch dann verwandt, wenn es um Fragen der Integration geht. Danach sollten die verschiedenen Grup-

---

198 Martin Buber; Dialogisches Leben; Zürich, 1947

199 Emmanuel Lévinas; Zwischen uns; München, 1995

200 Dan Bar-On; Die Anderen in uns; Edition Körber-Stiftung, Hamburg, 2001, Seite 232

pen einer Gesellschaft deswegen in einen Dialog treten, weil sich eine Minderheit so am ehesten in eine Mehrheit integrieren könne. Dabei wird übersehen, dass das Gespräch die Minderheit nicht auflöst, sondern das (integrative) Gespräch „nur" pazifisierend wirkt. Um jedoch die eigenen Interessen im politischen Diskurs durchzusetzen, bedarf die Minderheit der Mehrheit, für die sie Koalitionspartner braucht und um die sie stets ringen muss. Es hilft einer Minderheit daher wenig, wenn einzelne ihrer Mitglieder als Mitglieder einer Partei in das nationale Parlament gewählt werden, denn dort müssen sie ebenso um Partner, und sei es in der eigenen Fraktion, werben. Dies mag bei der Minderheit der Nordsee-Krabbenfischer kaum mehr als regionale Bedeutung haben; im Falle einer über alle Bundesländer verteilten Minderheit gleich den Muslimen kann dies rasch allgemeine Bedeutung erlangen. Im Falle einer religiösen Minderheit besteht die Gefahr, dass die Parteien, um politische Mehrheit im Parlament zu gewinnen, ihre religiöse Minderheit für den Machtgewinn instrumentalisieren, was ebenfalls zu Verschleißerscheinungen führen kann. So sagte mir ein resignierender muslimischer Abgeordneter am Rande einer Debatte auf die Frage, welche Chancen er zur Durchsetzung des diskutierten Problems sähe, er sei doch nur zur Stimmenwerbung nominiert worden. Großen Einfluss besäße er nicht.

Bisher kamen beide Verschleißlinien noch nicht zusammen, was eine Frage der Generationenfolge sein mag. Nur scheint mir hier ein erhebliches Unruhepotenzial zu stecken.

Mehrheit wie Minderheit brauchen daher langfristige Konzepte, mit denen sie lernen können, wie sie mit der Pluralität in der Gesellschaft umgehen können. Dazu reicht die Idee der Konvivenz, wie die Entwicklungen in Bosnien oder Indien[201] zeigen, nicht. Vielmehr müssen sich die Beteiligten bemühen, aus ihren eigenen theologischen Traditionen heraus eine Friedenstheologie und -praxis entwickeln, die sowohl den inneren Frieden einer Gesellschaft meint als auch deren äußeren sichert. Hier haben die Muslime einen erheblichen Nachholbedarf, der dadurch entstand, dass die orientalischen Völker bis vor wenigen Jahren unter dem Druck ihrer Befreiungskriege standen - und sie danach die technisch-industrielle Überlegenheit des „Westens" verarbeiten mussten. Hinzu kommen die jahrzehntelangen Auseinandersetzungen in Palästina, so dass zwangsläufig die Muslime in den europäischen Minderheiten gefordert sind. Auf dem Wege dahin werden sie sich mit der Leidensgeschichte Europas auseinandersetzen, die nicht die der

201 Sudhir Kakar; Die Gewalt der Frommen; Karlsruhe, 1996 (The Colors of Violence, Originaltitel in den USA)

Herkunftsvölker war. Es mag Europäern schwerfallen zu akzeptieren, aber viele Glaubensverfolgte der Vergangenheit fanden in islamischen Ländern eine neue Heimat, weil die Schari'a auf der Basis von Aussagen des Qur´anes mit dem Konzept des Schutzbefohlenen, des *dhimmi*, die Pluralität einer Gesellschaft eher verarbeitete, als die Europäer es mit dem Konzept der Toleranz taten. Dies galt nicht nur für die Juden nach der Reconquista, sondern ebenso für Verfolgte des Nazi-Regimes. In diesem Zusammenhang verweisen muslimische Gelehrte auf die *aya*: „Hätte Gott es gewollt, wären alle Menschen auf Erden samt und sonders gläubig geworden. Möchtest du etwa die Menschen zum Glauben zwingen?"[202]

---

[202] Qur'an Sure 10 aya 99

8 Im Zweifel für den Zweifel?

Dem Glaubenden gilt der Zweifel als der Weg in den Unglauben oder zumindest als der Anfang desselben. Und dennoch ist der Zweifel seit Descartes „Discours de la méthode" eine der Grundhaltungen nicht nur von aufgeklärten Intellektuellen, sondern moderner Gesellschaften schlechthin. Mancher meint mit Bezug auf das Kant'sche Wort vom „so krummen Holz, als woraus der Mensch gemacht ist", dass der Zweifel sowohl das Elixier der philosophischen als auch der politischen Aufklärung sei. Wenn aber der (misstrauische) Zweifel so gegenwärtig ist, so haben Soziologen und Historiker gefragt, wie kann dann eine Gesellschaft zusammenhalten? In der Alltagsphilosophie ist es der vergewissernde Rückbezug auf die Vernunft, ohne die Geschichte der Vernunft selbst zur Kenntnis zu nehmen[203], und im politischen Geschehen dominiert die Skepsis,[204] die die Davongekommenen nach 1945 ebenso prägte wie die ihr nachfolgende Generation der Re-Education. Über beide Erfahrungen verfügten die in das Europa des Wohlstandes eingewanderten Muslime nicht. Hingegen wuchsen die einheimischen Muslime mit der Skepsis heran, weil die Haltung des Nach- und Hinterfragens zumindest in der gymnasialen Oberstufe bereits vermittelt wird. Während die erwachsenen Konvertiten vielfach aus ihr ausbrachen, bekannte sich eine kleine Zahl Intellektueller zu ihr als einem Aspekt der eigenen Identität, zwar ohne das Vertrauen in die Mitwelt zu verlieren, aber in Distanz zu ihr bleibend.

Im sozialen und politischen Miteinander brauchen Menschen jedoch ein Mindestmaß an Sicherheit, so dass sie sich hinsichtlich ihrer Zukunft verhalten können, mit anderen Worten, der Mensch braucht Vertrauen zu anderen Menschen und Institutionen, in Dinge und Abläufe, zumindest in die Konstanz der kleinen Dinge des Alltags, damit der Einzelne handlungs- und entscheidungsfähig zu bleiben vermag. Vertrauen ist, wie Anthony Giddens schrieb, „kein Sprung ins Engagement, sondern eher ein stillschweigendes Sichabfinden mit den Umständen"[205]. Im Miteinander von Mehrheit und Minderheit(en) ist (solches) Vertrauen die Voraussetzung für eine gesamtgesellschaftliche Zukunft. So müssen beide den von allen mitgetragenen Institutionen

---

203 Herbert Schnädelbach; Vernunft; Stuttgart, 2007

204 Christian Graf Krockow; Politik und menschliche Natur; Stuttgart, 1987, Seite 168

205 Anthony Giddens; Konsequenzen der Moderne; Frankfurt am Main, 1995, Seite 115

gleich der Justiz, Finanzverwaltung und politischen Ordnung vertrauen können, das heißt deren gleichbleibendem einwandfreiem Funktionieren gegenüber jedem Mitglied der Gesamtgesellschaft. An ihren Zugangspunkten begegnen sich jedoch Menschen, die darauf vertrauen, dass sie wechselseitig angemessen zuverlässig reagieren.[206] Die Differenzen zwischen erlebtem Verhalten am Zugangspunkt und der erwarteten Norm werden so lange hingenommen, wie eine gewisse Bandbreite des Abweichens nicht überschritten wird; danach schwindet das Vertrauen und macht dem Misstrauen Platz, das sich rasch in Zweifel an der Verbindlichkeit der Norm wandelt. Dann können sich zum Beispiel die Menschenrechte zur europäischen Hausordnung wandeln, die nur für die Hausbewohner gilt - aber nicht für Besucher oder den Nachbarn auf der anderen Straßenseite. Außereuropäische Muslime nennen in diesem Zusammenhang beispielhaft die Spannungen in der zeitlichen Parallelität von europäischer Kolonialpolitik und der Entwicklung der Menschenrechte, das Aufrechterhalten der wirtschaftlichen Hegemonie Europas und der tatsächlichen Teilhabe am Markt.

Descartes verbindet mit der Entscheidung, radikal zu zweifeln, den Willen zum Handeln, indem er nicht stehen bleibt, sondern in eine bestimmte Richtung weitergeht, was er mit der Bereitschaft verbindet, jederzeit die Richtung zu ändern, wenn vernünftige Gründe für eine solche Entscheidung sprechen.[207] Eine solche Grundeinstellung setzt voraus, dass jegliche Entscheidung mit Skepsis, Zweifel oder zumindest mit Einschränkung zu betrachten ist. Diese Haltung ist in der Entscheidung der Sinnsetzung in der Kontingenzbewältigung nicht beziehungsweise nur beschränkt möglich - wie die Konversionen zeigen. Wer sich also im Letzten für eine nicht mehr hinterfragbare Überzeugung entscheidet, für den ist der Zweifel an dieser Stelle ausgeschlossen.

Dieser Kontext wird im Qur'an in der Sura „Die Reue", Al-Tauba, angesprochen. Die Wissenschaft von den Anlässen der Offenbarung, asbab-al-nusul, stellt den dortigen Text (49: 14 f.) in folgenden Zusammenhang: In Medina kamen Beduinen zu Mohammed, schworen ihm die Treue und bekannten sich zum Islam. Danach sollen sie voller Stolz in der Stadt erzählt haben, dass sie nun Muslime seien. Hier setzt der Text ein: „Die Araber der Wüste sagen: ‚Wir glauben!' Antworte: ‚Ihr glaubt (noch) nicht.' Sagt vielmehr: ‚Wir sind Muslime'; denn der

206 A. a. O., Seite 143

207 René Descartes, a. a. O., Seite 13

Glaube ist noch nicht euere Herzen eingedrungen. Wenn ihr aber Gott und seinem Gesandten gehorcht, wird Er selbst die geringsten euerer Taten belohnen. Gott ist fürwahr verzeihend, barmherzig. Gläubig sind nur die, welche an Gott und Seinen Gesandten glauben und danach nicht mehr zweifeln - und sich mit Gut und Blut auf Gottes Weg einsetzen. Das sind die Aufrichtigen."[208]

Woran zweifelt jener nicht oder nicht mehr, der sich zum Glauben entschloss, das heißt wer die anthropologische transzendentale Offenheit des Seinshorizontes durch Sinnsetzung schloss; zweifelt er am Sinn seines Seins und seiner Mitwelt? Die Entscheidung für eine bestimmte Sinnsetzung bedeutet jedoch nicht das Ende allen Zweifelns. Selbstverständlich sollte ich weiterhin die Ergebnisse einer Statistik anzweifeln, wenn mir die Datenlage oder die Fragestellung problematisch erscheint. Und die Relevanz der Fragen mancher Erhebung wird von Muslimen schlicht angezweifelt.

Ich sollte meiner Wahrnehmung misstrauen, wenn etwas nur undeutlich zu erkennen ist, weil man nur allzu leicht dazu neigt, gemäß den eigenen Bedürfnissen zu projizieren. So wiesen Wahrnehmungspsychologen nach, dass Hungrige, denen Gegenstände hinter einer Milchglasscheibe gezeigt wurden, mehr Essbares sahen als Gesättigte. Und es besteht ein Unterschied zwischen dem Erkennbaren in Artefakten, die die Archäologen ausgruben, und jenem, von dem die Mythen oder Legenden erzählen. So gibt es religiöse Narrationen, zu denen es keine korrespondieren archäologischen Artefakte gibt. Bezweifelt der Gläubige jetzt die Narrationen oder die Suche der Archäologen? Gab es also Abraham, weil ein religiöser Text, der mir Offenbarung ist, von ihm spricht, oder gab es ihn nicht, weil er sich mit historischen Verfahren (zurzeit) nicht nachweisen lässt?

Fromme Muslime halten solche Debatten für Grenzüberschreitungen zum Unglauben. Jede Religion kennt solche Konfliktfelder mit der einen oder anderen Wissenschaft, deren methodischer Atheismus die Glaubensüberzeugungen verunsichert. Um sie zu sichern, wehren Fromme den Zweifel, wie er in der historisch-kritischen Methode und ihrem methodischen Atheismus zum Ausdruck kommt, so grundsätzlich ab, dass sie zum Zweifel unfähig werden. Sie unterscheiden dabei nicht zwischen dem unhinterfragbaren Letzten und dem in der (Geistes-)Geschichte ihrer Gemeinschaft Entstandenen. Daher verdrängen viele (schlichte) Muslime in ihrer Frömmigkeit die Dschahiliyya, in deren Kontext sich die frühe Gemeinschaft der Muslime entwickelte.

---

208 Siehe auch Suren 25: 5; 6: 114; 10: 37

Diese Haltung wird im Gespräch mit der Orientalistik problematisch, wenn schon die Frage nach der sprachlichen Entwicklung des Arabischen, das Mohammed in den 23 Jahren seiner Prophetenschaft sprach, abgelehnt wird[209], weil der Zweifel als Option erscheint.

Dazu gehört auch die Interdependenz von geistesgeschichtlichem Zusammenhang der semitischen Völker und Stämme auf der arabischen Halbinsel. Schließlich betrat Mohammed erst im siebten Jahrhundert die Bühne dieser Welt. Als er von Gott den Auftrag zu verkünden erhielt, da blickten Judentum und Christentum bereits auf eine sechshundertjährige Theologiegeschichte zurück, in der das vatikanische Rom eher eine lokale Rolle spielte. Für die nahöstlichen Christen waren es Zeiten der kirchlichen Ausdifferenzierungen[210], dass man nur vermuten kann, welchen orthodoxen Christen welcher Kirche des Orients Mohammed und seine Zeitgenossen begegnet sind. Es ist daher unglücklich, wenn in Gesprächen zwischen heutigen Protestanten Aussagen der Muslime über „das" Christentum, die sie im Qur'an lasen, als „mohammedanische Irrtümer" klassifiziert werden, um Muslime zur Korrektur aufzufordern.

In ihren Gesprächen über den ehrwürdigen Text oder die Glaubensvergangenheit ihrer Gemeinschaft zweifeln fromme Muslime nicht, sondern wenden die Methode des bestätigenden Denkens an, was man ins Englische wohl am ehesten mit „confirming thinking" übersetzte. Dabei werden die zur Diskussion stehenden Sachverhalte durch evidente oder logisch eindeutig zu interpretierende Beispiele erläutert, die aus dem alltäglichen Erfahrungsraum stammen. Ein solch populärer Beweis für die Existenz Gottes ist die beliebte Geschichte vom „Zucker im Tee": Wenn jemand ein Stück Zucker in ein Glas Tee tut und dann umrührt, so löst sich der Zucker im Tee auf, wodurch er nicht mehr sichtbar ist. So sieht man den Tee, aber nicht den Zucker, und dennoch ist er im Glas.

---

209 Toshihiko Izutsu; God and Man in the Koran; reprinted from a copy in The Library, University of Illinois, 1998

210 Im siebenten Jahrhundert gab es im Nahen und Mittleren Osten folgende autokephale Kirchen: die assyrische Kirche des Ostens, armenisch-apostolische Kirche, die koptisch-orthodoxe und die syrisch-orthodoxe Kirche, die Byzantinische Reichskirche, Maroniten, Nestorianer.

Konsequenterweise bleibt im extremen Falle für den Zweifel kein Raum, weil er sogleich durch einen Beweis berichtigt wird,[211] der den Irrenden wieder auf den rechten Weg der Orthopraxie zurückführt.

Nun sind Christen und Muslime in gänzlich unterschiedlicher Weise fromm. Während Erstere eher theologisch fromm sind, betonen die Zweiten ihre Frömmigkeit in einer strengen Orthopraxie. Beide Haltungen beantworten verschiedene Fragen des Glaubenden. Für den Christen gilt es, sich des Heils zu vergewissern; hingegen möchte der Muslim sicher sein, dass er auf dem geraden, von Ihm geoffenbarten Weg ist. Beide meinen die eschatologische Herausforderung. Daher ist zu fragen, in was die europäische Aufklärung im Islam zweifelnd hineinfragt.

Im Falle des Christentums griff sie in den mannigfaltigen Zusammenhang von Kirche, politischer Herrschaft, (theologischer) Heilsgewissheit, Wahrheitsanspruch und Volksfrömmigkeit ein, den es im Islam so nicht gab und gibt. Eine in der Orthopraxie ruhende Gläubigkeit gleich dem Islam bedarf anderer Fragen, um denkerische Verkrampfungen aufzulösen. Die radikalste Form zwingt in den Zweifel an der Orthopraxie, wie sie von Denkern wie Khaled Abou El Fadl[212] oder Abdullah An-Na'im[213] angemeldet wurden. Verständlicherweise sind die Arbeiten beider Rechtsgelehrten in zahlreichen Ländern verboten.

8.1 Das Erlaubte befolgen

Der orthopraktisch denkende Muslim ist stets darum besorgt, auf dem geraden Weg des Erlaubten (halal) und Gebotenen, dem *sirat almustaqim*, zu bleiben, um des Erfolgs teilhaftig zu werden, zu den ihn jeder Gebetsruf auffordert: „Eilt zum Gebet. Eilt zum Erfolg."[214] Da der nicht gelehrte Muslim den Weg nur bedingt zu überblicken meint, wendet er sich an einen Gelehrten seines Vertrauen und bittet um Rat, den dieser in Form einer Empfehlung (fatwa) gibt. Die Frage lautet daher, woher gewinnt jener das Vertrauen? Auf welche Weise wird ihm die Autorität zugeschrieben, über Fragen des geraden Weges entscheiden zu können?

---

211 Volker Perthes; Orientalische Promenaden; Bundeszentrale für politische Bildung, Band 575, Seite 189

212 Khaled Abou El Fadl; Speaking in God's Name; Oxfrod (UK), 2003

213 Abdullahi Ahmed An-Na'im; Toward an Islamic Reformation, Syracuse (NY), 1990

214 Christlich geprägte Übersetzer übertragen das arabische „fallah" mit „Heil", was irreführend ist.

Die Gemeinschaft der Muslime, die Umma, entwickelte in ihrer Geistesgeschichte dazu zwei Wege:

Der traditionelle Weg begann mit der Entscheidung der Eltern, ihr Kind durch einen Hauslehrer oder örtlichen Gelehrten unterrichten zu lassen. Das Curriculum bestand aus dem Erwerb des arabischen Alphabets und dem Lesen des Qur'ans. Irgendwann will der Jugendliche mehr wissen; wozu er sich einen Lehrer sucht, der ihn akzeptiert und ausbildet. Der Lehrplan solcher Gelehrten hatte folgende Struktur: Nach dem Erlernen des Qur'ans, der vom Lehrer für wichtig gehaltenen Ahadith und früheren Rechtsentscheidungen darf der Schüler erste Entwürfe einer Antwort auf Anfragen von Gläubigen entwerfen; danach darf er sie selber ausfertigen, muss die einzelne Antwort allerdings zur Korrektur seinem Lehrer vorlegen.

Nach einer Weile erteilt ihm dieser die Ijaza, das heißt die Erlaubnis, selber tradieren zu dürfen, wodurch er allein arbeiten darf. Hierüber verging und vergeht bis heute häufig weit mehr als ein Jahrzehnt.

Wenn dieser Schüler dann eine Moschee als Imam übernahm, konnte er sich durch seine vorbildliche Lebensweise, *Din*, und seiner Umgebung einsichtige Rechts- beziehungsweise Verhaltensempfehlungen qualifizieren, so dass sich nach und nach immer mehr Gläubige an ihn wandten. Sie attribuierten ihm Autorität, das heißt auctoritas,[215] ohne dass ihm Macht im Sinne einer potestas zugewachsen wäre; vielmehr lässt sich die Beziehung zwischen den Gläubigen und dem Gelehrten als freiwillig „bejahte Abhängigkeit" (Max Horkheimer)[216] beschreiben, deren Fluchtpunkt die von beiden geteilte Kontingenzbewältigung ist, der Tauhid, wie er im Qur'an zum Ausdruck kommt. Die Abhängigkeit des Gläubigen führt zur Option des Einflusses durch den, von dem er sich abhängig sieht.[217] Der Gelehrte und der Scheich an einer Hochschule beziehungsweise in einer Bruderschaft üben daher keine Macht im Weber'schen Sinne aus, sondern verfügen über einen größeren oder kleineren Einflussbereich, der manches Mal weit über den Kreis der Schüler hinausreicht. Islamische Gelehrte verfügen daher nicht über Macht, sondern über Einfluss.

---

215 Theodor Eschenburg; Autorität; Meyers Enzyklopädisches Lexikon, Band 3, Seite 217, Mannheim, 1971

216 A. a. O., Seite 217

217 Diesen von mir seit langer Zeit gebrauchten Begriff des „Einflusses" verwandte Richard Reusch bereits in seiner Arbeit über den „Islam in Ost-Afrika", Leipzig, 1931, Seite 162

Für den kleinen Kreis der Schüler eines Gelehrten - und vor allem, wenn dieser auch noch ihr geistlicher Führer auf dem mystischen Weg ist - ist das Wort des Lehrers bindend. Aus den Berichten der Adepten lässt sich erschließen, dass offenbar jeglicher Zweifel am eingeschlagenen mystischen Weg unmöglich ist.[218]

8.2 Wissensvermittlung und Autorität

Mit der Entwicklung eines modernen Bildungssystems trat die klassische Ausbildung in den Hintergrund. In der Türkei erhielt sie mit den Imam-Hatip-Schulen, die bis zum Abitur führen, eine direkte Nachfolge. Mit dem Aufbau moderner Universitäten unter staatlicher Aufsicht etablierte sich ein regelrechtes Studium, das heute mit einem entsprechenden Examen abgeschlossen wird, an das sich eine religiöse Karriere anschließen kann, das heißt die Berufung an eine der staatlichen Freitagsmoscheen oder eine Stelle in der Verwaltung einer religiösen Stiftung. Hier verleiht das Amt Autorität, die trotz staatlicher Berufung höchstens zur auctoritas wird und nicht einmal die Option zur potestas impliziert. Die Amtsgewalt besitzt nur der Minister, in dessen Ressort das Bildungswesen gehört, was für den Religionsminister[219] ebenso gilt. Manche Regierungen lösen den Konflikt zwischen den unterschiedlichen Trägern von auctoritas und potestas, indem sie den anerkannten „Sprecher" der Gläubigen an den Kabinettstisch holen, um ihn auf diese Weise einzubinden.

Die freiwillig bejahte Abhängigkeit verdrängt den Zweifel, ohne die Option für ihn aufzulösen. Er nistet sich dann ein, wenn ihn die Empfehlung des von ihm befragten Gelehrten nicht (mehr) überzeugt. Wenn die Diskrepanz öfters auftritt, dann wird der Gläubige sich nach einer Weile an einen anderen Gelehrten wenden, was zwar immer wieder ohne Aufhebens geschieht, aber in der Beobachtung recht selten ist. Meist behält der Imam Recht.

Während die Zeitgenossen Mohammeds ihn fragen konnten beziehungsweise den offenbarten Text direkt anwandten, gewöhnten sich unsichere Gläubige nach seinem Tode daran, andere zu fragen, denen sie Expertise zuschrieben. Auf diese Weise entstand in der frühen Zeit der ersten zwei Jahrhunderte nach dem Tode des Propheten das Rollenbild des Gelehrten, *alim*.

---

218 Michaela M. Özelsel; 40 Tage; Diederichs Verlag, München, 1993 - Reshad Feild; Das Siegel des Derwisch; Diederichs Verlag, München, 1980

219 In islamischen Ländern ist es der Minister für religiöse Stiftungen.

Heute braucht kein Gelehrter das Rad der Empfehlungen aufs Neue zu erfinden, vielmehr greift der einzelne Gelehrte wie der Hochschullehrer auf das umfassende Wissen früherer Entscheidungen zurück, wie es in den vier großen Rechtsschulen der Sunniten und der dschafaritischen Schule der Schiiten gesammelt worden ist, in denen das Prinzip der Einzelfallentscheidung dominiert. Die islamischen Rechtgelehrten entwickelten im Laufe der zurückliegenden Jahrhunderte ein hoch differenziertes Rechtssystem, das weit mehr umfasst als die in den Medien immer wieder dargestellten Themen der Körperstrafen, des Ehe- und Erbrechtes beziehungsweise des Religionswechsels.[220]

So können sich die meisten Nicht-Muslime nur schwer vorstellen, was die Gläubigen fragen. Im Rahmen der Deutschen Muslim Liga publizierte Abdullah Leonhard Borek einige Fragen sunnitischer Gläubiger, die er während seines langjährigen Aufenthaltes in Bahrein gesammelt hatte und danach zusammenstellte, was europäische Muslime interessieren könnte[221]. Seine Quelle waren arabische Zeitungen, die meist eine eigene Seite für religiöse Anfragen haben. Fast gleichzeitig veröffentlichte das schiitische Zentrum an der Hamburger Moschee zwei Bände der „Antworten auf Rechtsfragen", die die Gläubigen an Ayatollah Khamene'i gerichtet hatten.[222]

In beiden Publikationen dominieren - für theologisch denkende Europäer - gänzlich einseitig orthopraktische Fragen. So wollte zum Beispiel jemand wissen, ob er die Raten, mit denen er die Eigentumswohnung seiner Tochter abbezahlte, bei der Berechnung seines Zakat berücksichtigen müsste.

Ein anderer wollte wissen, ob man das Papier auf modernen Toiletten für die Reinigung nach dem Stuhlgang benutzen könne. Die Tradition empfehle doch die Waschung mit Wasser.

Ein Vater erkundigte sich, wie das mit der Gelatine in Gummibärchen sei. Sie würde häufig aus Schweineknochen gewonnen und Schweinefleisch wäre doch verboten. Gilt dies auch für die Haribo-Produkte, so dass man Gummibärchen besser nicht kaufen, sondern auf Bio-Bärchen ausweichen solle? Die Frage erübrigt sich seit einiger Zeit,

---

220 Mathias Rohe; Das Islamische Recht; C.H. Beck; München, 2009

221 Abdullah Leonhard Borek; Deutsche Muslim Liga e.V.; Islam im Alltag, Hamburg, 1997

222 As-Sayyid Ali al-Husayni al-Khamene'I; Internationale Gemeinschaft der Ahl-ul-Bait; Antworten auf Rechtsfragen; Hamburg, 1997

weil die Firma längst zum Beispiel in Malaysia *halal* , also reine, zulässige Gummibärchen produziert.[223]

Bei einfachen Fragen greifen manche Muslime gerne nach Handbüchern gleich den „*Ilmihal*"[224], die inzwischen auch in deutscher Übersetzung vorliegen. Das bisher umfassendste Werk stellte Ahmad A. Reidegeld[225] zusammen. Sein „Handbuch Islam - Die Glaubens- und Rechtslehre der Muslime" gibt einen fast vollständigen Überblick über die zu beachtende Orthopraxie.

Derartige Bücher vermitteln den Eindruck, als wenn die bei ihnen behandelten Fragen zeitlos beantwortet würden. Die Katechismen aller Religionen tun dies. Und dennoch ist es unter Muslimen insofern etwas Besonderes, als es um die Interpretation eines Ehrwürdigen Textes in der Zeit geht, von dem die Muslime der unerschütterlichen Meinung sind, dass es sich um das Wort Gottes handelt. Woher, so lässt sich fragen, beanspruchen die Autoren die Autorität, den ehrwürdigen Text verbindlich zu interpretieren?

8.3 Ahadith

Die Antwort liegt in der Geistesgeschichte der Muslime, die mit den Texten der Offenbarung selber beginnt. In ihnen heißt es mehrmals, dass der ehrwürdige Prophet nicht nur ein „schönes Beispiel" für die Gläubigen ist, sondern ihm auch zu gehorchen sei. Fromme Muslime bemühten sich zu allen Zeiten, sich diesem Beispiel so weit wie möglich anzunähern, indem sie das taten, was die Traditionen von ihm berichteten. Solche Berichte, *Ahadith,* machten schon zu seinen Lebzeiten die Runde. Und so wie der ehrwürdige Qur'an auswendig gelernt wurde, erinnerte man sich der Worte und Taten Mohammeds selber. In der oralen Kultur der Araber des siebenten Jahrhundertes müssen sie eine besondere Rolle im gesellschaftlichen Leben Medinas beziehungsweise Mekkas eingenommen haben. Da es keine Untersuchung darüber gibt, wie viele und welche *Ahadith* bis zum Todesjahr des ehrwürdigen Propheten erzählt worden sind, können wir Nachgeborenen uns nur auf das verlassen, was später gesammelt und so gesichert wurde. Dieses Sammeln setzte systematisch erst im achten Jahrhundert ein. Die Kompilatoren entwickelten dazu eigene Verfahren,

---

223 Der Halal-Lebensmittelmarkt wächst in Europa seit Jahren stetig, weil sowohl Muslime als auch andere Menschen diese Produkte bewusst kaufen.

224 Ömer Nasuhi Bilmen; Feinheiten islamischen Glaubens - Islamischer Katechismus; Astec Verlag, o. J.

225 Ahmad A. Reidegeld; Handbuch Islam; Verlag Spohr, Kandern, 2005

um sicherzustellen, dass sie echte, sie verwandten das Wort „gesund" (*sahih*), aufschrieben und nicht etwa falsche. Sie prüften nicht nur die Ereignisse, Orte, Persönlichkeiten und die Inhalte der Berichte, die in ihnen genannt wurden, sondern sie fragten sich ebenso, ob diejenigen, die solche Berichte vom Propheten tradierten, ehrliche Erzähler waren. Jemand, der als Lügner überführt worden oder durch ein Gericht verurteilt worden war, wurde ebenso ausgeschlossen wie andere, die nur einen einzigen Bericht überliefert hatten. Darüber hinaus prüften die großen sechs Sammler die Kette der Tradenten. Sie sollte nirgends unterbrochen sein und ihren Ursprung bei jemandem haben, der in der Umgebung Mohammeds gelebt hatte.

Vom anerkanntesten der sechs berühmtesten Kompilatoren, Al Buchari, erzählen sich die Muslime, er habe 600 000 Berichte gesammelt, von denen er letztlich nur gut 3000 als „gesund" akzeptierte. Europäische Muslime bewundern immer wieder diese wissenschaftliche Leistung. Bucharis Unabhängigkeit und Kritikfähigkeit hat wohl der moder Historiker nicht nach gestanden.

Auf ihr baute eine der theologischen Fachdisziplinen, die *asbab al-nuzul*, auf, die ein Gelehrter im Studium zu belegen hat.

Dieses historisch-kritische Verfahren ließe sich einerseits als Vorsicht interpretieren, andererseits aber auch als vom Misstrauen getragen beurteilen.

Beides galt stets dem Bericht und dem Berichtenden, aber nicht der Annahme, dass Mohammed nicht der Träger der Offenbarung gewesen war.

Genauso wenig lässt sich der in der Demokratie implantierte Zweifel an der politischen Machtausübung im Staat auf den Glauben übertragen. Demokratie und Glauben als Ausdruck einer Kontingenzbewältigung bilden keinen Gegensatz, vielmehr können die in einer Religion tradierten Machtverhältnisse und das Gewaltmonopol eines Staates in einen Gegensatz zueinander geraten. Udo Steinbach, der frühere Direktor des Deutschen Orient-Instituts in Hamburg, wird nicht müde, in Podiumsdiskussionen und Interviews zu betonen, dass ein Vergleich zwischen dem Islam als Religion und einer Demokratie als Staatsform nicht zulässig sei. Er hält jenen, die dies aus welchen Gründen auch immer tun, vor, „dass sie Äpfel und Birnen" miteinander verglichen. Man könne allein „Religion mit Religion und Staatform mit Staatsform vergleichen"[226].

---

226 Eine von vielen Pressemeldungen war die des ORF.at am 7. Januar 2007.

8.4 Widerstand und Gewissen

Widerständige gleich Dietrich Bonhoeffer und Alfred Delp auf christlicher Seite, Leo Baeck auf jüdischer und Said Nuris auf islamischer Seite zeigen, dass das bewusste Bekenntnis zum eigenen Glauben in tiefer Radikalität zum Zweifel an politischer Machtausübung auffordert, weil die abrahamischen Gläubigen sich einer letzten, eschatologischen Verantwortung bewusst sind und durch sie sich gefordert wissen. Die deutsche Verfassung anerkennt diese nicht hinterfragbare Bindung durch ihre Begriffe der „Würde des Menschen" und der „Freiheit des Gewissens"[227] (von Letzterer machten die Abgeordneten des Bundestages immer wieder Gebrauch) und durch die Präambel zum Grundgesetz. Dort heißt es, dass es im Bewusstsein der Verantwortung „vor Gott und den Menschen" stehe, was Muslime vor dem Hintergrund ihres Konzeptes der Orthopraxie von Erlaubtem und Verbotenem sehen.

Konsequenterweise konzentrieren sich Kritik und Zweifel auf das konkrete politische Verhalten eines Politikers oder einer bestimmten Regierung und weniger auf theologische Konzepte. Dort, wo beides im theologischen Rahmen diskutiert wird, gerät der Zweifler oder auch der, der schlicht nach einem dem eigenen Denken schlüssigen Sinn sucht, rasch in den Verdacht der Ungläubigkeit[228]. Solch ein Vorwurf lässt sich unter Muslimen nur allzu leicht erheben, weil die Gemeinschaft der Muslime weder über ein Lehramt verfügt noch das Institut des Dogmas kennt. Um dem Vorwurf, die gesellschaftliche Normalität hinter sich gelassen zu haben, und der damit verbundenen gesellschaftlichen Diskrimination zu entgehen, vermeiden Menschen in islamischen Mehrheitsgesellschaften öffentliche „Bekenntnisse". Europäer betrachten die dadurch fehlende öffentliche Streitkultur als ein Merkmal mangelnder Demokratie, was es sicherlich auch sein kann. Wenn man jedoch mit Muslimen vertrauter ist, dann hört man eine große Meinungsvielfalt.

---

227 Grundgesetz Artikel 4 (1): „Die Freiheit des Glaubens, des Gewissens und die Freiheit des religiösen und weltanschaulichen Bekenntnisses sind unverletzlich."

228 Abdellah Hammoudi; Saison in Mekka; C.H. Beck Verlag, München, 2007

9 Wozu Dialog betreiben?

Der Dialog findet nicht nur auf verschiedenen Ebenen statt, sondern mit diesem Begriff werden auch gänzlich verschiedene Sachbereiche abgedeckt. Da geht es zum Ersten um die ganz konkreten Fragen einer Minderheit an *die* Politik hinsichtlich des Baus von Moscheen oder der Schulbefreiung an islamischen Feiertagen, zum Zweiten um die gesellschaftliche Integration, zum Dritten um das Kennenlernen des Anderen, zum Vierten um nüchterne Sachinformation und schließlich um den allgemeinen Diskurs in der Gesamtgesellschaft, an dem die Muslime sich beteiligen sollen. Letzteres wird ihnen allerdings nur widerwillig zugestanden, wie beispielsweise die Ethikkommissionen zeigen, in denen nirgends ein Muslim vertreten ist. Andererseits muss vor der etwas naiven, jedoch weit verbreiteten Vorstellung gewarnt werden, „der interreligiöse Dialog sei eine Art Hilfsaggregat der Politik, das sich jederzeit zur Beruhigung internationaler und innergesellschaftlicher Konflikte anwerfen lasse", mahnte Kardinal Lehmann.[229]

Davon abgesetzt entwickelt sich in manchen akademischen Seminaren ein theologischer Dialog, in dem theologische Begriffe zur Diskussion anstehen.[230] Hier geht es um Fragen, was Sünde und Freiheit, Leid und Gnade und rechte Leitung im Islam sei; oder wovon ein Protestant redet, wenn er vor der Freiheit eines Christenmenschen spricht und der Muslim von Khalifat und Amana, das dem Menschen Anvertraute.[231] In der Öffentlichkeit wird dieses Gespräch der wenigen kaum zur Kenntnis genommen. Es ist zudem schwierig, die christliche Dominanz der Theologie im europäischen Diskurs mit der islamischen Neigung, sich auf die Orthopraxie zu konzentrieren, in Einklang zu bringen.[232]

---

229 Kardinal Lehmann, Predigt in Mainz im September 2006, publiziert in der Frankfurter Rundschau am 21.9.2006

230 Ismail Raji al-Faruqi; Islam and other Faiths; Islamic Foundation, Leicester (UK), 1998 - Andreas Bsteh, Seyed M. Mirdamadi (Hrsg.); Dialog - Gerechtigkeit; St. Gabriel Verlag; Mödling, 1997 - Ludger Kaulig; Ebenen des christlich-islamsichen Dialogs; Lit Verlag; Münster, 2004

231 In der Orientalistik wird das Wort *„amana"* meist mit Vertrauenspfand übersetzt.

232 Die Problematik zeigte sich beispielhaft in einer Tagung der Konrad-Adenauer-Stiftung in Istanbul: Der Islam und das Christentum - ein Vergleich der Grundwerte als Basis für einen interreligiösen Dialog; ohne Jahresangabe

All dies wird im Allgemeinen nicht von der Frage der Integration getrennt - welcher Ausländer auch immer. Ausländer sind seit den neunziger Jahren in der deutschen Diskussion stets „die" Türken, wobei in keinerlei Weise zwischen den Angehörigen der orientalischen Orthodoxien[233], yezidischen, alevitischen[234] beziehungsweise muslimischen Türken unterschieden wird[235], und von jüdischen Türken ganz zu schweigen. Außerdem fühlt sich eine große Zahl von Menschen, die selber aus der Türkei stammen oder deren Vorfahren von dort kamen, mit keiner Religion verbunden. Sie genießen es, in der Anonymität der Ballungsräume ein Leben ohne irgendwelche religiösen Bezüge leben zu können. Der eine oder andere von ihnen lässt sich allerdings - verlockt vom Honorar - für eine Dialogveranstaltung gewinnen, bei der er von den Veranstaltern als Muslim vorgestellt wird.

Dieses Durcheinander von Sachfragen, Diskursthemen, politischen beziehungsweise interkulturellen und theologischen Fragestellungen sowie Motivationslagen der Beteiligten macht den Dialog beziehungsweise das, was dafür deklariert wird, völlig unübersichtlich. Hieran haben weder die Islam-Konferenz des Bundesinnenministeriums noch die lokalen interreligiösen Gesprächskreise etwas geändert. Dies gilt vor allem für die Frage des Ziels oder - man sollte angesichts der Verschiedenheit der Sachbereiche und Motivationen lieber im Plural sprechen - von den Zielen. Während es beispielsweise für den Marburger Theologen Hans-Martin Barth um einen Kampf geht, in dem über die künftige Leitkultur entschieden wird[236], hoffen die muslimischen Lobbyisten der Verbände und Moschee-Vereine auf konkrete Ergebnisse wie zum Beispiel beim Schächten. Doch ihre Gesprächspartner schienen dem Grundsatz zu folgen, dass, solange man redet, die Konflikte unter dem Teppich bleiben. Schließlich wollten die Politiker keinen Ärger mit ihren Stammwählern. Vor allem Kommunalpolitiker schienen und scheinen nach dieser Maxime zu handeln. So meinte man zwar, mit den muslimischen Wählern reden zu müssen, ohne allerdings die anderen zu verärgern. Schließlich stellen sie die Mehrheit der Wahlberechtigten. In den Städten, in denen es wegen des Baus einer

---

233 Einen raschen Überblick ermöglicht der schmale Band der Beckschen Reihe „Christen in der islamischen Welt" des Göttingers Martin Tamcke, 2008, Becksche Reihe Nr. 1765.

234 M. M. van Bruinissen; Agha, Scheich und Staat; Edition Parabolis, Berlin 1989

235 Werner Kündig-Steiner (Hg.); Die Türkei; Erdmann Verlag, Tübingen, 1974

236 Hans-Martin Barth; Herausforderung Islam - zwischen Dialog und Kampf der Kulturen?; Evangelische Verantwortung, Heft 3+4, 2008, Seite 3

Moschee zum öffentlichen Streit gekommen ist, ließ sich diese Tendenz gut beobachten. Andererseits konnte man sich durchaus damit profilieren, dass die Angelegenheit ruhig über die Bühne ging.

In dieser sich über Jahre hinziehenden Situation entschlossen sich die beiden deutschen Dachverbände, Islamrat und Zentralrat, zu klagen, um so ihren Interessen Nachdruck zu verleihen. Damit verschob sich ein Teil des sozialen Diskurses in den juristischen Raum, was bei der Frage des Schächtens zu einer abstrusen Situation führte. Denn nach jahrelangem Prozessieren gewann zwar der muslimische Schlachtermeister seine Klage vor dem Bundesgericht, so dass er schächten durfte; aber mit dem Hinweis auf das Tierschutzgesetz sowie anderer gesetzlicher beziehungsweise ordnungsrechtlicher Vorschriften verhinderten die Veterinäre vor Ort in Abstimmung mit der lokalen Politik, dass geschächtet werden konnte. Und so kaufen die deutschen Einzelhändler ihr geschächtetes Fleisch im europäischen Ausland ein, denn geschächtetes Fleisch darf importiert und verkauft, aber nicht hergestellt werden. Die Folge ist, dass die Schäfer in der niedersächsischen Heide beziehungsweise hinter den Deichen leer ausgehen. Zu Recht fragen die Vereine ihre Verbandsvertreter, warum sie überhaupt dialogisieren. Schließlich soll der politische Dialog doch zu Erleichterungen führen und nicht zur Verschlechterung. Erst 2006 konnte nach einem weiteren langwierigen Weg durch die Instanzen der entsprechende Senat des Bundesverwaltungsgerichtes ein eigenes Urteil zu fällen, mit dem der klagende Metzger seinen Anspruch gegen die Tierschutzverbände durchzusetzen vermochte. Einzelne örtliche Behörden versuchen dennoch, das Schächten zu verhindern.

Das *Wozu* in der Praxis

Das Wozu lässt sich am einfachsten vor Ort beantworten, wenn der Vorstand einer Medrese wie der der Jama'at un-Nur in Hannover Mitglied des Zusammenschlusses der Vereine seines hannoverschen Stadtteils Linden wird oder sich eine katholische Frauengemeinschaft regelmäßig mit Musliminnen in der Familienbildungsstätte zum Kochen trifft. Das Gleiche gilt für die schulische Nachhilfe. Hier ist das Wozu evident, denn dem einzelnen Mitbürger und Menschen hilft jemand gezielt, damit das Leben leichter wird. Und über das sonst so abstrakte Gemeinwohl braucht hier niemand zu diskutieren[237].

---

237 Institut der deutschen Wirtschaft; Integrationshemmnis Bildung; Jg. 34, Nr. 14, Seite 4. Der Beitrag zeigt in einem internationalen Vergleich, wie sehr

Im Gegensatz dazu kommen die zahlreichen Tagungen, Konferenzen, Begegnungen und andere Veranstaltungs- und Begegnungsformen kaum über das Kennenlernen hinaus. Nur dort, wo es gelang, eine Reihe von Begegnungen zu etablieren, die von jemandem konsequent betreut wurden und die Kerngruppe der Teilnehmer über längere Zeit dieselbe blieb, entwickelte sich nach und nach ein Gespräch, das über den Augenblick hinaus trug, wodurch die anfangs auch hier vorgetragenen Standardfragen (FAQ)[238] sich nach und nach erübrigten. Neben den selbstverständlichen Referaten und Diskussionen sorgten in den Akademien vor allem die abendlichen Begegnungen für ein persönliches Kennenlernen und lösten so den interkulturellen Vertrauenskonflikt zwischen den beiden Gruppen fast auf. Während nämlich die deutschen Teilnehmer emotional distanziert die Sachfragen diskutieren wollten und ansprachen, legten die Orientalen Wert auf den persönlichen Kontakt, über den sie Vertrauen in den anderen aufbauten, um dann zu Sachproblemen überzugehen. Es ist der Konflikt der Höflichkeitssysteme,[239] denn die Regeln des Anstandes sagen, wie man ein Gespräch einleitet und beendet.

In solchen dialogischen Begegnungen konnten die christlichen Dialogpartner auf Erfahrungen zurückgreifen, über die die nicht-deutschen Muslime schlicht nicht verfügen konnten. Sie erschloss sich den deutschen Muslimen aber auch erst nach Jahren, weil sie sich irgendwann fragten, warum ihre christlichen Gesprächspartner so viel geschickter in Diskussionen agierten als sie selber. Vor allem vermochten die christlichen Partner es, Tagungsprogramme zu entwerfen, die präzise dialogisch konzeptioniert worden waren. In den Moscheen fragte man darüber hinaus, warum die Akademien oder Pfarrgemeinden immer wieder zu Abenden einluden, wenn doch nichts dabei herauskam.

Die Basis dafür waren die Erfahrungen der Gespräche mit den Juden nach 1945, die ihrerseits vom ethischen Versagen vor der Shoah und dem Widerstand Einzelner gegen die beiden Totalitarismen ausgingen. Der politische Palästinakonflikt hatte die islamische Minderheit lange Zeit daran gehindert, diesen christlich-jüdischen Dialog im seinem geistlichen Bemühen wahrzunehmen. Der Diskurs, den Persönlichkei-

---

Migrantenkinder im Vergleich zu einheimischen Schülern „hinterherhinken".

238 Die Liste wurde vom Zentralrat auf der Internetseite „islam.de" veröffentlicht.

239 Avishai Margalit verwendet den Begriff „'Umgangsformen"' (a. a. O., Seite 170), während Michel Foucault in seiner „Ordnung des Diskurses" von „'Ritualen"' spricht (Seite 27).

ten gleich Dieterich Bonhoeffer beziehungsweise Leo Baeck geführt haben, wird bisher leider nur von einer kleinen Zahl muslimischer Intellektueller reflektiert.[240] So gab es in Teheran für kurze Zeit einen kleinen Kreis, der Bonhoeffers Arbeiten diskutierte. Dabei ließen sich die Kernpassagen der Bonhoeffer'schen Ethik problemlos ins Islamische übertragen.

Orientalen betrachten den Konflikt des 20. Juli ebenso wie die Shoah als Teil der europäischen Geistesgeschichte, der sie nicht betrifft. Nur hier und dort ahnt der eine oder andere Verantwortliche, dass er den christlich-jüdischen Dialog als einen Weg zu den Muslimen betrachten könnte. Als nämlich der Vorsitzende der Schura Niedersachsen, Avni Altiner, aus dieser Einsicht an den Gedenktagen in Bergen-Belsen teilnahm, wurde zum ersten Male deutlich, dass der Dialog in die Geschichte der Mehrheit führt.

Durch die Arbeiten des Berliners Gerhard Höpp lernten die Muslime zudem, dass das NS Regime auch Muslime verfolgt hatte,[241] die in den Konzentrationslagern ermordet worden waren[242]. Auf diesem Wege lernten einzelne Muslime einen Teil der jüngeren deutschen Geschichte über die Trauer kennen. Natürlich ist die Shoah keine islamische Geschichte, aber die deutschen türkischstämmigen Muslime müssen ein Verhältnis zu ihr finden, um heimisch zu werden.[243] Da ist die Geste der Anteilnahme an der Trauer der Mehrheit ein legitimer Weg, auf dem sich die Frage des Wozu von selbst erübrigt, ohne die Problematik und Dramatik des Konflikts der Gedächtnisse zu bagatellisieren. Schließlich hat die Erinnerung mehr als eine Funktion in der Gegenwart einer Gesellschaft. So verweist Peter Burke darauf, dass „die wichtigste oder zumindest auffälligste Eigenart des westlich historischen Denkens die Betonung von Entwicklung beziehungsweise Fort-

240 Wolf D. Aries, Rüstem Ülker; Dietrich Bonhoeffer, Alfred Delp, und Said Nursi: Christentum und Islam im Gegenüber zu den Totalitarismen; Lit Verlag, Münster, 2004

241 Gerhard Höpp, Peter Wien, René Wildangel (Hg.); Blind für die Geschichte; Verlag Klaus Schwarz, Berlin, 2007

242 Robert Satloff, Direktor des Institute for Near East Policy (Washington), verwies in seinem 2006 erschienenen Buch "Among the Righteous" darauf, in welchem Umfang Marokkaner, Tunesier und Libyer ihren jüdischen Mitbürgern geholfen haben.

243 Wolf D. Ahmed Aries; Minderheit im Diskurs - Grußwort zur Eröffnung des Centrums für religiöse Studien an der Universität Münster; in: Thomas Bauer, Thorsten Gerald Schneider (Hg.); Kinder Abrahams: Religiöser Austausch im lebendigen Kontext; Lit Verlag, Münster, 2005, Seite 27

schritt ist, mit anderen Worten die ‚lineare' Sicht der Vergangenheit. […] Und historische Erklärungsversuche sind ein universelles Phänomen, aber die Darstellung dieser Erklärungen als ‚Ursachen' ist ein spezifisch westliches Phänomen."[244]

Im Rahmen der Entwicklung der Auseinandersetzung mit dem europäischen Kolonialismus, den Diskursen um den Begriff der sogenannten Dritten Welt und der Herausforderung nachhaltiger Entwicklungshilfe entstand gerade in den Kirchen ein Bewusstsein für die Irrtümer der eigenen Vergangenheit. Sie können von indischen wie afrikanischen Muslimen problemlos thematisiert werden. Irritierend wirkt nur, wenn nicht-deutsche Muslime der zweiten Generation die Leidensgeschichte ihrer Eltern vor dem Hintergrund der jüngsten deutschen Vergangenheit reflektieren[245] und beide Erinnerungen kontrastierend gegeneinandersetzen.

Dennoch nahm der interreligiöse Dialog oft mit der Anerkennung der Schuld, die die Menschen in den großen Kriegen auf sich geladen hatten, seinen Anfang, schrieben die Herausgeber der Zeitschrift „Dialog der Religionen"[246] in ihrer ersten Ausgabe.

Vor dem Hintergrund der europäischen Erfahrung etablierten sich zwei Antworten auf die Frage nach dem Wozu des Dialogs. Die erste kam von Hans Küng, der schrieb, dass es keinen Frieden unter den Völkern geben werde, wenn es nicht einen Frieden unter den Religionen gäbe[247]; die zweite kam von den Historikern, die sich mit der Geschichte der Minderheiten beschäftigten. Sie lässt sich so zusammenfassen: Die Geschichte der Minderheiten darf sich nicht mit den technischen Mitteln der Gegenwart wiederholen. Und das Schicksal der Völker des ehemaligen Jugoslawiens insbesondere Srebrenicas darf sich nicht wiederholen. Daher gälte es, die gleichwertige gesellschaftliche Partizipation aller Immigranten zu erreichen. Hier verbindet sich die Antwort auf das Wozu mit dem Wie der Integration. Die Entwicklung in Deutschland zeigte jedoch, dass die Integration nicht mit der

---

244 Peter Burke; Westliches historisches Denken in globaler Perspektive; in: Jörn Rüsen; Westliches Geschichtsdenken; Vandenhoek & Ruprecht, Göttingen, 1999, Seite 35 und Seite 44

245 Die Situation in Frankreich scheint ähnlich zu sein, wie der Konflikt um die Ausstellungsbeteiligung des Institut international de la pensée islamique en France (IIIT) zeigte. Kommuniqué des Institutes am 10. März 2008.

246 Vorwort der Herausgeber zur ersten Ausgabe der Zeitschrift „Dialog der Religionen" , Christian Kaiser Verlag, 1991

247 Hans Küng; Projekt Weltethos; Piper Verlag, München, 1990

Partizipation endet, weil aus den Immigranten Menschen mit Migrationshintergrund wurden, sie also Fremde blieben, wodurch die Notwendigkeit des Dialogs eher dringender wurde, als dass sie in ihrer Bedeutung abnahm.

Während nämlich im Altertum das Verhältnis von Minderheit und Mehrheit allein durch die Machtfrage gelöst wurde, sah das europäische Mittelalter vor allem in der Vernichtung des Anderen die Lösung, was im Zuge der Reconquista mit den Juden und Muslimen gelang, bei den Waldensern nicht mehr möglich war und im Dreißigjährigen Krieg, das heißt den europäischen Religionskriegen, sich als unmöglich erwies. Der Versuch Napoleons I., über eine Konferenz, den von ihm einberufenen Großen Sanhedrin, Druck auszuüben, führte zur Partizipation, löste aber nicht die Vorurteile auf. Vichy blieb, wie sich im folgenden Jahrhundert zeigte, als Option erhalten.

Mit der Verdrängung der religiösen Aspekte in der Moderne und der Popularisierung der Säkularisierungshypothese wurden die religiösen Minderheiten zu nationalen beziehungsweise ethnischen Minderheiten, für die die Mehrheit zwei Lösungen anbot: Adaptation oder Auflösung. Wer überlebte, entrichtete einen Tribut, indem die Minderheit nationalisierte, aber sich kulturell und sprachlich behaupten durfte. So gelang es den ostpreußischen Kaschuben, sich zu bewahren, ebenso den Sorben und den Friesen.

Als nach 1945 zahlreiche Minderheiten als Erbe der Vergangenheit in die werdende Bundesrepublik hineinwuchsen, wie zum Beispiel die muslimischen Flüchtlinge, die 1952 in Nürnberg eine eigene Verwaltung Muslimischer Flüchtlinge gründeten, da gingen sie im Prozess der Integration und im Willen zu einem Neuanfang unter. Erst im Zuge der Anwerbung von Gastarbeitern tauchten wieder religiöse Minderheiten auf, die jedoch durch die Begriffe Gastarbeiter und später Arbeitsmigranten nicht als solche angesprochen wurden. Die Muslime unter den Jugoslawen beziehungsweise die im Lande verbleibenden orientalischen beziehungsweise iranischen Studenten betrachteten man eher als Exoten denn als eigene Gruppe. So wurden die türkischen Gastarbeiter recht bald zu *den* Muslimen, obwohl man gleichzeitig den Islam selbst eher bei den Arabern verortete. Wenn man im Gespräch darauf hinwies, dass es zwischen beiden erhebliche Unterschiede gäbe, hörte man hin, aber hörte nicht zu. Der Islam wurde und blieb die große Schublade, in der alles verschwand, was sich auch nur annähernd als islamisch bezeichnen ließ. Die Grundworte der Grenzziehung[248] hießen „Wir"-„Die". Dementsprechend wurde ein Polizeipräsident in einer Podiumsdiskussion zur Integration gefragt, wie viele Türken es denn bei der Polizei gäbe. Er konterte mit der Bemerkung, dass es keinen gäbe. Und er fügte hinzu, dass die Eltern mancher Polizisten im Ausland geboren wären. Im Gegensatz dazu interveniert niemand, wenn eine Lehrerin von den Türken in ihrer Klasse spricht, obwohl die Mädchen und Jungen ihrer Klassen mehrheitlich deutsche Staatsbürger sind, die in Deutschland geboren worden waren und heranwuchsen. Sie ritualisiert nicht nur den Wortgebrauch, sondern qualifiziert und fixiert zugleich die Rollen für die sprechenden Subjekte, wie Michel Foucault schrieb. Bei dieser Perspektive kommt die Demütigung des Angesprochenen durch Aussonderung nicht in den Blick. Ihre Thematisierung stört die Ordnung des Diskurses.[249]

Es war daher fast folgerichtig, wenn in der Öffentlichkeit die hier hörbare Distanz auf den Begriff des Ghettos und auf die Stadtteile ausgedehnte wurde, in denen mehrheitlich „Die" wohnten. Allein, es handelt sich in keiner Weise um Ghettos, also um abgesperrte und von einer Stadt isolierte Quartiere wie einst die jüdischen. Das „türkische Stetl" Neukölln mit den für jeden Fotografen so schönen Bildern ist offen. In seinen Häusern leben Menschen unterschiedlichster Herkunft und Zugehörigkeit mit- und nebeneinander, um beim den gleichen Lebensmittelhändlern einzukaufen. Letztere erfreuen sich bei allen Bürgern ebenso großer Beliebtheit wie die Restaurants. Manche Speisen wie etwa Kebab oder das Fladenbrot beziehungsweise der Sesamring, türkisch Simit, sind fast zu deutschen Nationalgerichten geworden. Angesichts solcher Entwicklung stellt sich nicht die Frage des Wozu, weil sie nicht mehr existiert; und dennoch bleibt sie in den Köpfen bestehen.

Der Indo-Brite Amartya Sen schrieb in einem Artikel, dass eine wichtige Frage die Unterscheidung zwischen Multikulturalismus und einem „pluralen Monokulturalismus" beträfe: „Ist eine existierende Vielfalt von Kulturen, die vielleicht nur wie Schiffe im Dunkeln aneinander vorbeisegeln, schon als erfolgreicher Fall von Multikulturalismus zu werten?"[250] Sicherlich nicht, denn der Händler wie der Kellner des Restaurants möchten nicht nur Dienstleistungspersonal sein, sondern

248 Michel Foucault; Die Ordnung des Diskurses; Verlag Fischer, Frankfurt am Main, 9. Aufl., 2003, Seite 11

249 A. a. O., Seite 11 und 30

250 Amartya Sen; Welcher Multikulturalismus?; Lettre International, Frühjahr 2006, Seite 104

als Personen anerkannt und respektiert werden, so dass sie sich in ihrer Eigenart geachtet fühlen.[251] Im Grunde genommen geht es um die Würde des Anderen, die, wenn sie wirklich anerkannt wird, als „Nebenprodukt unseres allgemeinen Verhaltens"[252] auftritt, wie Avishai Margalit schrieb. In dem Augenblick jedoch, da sie thematisiert wird, beginnt bereits die abschüssige Bahn zur Demütigung. Und es gibt im Alltag wohl nur einen Kontext, in dem das bewusste Zeigen der Achtung keinen Beigeschmack hat. Es ist der militärische Gruß des Erhebens der Hand an das Barett. Und Margalit fuhr fort, eine Gesellschaft wäre dann anständig, wenn ihre Institutionen den ihrer Autorität unterstehenden Menschen Achtung entgegenbrächten.

Der Dialog ist auf solch personaler Ebene das Ringen um Anerkennung der Minderheit durch die Mehrheit. Und es ist etwas völlig Anderes, ob eine islamische Mehrheitsgesellschaft mit ihrer christlichen Minderheit wie in Ägypten spricht oder eine muslimische Minderheit mit ihrer (christlich-)säkularen Mehrheit. Und Constantin von Barloewen ergänzt: „Der Blick muss sich auf die Gleichberechtigung der kulturspezifischen Lebensweisen richten. [...] Alle Menschen sind frei und gleich an Würde und Rechten geboren. Sie suchen in ihren Kulturen auf unterschiedliche Weise ihrer Würde Ausdruck zu geben und Freiheit und Recht zu respektieren. Daher gebührt neben der Natur auch den Kulturen Achtung."[253]

In Deutschland hat der Dialog ein konkretes Ziel, von dem sich die Muslime noch weit entfernt fühlen; denn wenn eine Ministerin von der Familie als einer gemeinsamen gesellschaftlichen Aufgabe spricht, zu deren Bewältigung sie alle gesellschaftlichen Gruppen einlädt, aber auf der Einladungsliste zu der entsprechenden Konferenz die Muslime fehlen, dann weiß jeder in der Minderheit, dass die Muslime noch nicht dazugehören[254] und ihr Ringen um den Erhalt der familiären Zusammenhänge in der Moderne keine Anerkennung findet, was besonders für die muslimischen Mütter schmerzlich ist. Sie bringen seit Jahren ohne Klagen die größten Opfer, denn für sie erscheint stets das Wohl der eigenen Familie wichtiger als das eigene, was in Solingen

251 Bhikhu Praekh; Rethinking Multiculturalism; Harvard University Press, Macmillan Press, 2000, Seite 1

252 Avishai Margalit; Politik der Würde; Fischer Taschenbuch Verlag, Frankfurt am Main, 1999, Seite 19

253 Constantin von Barloewen; Arena oder Agora; Lettre, Sommer 2008, Seite 110

254 Das Gleiche geschah bei einer späteren Konferenz zur Frage des Ehrenamtes.

aufschien. Ihre Haltung beantwortete das Wozu mit dem Hinweis auf die Zukunft, die ihre Kinder gewinnen sollen.

Nun wird den muslimischen Lobbyisten seit Jahren entgegengehalten, dass zu ihren Zusammenschlüssen auch Gruppen gehören, die man nicht anerkennen wolle. Als sich muslimische Gruppen in Berlin zum Islamrat beziehungsweise zum Zentralrat zusammenschlossen, um mit einer Stimme ihre Vielfalt zu vertreten, da konnte man sogleich hören, wer denn alles nicht dazugehörte. Das Gleiche wiederholte sich Jahre später, als sich andere im Zentralrat der Muslime zusammenfanden beziehungsweise die vier der größten islamischen Verbände beschlossen, einen Kooperationsrat der Muslime (KRM) zu gründen. Da kramte man allseits bekannte Statistiken hervor, nach denen diese Verbände höchstens 15 % aller „Muslime" verträten. Zugleich warfen zahlreiche Integrationsspezialisten den Verbänden vor, sie würde durch den Aufbau lokaler Vereine, in denen die Mitglieder vor allem das heimatlich regionale Idiom pflegen, nicht nur eine Parallelgesellschaft etablieren, sondern geradezu zementieren. In arroganter Weise verschattet eine solche Perspektive auf das Leben der Minderheit alle die Schutzfunktionen örtlicher Selbstorganisation, in denen ehrenamtliche Sozialarbeit geleistet wird, mitmenschliche Hilfe zur Verfügung steht und die individualistische Isolation moderner Gesellschaften emotional aufgefangen wird. Da die Menschen in den Vereinen auch das von Kindheit an gewohnte Höflichkeitssystem selbstverständlich leben, erfahren die Einzelnen eine Achtung, die sie in der Gesellschaft „draußen" nur schwer erhalten können. Schließlich stehen „*die*" Türken nicht eben auf den oberen Stufen der gesellschaftlichen Hierarchieleiter.

Der Göttinger Politologe Franz Walter verwies auf das parallele Verhalten deutscher Auswanderer und früherer Einwanderer in Deutschland, bei denen die Selbstorganisationen nicht nur zu einer sozialen Parallelität geführt hatte, sondern zur unvermeidlichen Brücke in die neue Gesellschaft wurde. Dies gilt insbesondere für die demokratischen Massengesellschaften, in denen Verbände die Funktion haben, die Interessen ihrer Mitglieder zu bündeln, zum Ausdruck zu bringen, gegenüber anderen Interessengruppen beziehungsweise dem Staat zu vertreten und zugleich Optionen auf die Gemeinschaft hin zu eröffnen. „Gerade eine hoch entwickelte Organisationsstruktur in Parallelgesellschaften, besonders der Ehrgeiz, damit in der aufnehmenden nationalen Öffentlichkeit Interessen zu vertreten, die eigene Position und Stellung zu verbessern, führt über kurz oder lang zu einem schleichenden Abbau der parallelgesellschaftlichen Voraussetzungen, mündet in aller Regel in die allmähliche Integration – ‚selfelimination by success', wie dergleichen Prozesse im sozialwissenschaftlichen Anglizismus gerne bezeichnet werden."[255] Für christliche Minderheiten in christlichen oder christo-säkularen Mehrheitsgesellschaft lässt sich dies zeigen. Es muss jedoch gefragt werden, ob diese Entwicklung auch für solche Minderheiten gilt, die nicht die gleiche Kontingenzbewäl tigung beziehungsweise die in der Mehrheitsgesellschaft tolerierte Variationsbreite teilen, das heißt ihren Glauben orthopraktisch leben und nicht theologisch orientiert wie die Mehrheit? Die katholischen polnischen Bergarbeiter wurden Teil der deutschen Gesellschaft; und die protestantischen Deutschen sahen sich von den WASP[256] herausgefordert. Aber schon der Blick auf die jüdische Minderheit in Europa lässt Zweifel aufkommen. Wenn der integrative Weg einer Minderheit generell der von Franz Walter beschriebene sein könnte, dann könnte dem Dialog die Funktion zugeschrieben werden, das fremde Element zu entfremden und über das Kennenlernen und die daraus erfolgende Vertrautheit die Option zur personalen Begegnung zu öffnen. Er wäre dann ein Weg, die heutige Pluralität der Gesellschaft positiv zu verarbeiten.

Dieser optimistische Blick auf das Wozu verschattet die Problematik der Instrumentalisierung des Wozu. Der Dialog ist kein hehres Geschehen, das jeglichem Missbrauch entzogen wäre. So wie das Gespräch zum Kennenlernen führen kann, nutzen es andere zum Beispiel zur Verbesserung ihrer Missionsarbeit beziehungsweise der interkulturellen Arbeit in transnational arbeitenden Consultingfirmen. In ihrer Arbeit wird die Begegnung mit dem Anderen zur Frage der Etikette und der Contenance, was die Frage der transzendentalen Offenheit und damit die Gläubigkeit zu einer chose négligeable werden lässt. Allein, damit entschwindet das Kriterium, das den Geschäftspartner als Muslim an sich definiert, nämlich sein Bekenntnis zu dem Einen, außer dem es keine Gottheit gibt, Allah. Wenn Muslime dies bemerken, fühlen sie sich zutiefst diskriminiert. Manche reagieren entsprechend distanzierend, während andere meinen, nun erst recht zum Islam einladen zu sollen. Sie sprechen dann von der Pflicht zur Dawa.[257]

Dennoch, es gibt keine Alternative zum Dialog, so dass sein Missbrauch in einem gewissen Maße in Kauf genommen werden muss, ohne die manches Mal implizite Demütigung des Anderen zu zulassen.

255 Franz Walter, Mangelt es an „Parallelgesellschaften"?, Spiegel Online, 22.06.2006

256 WASP = **W**hite **A**nglo-**S**axon **P**rotestant

257 Dawa meint eine Einladung. Unter Muslimen wird damit die Einladung zum Islam gemeint.

Sie entschwindet selbst als Option, wenn man dem Entwicklungsmodell Ulrich Schoens folgt, zu dem er am Ende seiner Untersuchungen gelungener bikultureller Ehen kommt: der Bi-Identität.[258] Solche Persönlichkeiten nennt Schoen Brückenmenschen, die im Dazwischen leben - zwischen den Kulturen und in beiden zu Hause, in zwei Sprachen beheimatet, weil sie nicht nur die Wörter und Grammatik beider Sprachen beherrschen, sondern auch ihre Konnotation kennen; und sie haben gelernt, mit den Konflikten zu leben.

Wer immer solche gelungenen Ehen und Familien in seinem Freundeskreis erlebt hat, wird sie sich als Modell für eine künftige Welt wünschen. Allein, Bi- oder Multi-Kulturalität, Bi-Lingualität haben weder das Ende der Reconquista noch Srebrenica oder die Zerstörung anderer kultureller Symbiosen verhindern können. Es bedarf daher einer intensiven Dialogforschung, die nach den Gründen des Verfalls zeitweise funktionierender mehrfacher kultureller Systeme fragt. Es ist zu billig, wenn jemand die Ursache allein in der Unbedingtheit der Kontingenzentscheidung sähe.

Die areligiösen Systeme haben sich nicht als friedfertiger erwiesen. Es bleibt die Frage des *Warum*. Bis zu ihrer Klärung ist der Dialog die einzige Hoffnung.

Was nicht bedeutet, dass das Gespräch mit dem Anderen erst im Erwachsenenalter beginnt. Gerade mein Scheitern, als Erwachsenenbildner an einer kommunalen Volkshochschule Dialoge aufzubauen, machte mir deutlich, dass das interreligiöse Gespräch religiöse Sprachfähigkeit voraussetzt. Wer über etwas redet, der braucht Wörter und Begriffe, um das Gemeinte zur Sprache bringen zu können. Religiöse Illiteraten sind zum Dialog der Glaubenden unfähig. Daher kann der von manchen so propagierte LER-Unterricht[259] den Religionsunterricht selber nicht ersetzen.

Wenn ein muslimischer Junge vom Beten spricht, dann sollte sein Lehrer zumindest verstehen, wovon sein Schüler spricht, um dessen Mitschülern die Achtung vor der Gläubigkeit zu vermitteln, die zur unantastbaren Würde des Menschen gehört. Der Dialog ist wahrscheinlich nicht gleich der Physik lehrbar, doch die Fähigkeit, ihn zu führen, kann

---

258 Ulrich Schoen; Bi-Identität; Walter Verlag, Zürich und Düsseldorf, 1996, Seite 216

259 LER = Lebensgestaltung - Ethik - Religionskunde

in der Schule vermittelt werden. Für den Bonner Michael Meyer-Blanck gehört dies zu der „Leistung der Religion für die Erziehung“[260].

Der Tübinger Religionspädagoge Karl Ernst Nipkow hat dazu acht Grundsätze genannt:

1. Die Pluralität des Eigenen kennen. Es gibt eben nicht nur eine Kirche oder eine Rechtsschule.
2. Es bedarf des gegenseitigen Verstehens und
3. der wechselseitigen Anerkennung.
4. Man muss vor sich und den Anderen wahrhaftig sein.
5. Der Gläubige muss seinem eigenen Standort sprachlichen Ausdruck geben können und so
6. zum Zeugnis des eigenen Glaubens fähig werden.
7. Es bedarf der Ausbildung eines dialogisch orientierten Selbst,
8. das aus der Beheimatung heraus zur Begegnung bereit ist.[261]

Im Religionsunterricht lernt ein Schüler daher nicht allein das, was seine Religionsgemeinschaft für wahr hält, sondern wird zugleich sprach- und damit diskursfähig.

Die Spannungen im Verhältnis der Mehrheit und ihrer Minderheiten haben nicht nur zu Anpassungsbemühungen der Minderheiten geführt, sondern auch zur Rückversicherung in die Gesellschaften, aus denen die Einwanderungsgeneration kam. In der emotional diffusen Situation, einerseits von der Aufnahmegesellschaft mit Misstrauen betrachtet zu werden und andererseits bei Besuchen der fernen Verwandten als nicht mehr dazugehörig betrachtet zu werden, entschlossen sich die Aktiven, die durchweg der zweiten Generation angehören, sich selbst zu organisieren. Das Ergebnis war die Gründung der Union Europäisch Türkischer Demokraten (UETD). Ihre Mitglieder versuchen bewusst das Dazwischen zu gestalten, indem sie sich sowohl an die deutsche wie an die türkische Politik wenden. Es geht ihnen um ihre eigene und die Zukunft ihrer Kinder. Die deutschen Referenten und Diskussionspartner bei den abendlichen Veranstaltungen in Köln stehen meist konsterniert vor den in fließendem Deutsch mit rheinischen oder Hamburger Akzent diskutierenden Unternehmern, Akademikern und selbstständigen Handwerkern, die präzise juristische und verwal-

260 Michael Meyer-Blanck; Konfession. Kompetenz. Kultur – Wofür qualifiziert der Religionsunterricht; Loccumer Pelikan, Heft 2, 2003, Seite 68

261 Mitschrift eines Vortrages Karl Ernst Nipkows.

tungstechnische Probleme ansprechen. Hier braucht niemand die Frage des Wozu zu stellen, denn es geht diesen deutschen Mitbürgerinnen und Mitbürgern um ihre Zukunft.

10 Schöpfung und säkularisierte Welt

10.1 Der europäische Weg zur Trennung

Als Papst Gregor VII. über Kaiser Heinrich IV. den Bann aussprach und ihn später nach dessen Bußgang zurücknahm, da konnte niemand ahnen, dass dies eine der Wurzeln dessen werden würde, was man heute als Säkularität bezeichnet. Es ging darum, wer denn von beiden das letzte Wort bei der Ernennung der Bischöfe haben sollte.

Bis zu diesem Investiturstreit (1057–1122) waren Kaiser und Papst Inhaber verschiedener Ämter innerhalb der einen von Gott geschaffenen Welt (Res publica christiana), in der jedem von ihnen unterschiedliche Aufgaben zukamen: „Der Kaiser als Vogt und Schirmherr der Christenheit"[262] und der Papst als Pontifex Maximus. Sie beide waren geheiligte Personen. Der Bruch zwischen beiden wurde durch die sich gerade entwickelnde Theologie ermöglicht, weil sie sich den Unterschied zwischen „geistlich" und „weltlich" erarbeitet hatte.

In der Annahme der Reue des Kaisers konnte der Papst zwar den christlichen Herrscher wieder in die Kirche aufnehmen, aber nicht die verlorene Macht im Reich wiedererlangen, die musste er sich gegen die Reichsfürsten selbst erkämpfen.

Diesem ersten Schritt folgte Jahrhunderte später ein zweiter, als sich mit der Reformation eine Glaubensauffassung als Kirche durchzusetzen vermochte, die die gleichen Rechte beanspruchte wie die des Papstes. Die Folge war die für Europa traumatische Erfahrung der Glaubenskriege: „in Spanien unter Philipp II., im Reich in der dreißigjährigen Auseinandersetzung zwischen dem Kaiser und den Reichsständen, in Frankreich in den Hugenottenkriegen"[263].

Beide Schritte leiteten die Trennung der Kirche(n) von der politischen Herrschaft ein und machten die Religionsfrage zu einer Angelegenheit der Pazifisierung des entstehenden modernen Staates. Trotz der sich durchsetzenden Suprematie des Politischen blieben alle Herrscher und die Menschen ihrer Territorien in ein christliches Weltbild eingebettet und so Teil der Christenheit. Öffentlich zu erklären, dass man nicht glaube, blieb eine Unmöglichkeit, was sich im Verlaufe der Jahrhun-

---

262 Wolfgang Böckenförde; Die Entstehung des Staates als Vorgang der Säkularisation; In: Säkularisation und Utopie, Erbacher Studien, Ernst Forsthoff zum 65. Geburtstag, Stuttgart, 1967, Seite 44 f.

263 Ebd., Seite 49

derte nach der Aufklärung nur langsam änderte. So hatte noch der englische Philosoph John Locke die erklärten Atheisten von der staatlichen Duldung ausgeschlossen.

Dennoch wurde die kontinentale Aufklärung zum dritten Schritt in Richtung auf die Trennung von Religion und Politik. Beginnend mit den französischen Enzyklopädisten und der nachfolgenden Revolution verbreitete sich der Atheismus als eine anerkannte Lebenseinstellung von den literarischen Salons über die bürgerlichen Intellektuellen zu den Arbeiterbewegungen des 19. Jahrhundertes hin zum gegenwärtigen diffusen Nichtglauben, der sich teilweise im bewussten Kirchenaustritt äußert, den Papst Benedikt XVI. in treffender Weise eine Schwerhörigkeit nannte und den Jürgen Habermas mit dem Attribut „unmusikalisch" beschrieb. Wer dies heute öffentlich eingesteht, der kann nicht nur sicher sein, dass ihm nichts geschehen wird, sondern auch dass ihm Verständnis entgegengebracht wird.

Ein vierter Schritt geschah in den Laboratorien der Naturwissenschaftler in der Wende vom 18. zum 19. Jahrhundert, als die Naturforscher die Prinzipien des von den Arabern einst entwickelten Experiments konsequent anwandten und seine Resultate auf die Praxis des Alltags übertrugen. Gleichzeitig und sich wechselseitig beeinflussend veränderte sich der Handwerker vom Handwerksgelehrten zum planenden Ingenieur, der im zwanzigsten Jahrhundert seine Ausbildung an selbstständigen technischen Hochschulen erhält. Eines der Ergebnisse des ingenieurwissenschaftlichen Arbeitens war die Transportierbarkeit von Kraft in den Gestalten der Dampfmaschine und der Elektromotoren, die zu Gebrauchsgegenständen des Alltags wurden. Beide Entwicklungen ergaben sich aus dem systematisch experimentellen Arbeiten. Nun baut das Experiment auf einer innerweltlichen Erfahrung auf, die die reflexive Beobachtung auslöst; aus ihr wird dann die Hypothese abgeleitet, mit der das Zusammenwirken vorher definierter Faktoren vorausgesagt wird. Am Schluss steht die objektive Registrierung des Ergebnisses. Kein Ingenieur wird wie seine alchemistischen Vorgänger vor dem Auslösen eines experimentellen Vorganges eine transzendente Allmacht anrufen oder gleich Faust die Geister beschwören, um ein erwünschtes Ergebnis zu erhalten. Völlig selbstverständlich geht der Experimentator davon aus, dass auf den von ihm konzipierten experimentellen Ablauf nichts Anderes einwirkt als die von ihm beschriebenen Faktoren. Diese Haltung meint der Begriff des „methodischen Atheismus". Sie ist längst nicht mehr auf die Labors beschränkt, denn niemand, dessen Motor, sei es der seines Autos oder der häuslichen Waschmaschine, stehen bleibt, wird nach irgendwelchen Geistern fahnden oder die Hilfe eines Gelehrten beziehungsweise Geistlichen in

Anspruch nehmen, sondern vielmehr einen Fachmann rufen, der sich an die Reparatur begibt. Dies gilt unabhängig von der Kultur oder Religion zu der sich jener bekennt, der den Experten um Hilfe fragt.

Die Generalisierung des Grundsatzes des methodischen Atheismus führte zur Entzauberung der Welt, weil die Menschen vor allem ihren Alltag entmythologisiert erlebten. Hieraus erwuchs nicht nur im Raum der (Natur-)Wissenschaften die Illusion der Machbarkeit, die das Staunen über das Sein und das eigene Dasein verdrängte.

Man mag sich fragen, warum die Muslime in ihrer Mehrheit dem nicht folgten. Ein Grund dafür scheint mir in dem Umstand zu liegen, dass der Kern muslimischer Kontingenzbewältigung der Tauhid ist, zu dem Muslime sich durch die Schahada, „es gibt keine Gottheit außer Gott", in jedem der fünf täglichen Gebete bekennen. Dadurch wurde die strukturelle Theozentrizität des Islam zu keiner Zeit berührt. Selbst jene, die sich im Zuge der Missionsanstrengungen des radikalen Sozialismus Moskowiter Provinienz vom Islam ihrer Mehrheitsgesellschaft abwandten, gaben den Grundsatz des Tauhid nicht auf. In zahlreichen und häufig recht persönlichen Gesprächen bekannten sich Persönlichkeiten zu ihm, die einst durch Studiengänge der Universitäten des Ostblocks gelaufen waren. Mancher von ihnen reagierte verblüfft, wenn ich ihn fragend darauf hinwies, um mir dann meinen Befund zu bestätigen.

10.2 Vermarktung und Versorgung

Der methodische Atheismus ist auf diese Weise zu einem ubiquitären Phänomen geworden und die Welt ein Stück säkularer. Es war Jürgen Habermas, der darauf hinwies, dass im 19. Jahrhundert ein wirtschaftliches Denken sich an den experimentellen Erfolg ankoppelte. Das Experiment führte nämlich nicht nur zu neuen oder verbesserten Produkten, sondern zugleich zu deren erfolgreicher Vermark tung. Das Experiment diente damit nicht mehr allein dem u. U. abstrakten Erkenntnisgewinn, vielmehr in erster Linie dem finanziellen Aspekt. So unterblieb Forschung dann, wenn sich abzeichnete, dass es für ein Produkt keine hinreichende Käufergruppe geben würde. Patienten seltener Krankheiten klagen hierüber.

Die sich in diesem Kontext entwickelnde globale technische und zivilisatorische Führung Europas deklassierte alle historischen zivilisatorischen Bemühungen anderer Völker; und so entstand im Zusammenspiel zwischen kumuliertem Kapital, gezielt finanzierter Forschung einerseits und politisch gestütztem globalen Wettbewerb andererseits eine „erdrückende Umarmung“[264] der islamischen und anderen Mehrheitsgesellschaften.[265] Eine der Folgen ist der ständige Abzug der Intelligenz aus jenen Gesellschaften, über die die orthodoxen Kirchen im Nahen Osten ebenso klagen wie die dortigen Regierungen.

In diesem Prozess spielen die Kirchen in den europäischen Gesellschaften nur noch eine marginale Rolle, indem sie durch ihre langsam entstehenden Soziallehren die Verelendung der Massen aufzufangen versuchen. Außerhalb der Grenzen Europas legitimieren sie einerseits die Machtentfaltung der kontinentalen Mächte und nutzen andererseits ebenso diese Vormacht zur Mission. Die zivilisatorischen Mächte selber vermögen sie selber nicht mehr zu beeinflussen. Die Welt scheint sich selbst überlassen zu sein.

Ein fünfter Schritt entwickelte sich aus der christlichen *caritas*. Sie wurde zur Fürsorge des Landesherrn und des sich im achtzehnten Jahrhundert entwickelnden Staates. Es war der Bismarck, der als Reichskanzler die Sozialversicherung schuf, in deren Folge die privatwirtschaftliche Versicherungswirtschaft erwuchs. Das moderne Versicherungssystem löste zwei in der Vormoderne unsichere Zukunftsfragen, für die die Menschen immer wieder transzendentale Hilfe erbaten: zum einen die Vorsorge für Krankheit und Alter sowie zum anderen die Sorge, allen möglichen Unglücksfällen des Lebens hilflos ausgeliefert zu sein. Die Versicherung enthebt nicht allein der Zukunftssorgen, sondern entbindet weitgehend von der Verantwortung für das eigene Verhalten, so dass die Schuldfrage obsolet wird. Die allgemeine Pflicht zur Autoversicherung ist hierfür das beste Beispiel. Bei vielen Unfällen fragen die das Geschehen aufnehmenden Polizisten nicht mehr nach dem Schuldigen, sondern dem Verursacher und dessen Versicherung. Damit verschattet das Versichertsein einen spezifischen Aspekt der abrahamischen Gläubigkeit, nämlich den der Verantwortung. Sie wird in der letzten innerweltlichen Konsequenz zur Frage des Erwischtwerdens. Die Herausforderung einer eschatologischen Verantwortung geriet somit aus dem Blick.

Selbstverständlich verlief der Prozess der Umwandlung des kirchlich kanonischen Begriffes „Säkularisation“ zur „Säkularität“ als Lebens-

---

264 Ferdinand Krauss; Erdrückende Umarmung; Handelsblatt, 23. November 2006

265 Es würde den Rahmen der Überlegungen sprengen, ginge ich auf den sich im Anschluss an die Braudel'schen Überlegungen anbietenden Diskurs ein. Es sei daher auf die Trilogie verwiesen: Fernand Braudel; Sozialgeschichte des 15.–18. Jahrhundertes, Bd. 1–3, München, 1985

einstellung nicht so kommentarlos wie die Aufzählung der Faktoren, die ihn vorantrieben. Dennoch lässt er sich so nachträglich folgerichtig konstruieren, was niemanden dazu verführen sollte, von einem zielgerichteten Forschritt zu sprechen. Die eingangs angesprochene päpstliche Entscheidung in Canossa galt einer zeitbedingten Konfliktlösung ebenso wie die Bismarck'sche Initiative, eine Sozialversicherung aufzubauen.

In der Entwicklung zum gegenwärtigen Verständnis des Begriffes der Säkularisation spielt der Weg des Rechts, der Justiz zu einer eigenständigen gesellschaftlichen Kraft eine besondere Rolle. So wie der herausbildende Staat die allgemeine Toleranz durch sein Gewaltmonopol garantierte, sorgte er für ein unabhängiges Rechtssystem, dessen Normen nicht mehr der theologischen Begründungen oder kirchlichen Aufsicht bedurften, sondern sich aus dem innerweltlichen Diskurs der einzelnen Gesellschaft ergaben.[266]

10.3 Der religiöse Widerspruch

Das Gefühl der Menschen in der Gegenwart, zumindest in Europa, in einer säkularen Welt zu leben, wurde durch einen Konflikt aufgebrochen, der im Ereignis des 20. Juli manifest wurde, ohne dass der Aspekt der Säkularität in das Bewusstsein trat. Der Anspruch des Politischen über die Glaubensgemeinschaften, die Kirchen, war in den beiden europäischen Totalitarismen, dem Nationalsozialismus und dem Lenin'schen Bolschewismus, zur Religionsäquivalenz geworden oder, um Eric Voegelins Buchtitel zu benutzen, zur ‚Politische(n) Religion'[267]. Im Widerstand gegen diese den ganzen Menschen und seine Gemeinschaft beanspruchenden Totalitarismen fragten die Widerständler nach der Verantwortung und der sie bindenden Ethik. So schrieb Dietrich Bonhoeffer an einen seiner Freunde: „Wer hält stand? Allein der, dem nicht seine Vernunft, sein Prinzip, sein Gewissen, seine Freiheit, seine Tugend der letzte Maßstab ist, sondern der dies alles zu opfern bereit ist, wenn er im Glauben und in alleiniger Bindung an Gott zu gehorsamer und verantwortlicher Tat gerufen ist, der Verantwortliche, dessen Leben nichts sein will als eine Antwort auf Gottes

---

266 Friedrich Hauschildt, Udo Hahn; Kirche und Recht – theologische und juristische Annäherungen; Velk, Hannover, 2008

267 Hermann Lübbe; Religion und Politik nach der Aufklärung; unveröffentlichtes Vortragsmanuskript, 1999. Vgl. auch Eric Voegelin; Die politischen Religionen; Wilhelm Fink Verlag, München, 2003

Frage und Ruf. Wo sind die Verantwortlichen?"[268] Der Säkularität wurde ihre Grenze in der ethischen Verantwortung aufgezeigt.

Eine analoge Entwicklung zeigte sich in der Türkei, wo die revolutionären Regierenden den Gelehrten Said Nursi 1925 ins innere Exil zwangen. Er wurde ins anatolische Gebirgsdorf Barla verbannt. Dort schließlich angekommen, begann Nursi sich mit der Frage des Gerichtes auseinanderzusetzen.[269]

Dies geschah in Westeuropa ein zweites Mal, als in den siebziger Jahren des zwanzigsten Jahrhundertes die Gefährdungen aus den technologischen Entwicklungen in das allgemeine Bewusstsein traten. Das Stichwort jener Zeit war der Umweltschutz. In seinem Kontext tauchte der Slogan von der „Bewahrung der Schöpfung" auf, der sich mit der Verantwortung vor den kommenden Generationen verband.

10.4 Der Weg islamischer Länder

Diesen Gedanken gingen muslimische Wissenschaftler und Gelehrte in fast allen islamischen Staaten nach. Die 1981 gegründete saudische Umweltschutzbehörde erarbeitete eigene islamisch begründete Richtlinien,[270] die ein breites Echo fanden; die Islamic Educational, Scientific and Cultural Organization (ISESCO, Rabat) veranstaltete ein internationales Seminar in Brunei zum Problem des Erhaltes die Biodiversität[271]; und die iranische Führung setzte Teile der Revolutionsgarden in den Naturschutzgebieten ein. Am weitesten ging Sultan Qabous von Oman, der ein Gutachten für das Sultanat erstellen ließ und es konsequent bis zur Regulierung der Touristenzahlen umsetzte.[272]

Auch das islamische Denken setzte am Begriff der Verantwortung an: „Our freedom of choice, based on knowledge and intelligence, puts on us the added responsibility of caring for the rest of God's creation and

---

268 Dietrich Bonhoeffer; Widerstand und Ergebung; 15. Aufl., 1994, Seite 12

269 Sükran Vahide; Bediuzzaman Sais Nursi; Istanbul, 1992

270 Meteorology and Environmental Protection Administration; Environmental Protection in Islam; 2. Aufl., publiziert von IUCN, Cambridge (UK), 1994

271 ISESCO; Proceedings of the Regional Seminar on Conservation of Biodiversity; Rabat, 1999

272 Publikation der Botschaft des Sultanats Oman in Berlin

for those very resources of the nature which help all kinds of life on earth to stay alive."[273]

Den muslimischen Gelehrten wie dem schlichten Gläubigen blieb auf ihrem Weg in die Moderne stets bewusst, dass die Veränderungen des Alltags die Unverfügbarkeiten des Daseins[274] nicht allein berührten, vielmehr der Monotheismus des Islam den Menschen in ein besonderes Verhältnis zu ihnen stellt. Der abrahamische Gott blieb der alleinige Schöpfer, vor dem der Mensch, sein Geschöpf, sich zu verantworten hat. Hieran änderte weder die Attitüde des selbstverständlich gewordenen methodischen Atheismus etwas noch das von jeglicher Ethik scheinbar abgelöste kapitalistische Marktgeschehen; denn die für den Islam charakteristische Gebetssituation konfrontiert den Gläubigen fünfmal in 24 Stunden mit der geschaffenen Bedingtheit seiner Existenz und seiner Mitwelt. Um dies zu verstehen, muss man sich das Gebet des Muslims vergegenwärtigen.

Es beginnt mit dem bewusst gefassten Entschluss, sich zu reinigen, um zu beten. Unter lebenslaufpsychologischer Perspektive sollte die Reinigung als Entwicklung gesehen werden, die mit dem Waschen im Säuglingsalter beginnt, in das sich selber Waschen übergeht, um die Einsicht, dass man sauber betet, sich erweitert, und schließlich dazu führt, dass der erwachsene Gläubige sich in der Vorbereitung auf das Gebet um Reinheit bemüht. Erst im Übergang vom mittleren Lebensalter zur frühen Seniorität kann die Reinigung zur Katharsis reifen.

Wer einmal einen Tag im Vorhof einer orientalischen Moschee verbrachte und ältere Gläubige bei der Reinigung in allem Respekt zusah, der wird beobachtet haben, in welch tiefer Konzentration und Hingabe sich Menschen reinigen können. Christen würden hier bereits von einer gebetsartigen Handlung sprechen.

Nach Abschluss der Reinigung begibt sich der Gläubige zum Ort der Niederwerfung, an dem er das Gebet vollzieht, dem der bewusst gefasste Entschluß, nun beten zu wollen, vorausgehen muss.

Da die ganze Welt eine Moschee ist, darf der Muslim überall beten, solange der Ort selber sauber ist, als Ort der Niederwerfung gekennzeichnet und in seiner Achse auf das Haus Abrahams, die Ka'aba, ausgerichtet wurde.

---

273 Al-Hafiz B. A. Masri; Islam and Ecology; in: Fazlun Khalid, Joanne O'Brien; Islam and Ecology, Cassell Publisher Ltd., London, 1992, page IX

274 Herman Lübbe; Religion nach der Aufklärung; Verlag Styria, Graz, 2. Aufl., 1990, Seite 159

Da der Muslim sich vor nichts und niemanden niederwerfen darf außer vor Gott, außer dem es keine Gottheit gibt, räumen Muslime alles weg, was in der Gebetsrichtung steht, liegt oder herumläuft und als anbetbar betrachtet werden könnte.

Stehend, sich beugend, fallend und hingebend setzt sich der gläubige Mensch mit dem Zeugnis der Wahrheit Seines Seins in ein bekennendes Verhältnis zur Unverfügbarkeit seines eigenen Seins.

Religionswissenschaftler deklassieren diese Kontingenzbewältigung mitunter mit dem Begriff des Ritualgebetes. Sicherlich kann es das auch sein und wird es in der Routine des Alltags, aber wer diesen Gestus über Jahrzehnte durchhält und mit ihm durch die Wechselfälle des Lebens reift, für den hat sich die Gefahr der Ritualisierung aufgelöst. Sie ist der Reifungsaufgabe auf Seinen Frieden zu gewichen, dem der Gläubige sich niederwerfend hingibt.

Von diesem Grundgestus her mag verständlich sein, dass bei durchaus größerer Sympathie für den osteuropäischen Sozialismus und seine Wirtschaftsgedanken die islamischen Mehrheitsgesellschaften die eigentliche Ideologie des Lenin'schen Kommunismus nicht rezipierten. So führte auch der praktizierte methodische Atheismus nicht zu einer generellen säkularen Attitüde.

10.5 Warum zwei Wege?

Nun wäre zu fragen, warum sich innerhalb der politisch historischen Entwicklung der Weltgemeinschaft der Muslime, der Umma, nicht ein zumindest ähnlicher Konflikt entwickelte wie der zwischen Gregor VII. und Heinrich IV. Um diesem Gedanken nachzugehen, muss man sich der Entstehungsgeschichte dieser Gemeinschaft zuwenden. Sie beginnt mit dem Tode des Propheten, der in sich die Rollen des Offenbarungsträgers, politischen Führers und religiösen Oberhauptes vereinte. Obwohl die Offenbarungen mit einer letzten Aussage (5: 4), die Wochen vor seinem Tode gesprochen worden war, ihren Abschluss gefunden hatte, blieb Mohammed das religiöse Zentrum seiner Gemeinschaft. Mit seinem Tode entfiel diese Komponente, und es verblieben die beiden anderen Rollen, um die unter den Muslimen ein heftiger Streit entbrannte, weil Mohammed gemäß der Anschauung der sunnitischen Mehrheit keinerlei Nachfolgeregelung hinterlassen hatte.

Man mag sich vom heutigen Standpunkt aus fragen, welche Optionen die Gemeinschaft hatte. Es waren vier durchaus verschiedene:

(1.) Die Wahl eines Verwandten, was eine genealogische Lösung gewesen wäre;[275]

(2.) sich für den zu entscheiden, der sich durch Frömmigkeit und das Beherrschen der von Mohammed aufgestellten religiösen Vorgaben auszeichnete, was eine „theologische" Lösung geworden wäre;

(3.) nun war Mohammed seit seinem Eintreffen in Yathrib, dem späteren Medina an-Nabi, in die Rolle des politischen Repräsentanten und Führers seiner Gemeinschaft hineingewachsen, die er in bewundernswerter Weise ausgefüllt hatte, so dass die Gemeinschaft sich für den politisch Fähigsten hätte entscheiden können;

(4.) und es gab die Möglichkeit, sich an den Offenbarungen zu orientieren, die schon früh in Streitfragen die Beratung empfohlen hatten.

Man mag das Ringen der verschiedenen Gruppen um eine Lösung als Beratung interpretieren. Die historische Entwicklung wurde durch einen sehr menschlichen und schlichten Vorgang bestimmt. Als in der Öffentlichkeit der Prophetenmoschee Omar ibn Khattab auf Abu Bakr zuging und ihm seine Treue gelobte[276], muss dies einen Schneeballeffekt ausgelöst haben. Damit war keine der vier zuvor genannten Führungsprobleme gelöst, sondern dem Wunsch der Menschen Ausdruck gegeben, die Verhältnisse nicht zu verändern, denn Abu Bakr gehörte zu den frühen Gefährten des Propheten, war einer der engsten Vertrauten gewesen und sein Schwiegervater. Die Entscheidung fiel, um es in ein Schlagwort zu kleiden, für ein „Weiter-so". Dies galt auch für seine drei Nachfolger, Omar ibn Khattab, Uthman und Ali, wobei unter den beiden letzten gesellschaftliche Spannungen sichtbar wurden, die bei Uthman zum Aufstand führten und bei Ali zum Konflikt mit den Provinzgouverneuren, unter denen der Damaszener den offenen Konflikt wagte. In Siffin standen sich beide gegenüber. Nun stellt sich an dieser Stelle nicht die Frage, wer militärisch gewann, sondern wer sich politisch durchsetzte und sich damit als der politisch Erfolgreichere, Fähigere, erwies. Im Grunde genommen ging es in Siffin noch einmal um alle vier Optionen. Mit dem Rückzug Alis und der Machtübernahme durch den Gouverneur hätte es zu einer Zweiteilung von

---

275 Der Verweis auf die Genealogie umfasst drei verschiedene Optionen: (a) die Kernfamilie, (b) den Clan als Großfamilie und (c) den Stamm.

276 Man mag diesen Vorgang als fünfte Option betrachten. Sie wäre dann die gruppendynamische Lösung.

Religion und Politik kommen können. Diese Option entfiel spätestens mit der Ermordung Alis, so dass die politische Lösung der Nachfolge die religiöse Führung beanspruchen konnte.

Bemerkenswerterweise ging die Gemeinschaft einen anderen Weg. Sie entwickelte unabhängig von der Ausgestaltung der Rolle des Khalifen durch den Inhaber der Rolle zwei Expertenrollen, auf die der Khalif nur bedingt Einfluss hatte: die Rolle des Rechtsgelehrten *(qadi)* beziehungsweise des Richters *(faqih)*, und des Religionsgelehrten, des *alim*. Sie gewannen ihre öffentliche Autorität durch die Zuschreibung aus ihrer Umgebung.

Anfangs ernannten die Khalifen die Richter persönlich, was jedoch mit der Ausdehnung des Herrschaftsgebietes immer schwieriger wurde und später in die Hände jener politischen Kräfte überging, die in einer Region die tatsächliche Macht ausübten. Unter den beiden Gelehrtengruppen entwickelte sich eine gewisse Rangordnung, aber keine Hierarchie, die für die Umma insgesamt hätte bindend werden können. Dies gilt auch für die unterschiedlichen Rechtsschulen, von denen sich nur wenige über die Jahrhunderte hinweg zu halten vermochten. Wenn man will, dann ließe sich behaupten, dass sich mit der Herausbildung und Verfestigung der Rolle der Religionsgelehrten die Ausübung von Herrschaft, Politik, und die Ausübung der Religion in der Gemeinschaft voneinander trennten, so dass eine Art der politischen Säkularisation entstand; aber dem widerspräche der Umstand, dass sowohl Herrscher wie Beherrschte sich als *Res publica islamica* verstanden. Die denkbare Option zur Hierarchisierung war für die Muslime keine reale Option.

Zudem widersprach der Gebetsvollzug einem solchen Denkansatz. Die Aufgabe, ein Gemeinschaftsgebet zu leiten, steht grundsätzlich jedem religionserwachsenen Gläubigen zu; und die sich hinter ihm in Reihen aufstellenden Gläubigen stehen alle Schulter an Schulter auf dem nämlichen Boden. Zwar nehmen die sozial Hervorgehobenen für sich in Anspruch, in der ersten Reihe direkt hinter dem Vorbeter zustehen. Wenn jedoch jemand von ihnen zu spät kommt, dann macht niemand Platz für ihn. In der Moschee gibt es auch nicht den in Kirchen üblichen Mittelgang. Der sichtbare Egalitarismus vor Gott beschränkt Ansprüche.

An dieser Stelle gilt es den Gedankengang um zweier Bemerkungen willen zu unterbrechen, um den nicht-muslimischen Leser mit etwas vertraut zu machen, was ihm gänzlich fremd sein mag: der Orthopraxie und der Hierarchielosigkeit.

Gemäß einem Hadith sagte der ehrwürdige Prophet, dass die Religion das Verhalten sei. Der Muslim beschäftigt sich in erster Linie nicht mit theologischen Problemen, sondern mit der Frage, ob er noch auf Seinem geraden Weg - **sirat al-mustaqim** - sei, worum er in jedem Gebet mit den Worten der Eröffnenden, der Fatiha, bittet. Daher dominiert unter Muslimen die Sorge, etwas richtig zu tun. Das Urteil hierüber steht letztlich allein Ihm zu, aber der Gläubige bemüht sich, dem schönen Beispiel Seines Propheten in der Weise zu folgen, dass er sich korrekt verhält. Skrupulöse Einzelne können die „Imitatio Muhammedani" durchaus bis zur Obsession treiben. Und dennoch begleitet die Sorge, sich in rechter Weise zu verhalten, den Gläubigen sein Leben hindurch.

Die zweite Bemerkung gilt der Hierarchielosigkeit, die Europäer immer wieder irritiert, weil sie an die kirchliche Hierarchie gewöhnt sind. Mit der Ausbildung der drei Rollen - des Khalifen, des Gelehrten und des Richters - entstand eine bemerkenswerte Spannung zwischen der zwangsläufig hierarchischen Ordnung der staatlichen Verwaltung und dem egalitär strukturierten Netzwerk der Gelehrten.

Als Mohammed im siebenten Jahrhundert die Bühne der Welt mit dem Anspruch, Prophet zu sein, betrat, da sah er sich einer eigenartigen Szenerie gegenüber: Während die beduinischen Stammesgesellschaften des Inneren der arabischen Halbinsel einem Kult anhingen, der keine Eschatologie anerkannte, blickten die kleinen christlichen Gruppen und jüdischen Stämme auf eine über sechshundertjährige theologische Geschichte zurück, die sich in mehreren Kirchen entfaltet hatte.

Die Juden hatten im gleichen Zeitraum den Verlust ihres Glaubenszentrums, den Tempel zu Jerusalem, durch die Synagoge und die Skripturalisierung ihrer ehrwürdigen Texte kompensiert.[277]

Die Vorstellung einer Auferweckung und einer dann von den Menschen einzufordernde Verantwortung war unter den Beduinen jener Zeit nicht mehrheitsfähig. Ein Leben nach dem Tode hielten sie für eine „Fabel früherer Völker" (23: 83). „Damit leistete Religion für sie genau die aus anthropozentrischer Sicht finale Kontingenzbewältigung nicht"[278]. Diese Einstellung änderte sich im Laufe jener 23 Jahre, in denen Mohammed als Offenbarungsträger in die Stammesgesellschaft hineinwirkte. Im Grunde genommen gelingt ihm eine Kontingenzrevo-

---

277 Die Diskussion wurde von Bertram Schmitz in seinem Buch „Der Koran: Sure 2 ,Die Kuh'" aufgegriffen; Kohlhammer, Stuttgart, 2009

278 Ludwig Ammann; Die Geburt des Islam; Essener Kulturwissenschaftliches Institut, Wallstein Verlag, Göttingen, 2001,Seite 31

lution[279], die sich selbst auf die beiden bereits bestehenden Glaubensformen, die jüdische und die christliche, in der Weise berief, dass sie von sich sagte, sie führe auf den ursprünglichen Gestus des gemeinsamen Stammvaters Abraham zurück. Das Gespräch zwischen Juden beziehungsweise Christen und den Muslimen lässt sich, so auch Bertram Schmitz, in der zweiten Sure verfolgen.

Wenn auch die von beiden jeweils vertretene Theologie abgewiesen wird, so gibt es in den von Mohammed gesprochenen Offenbarungstexten keinen direkten Aufruf zu ihrer Bekehrung. Später, als das islamische Reich zahlreiche christliche Mehrheitsgesellschaften integrieren musste, entwickelten die Rechtsgelehrten dafür das Institut des Dhimmi, mit dem Juden und Christen und andere zu Schutzbürgern wurden, die von der Verteidigungspflicht ausgenommen waren, aber dafür eine Steuer zahlen mussten. Unter fast allen islamischen Herrschern nahmen Persönlichkeiten aus beiden Glaubensgemeinschaften hohe Positionen in Verwaltung und Politik ein.

Es bestand daher für die islamischen Herrschaftssysteme, Staaten, keine Notwendigkeit, für ihre Bevölkerungen ein zusätzliches Pazifizierungskonzept gleich der Toleranz zu entwickeln. Religiöse Unruhen waren zudem verständlicherweise selten.

Heiner Bielefeldt hat in seiner „Philosophie der Menschenrechte" darauf hingewiesen, dass beide Begriffe, der der Toleranz und der des Dhimmi, erst durch die Entwicklung der Menschenrechte überwunden worden sind, weil in ihnen der Begriff der Menschenwürde und ihre Einklagbarkeit über ein unabhängiges Rechtssystem eine neue Grundlage schuf,[280] das durch das Gewaltmonopol des sich weltanschaulich neutralisierenden Staates garantiert wurde und wird.

Von hierher lässt sich fragen, ob solche Gewinne der Leidensgeschichte Europas auch Gewinne für Menschen in anderen Kontexten sein können. Dem widersprechen Muslime heute grundsätzlich nicht mehr; womit sie jedoch Schwierigkeiten haben, ist, Aussagen gleichen denen der Menschenrechte und der aus ihr erwachsenden Verantwortung ohne jeglichen Bezug auf die Transzendenz zu sehen und der auf sie hin orientierten Verantwortung. Die Welt ist für den Muslim zu verantwortende Schöpfung.

---

279 Ebd., Seite 61: „Die Begründung eines staatsbildenden und erobernden dritten Monotheismus in Arabien bedeutet eine welthistorische Revolution."

280 Heiner Bielefeldt; Philosophie der Menschenrechte; Darmstadt, 1998

11 Das Bild vom Menschen

Je länger der politische Dialog zwischen muslimischen, christlichen und säkularen Europäern dauert, desto stärker drängt die Frage des Menschenbildes in den Vordergrund und mit ihr die Spannung zwischen der Option individueller Sinnbindung und innerweltlicher Ordnung. Mancher monologische Dialog und die zahlreichen Polemiken betonen, dass die Konzeptionen von kirchlich geprägtem Christentum und hierarchielosem Islam so konträr seien, dass es keinerlei Gespräch geben könne. Sie schlössen einander aus, was sich allein schon durch den abrahamischen Horizont, in dem beide ihre Standpunkte verorten, zumindest als problematisch erweist. Sein Zentrum ist die Annahme eines personalen (Schöpfer-)Gottes als einem transzendentalen Gegenüber, der sich durch Prophetie an seine Geschöpfe wendet, von denen er „am Ende der Zeit" Verantwortung einfordern wird, die nach Qur'anischen Aussagen das gesamte Handeln und Verhalten des Menschen erfassen wird.[281] Juden, Christen und Muslime fühlen sich daher an eine eschatologische Verantwortungsethik gebunden, die sich jedoch von jedem der drei Standpunkte aus in einer anderen und spezifischen Perspektive entfaltet.

Der Standpunkt des Muslims wird durch einen radikalen Monotheismus und den Qur'an als seinem Ort der Offenbarung definiert; - wenn auch nicht allein, denn ein jeder wächst mit einer bestimmten Sprache, Gesellschaft und Kultur heran, deren Narrationen, Symbolik und Höflichkeitssystem sein Weltbild mitbestimmen. Diese sattsam bekannte Aufzählung verschattet den Umstand, dass jegliche Kontingenzbewältigung, das heißt jeder Glaube, zur Gestaltung, al-Faruqi nennt es Figuration[282], drang und drängt. Sie formt das religiöse Verhalten im Jetzt des Bekennens und wird durch die Zeit hindurch zu Traditionen. Hinzu kommt, dass niemand heute im Mekka des siebenten Jahrhunderts heranreift.

Jene kleine Welt im Inneren der ariden arabischen Halbinsel ist für Muslime anderer Weltregionen eine fremde Welt, die man auch nicht durch gelegentliche Zoobesuche, Ferienaufenthalte oder Reisen in die Wüste - welchen Landes auch immer - in ihren existenziellen Dimensionen kennen lernt. Jene Europäer, denen dies auf Grund jahrelangen

---

281 Sure 99: 7 f.; siehe auch das Beispiel vom Blinden, den Mohammed abwies: 80: 1–10

282 Ismaul Raji al-Faruqi; Islam and other Faiths; International Institute of Islamic Thought; Herndon (VA), 1998, Seite 251

Miteinanders tatsächlich gelang, werden bis heute als Ausnahmen betrachtet: T. E. Lawrence, Annemarie Schimmel, Aman Hobohm oder Henry Corbin. Auch jungen Muslimen, die heute in urbaner Umgebung heranwachsen, muss man viele Bilder des ehrwürdigen Textes, die dem geographischen Raum des Hedjas entlehnt wurden, erst erklären, bevor sie inhaltlich verstanden werden, weil die pure Übersetzung des arabischen Textes nicht hilft. Was bedeutet zum Beispiel: Die Muslime sollten am Seile Gottes festhalten? Oder: Das Bild der rennenden Rosse, die Funken schlagen, am Morgen anstürmen und so inmitten (des Gegners) einbrechen? (Sure 100) An die Stelle des Taus oder des Bindfadens trat das Klebeband, während das Wort von den Pferdestärken eines Automotors nur noch von ferne an das eigentlich Gemeinte erinnert.

Unabhängig von einer aus einer fremden Landschaft stammenden Bilderwelt gilt der Wahrheitsanspruch des geoffenbarten Wortes, weil es etwas meint, dass über den zeitlichen, geographischen und kulturellen Bedingtheiten menschlicher Existenz steht. Dies gilt auch für historische Dimensionen.

Dennoch bleibt der Text selber als das Geoffenbarte für jeden Muslim unantastbar, was sich heute am informationstheoretischen Modell erläutern lässt: Die Umma geht davon aus, dass der Text von Gott dem Erhabenen an den Erzengel Gabriel gegeben wurde, der ihn ohne inhaltlichen Verlust an den Propheten weitergab; woraufhin dieser den Text ohne jegliche Veränderung an die Menschen gab. Wenn man diesen Prozess auf ein informationstheoretisches Modell überträgt, dann sieht er so aus:

Gott	→	Sender		
Engel	→	Empfänger/Sender		
Prophet	→	Empfänger/Sender	→	Empfänger Mensch

Auf dem Wege vom ursprünglichen Sender bis zum letzten Empfänger geht nach islamischer Annahme entgegen den weltlichen Erfahrungen üblicher Kommunikationsübertragung keine Information verloren.[283] Nun ist jegliche Information an einen Informationsträger gebunden, dessen Veränderung die Information selber berühren kann. Im Falle des dargestellten Prozesses ist es eine Sprache, die Sprache der

283 Das Problem der Skripturalisierung wird hier nicht diskutiert. Eine knappe Zusammenfassung lässt sich bei Farid Esack nachlesen: The Qur'an - a user's guide; Oneworld, Oxford (UK), Seiten 57 ff.

mekkanischen Bevölkerung des siebenten Jahrhunderts, an die der Qur'an anknüpfte, sie in dreiundzwanzig Jahren langsam veränderte und mit ihr für die Gegenwart des siebenten Jahrhunderts eine neue Wirklichkeit definierte (Toshihiko Izutsu).[284] Es war die Wahrheit des Tauhid, des einen (Schöpfer-)Gottes, des Erhabenen. Historiker mögen einwenden, dass der Monotheismus bereits über mindestens die sechs Jahrhunderte christlicher Existenz und durch die jüdischen Stämme auf der arabischen Halbinsel bekannt gewesen war, aber ohne die Chance, mehrheitsfähig werden zu können. Erst durch die Unbedingtheit des Tauhid setzte er sich durch.

Die in dieser Zeitspanne gesprochenen Offenbarungstexte begleiteten nicht nur den ehrwürdigen Propheten durch sein zumeist mühevolles Leben, sondern begleiteten gestaltend die entstehende Gemeinschaft. Folgerichtig sprechen moderne Gelehrte wie Farid Esack von einer „progressiven Offenbarung“[285]. Wenn man dies bedenkt, dann kann man mit Blick auf die von der Lebenslaufpsychologie vorgelegten Ergebnisse von im Qur'an enthaltenen Reifungskonzepten sprechen. Ordnet man nämlich die unterschiedlichen Aussagen zum menschlichen Leben gemäß diesen Ergebnissen, so lösen sich sogenannte Widersprüche, Abrogationen, auf, an denen sich feindliche Dialoge gerne festmachen. Ein idealtypischer Vorgang ist der des Alkohol-Verbots, wie ihn Farid Esack schildert[286].

Der Text lenkt die Aufmerksamkeit vom Genuss zur Problematisierung und schließlich zur Vermeidung, dem Verbot. Dies ist sowohl ein Weg des Lernens als auch ein Prozess des menschlichen Reifens, nämlich sich von etwas scheinbar Angenehmen zu distanzieren. Diese Fähigkeit setzt voraus, dass der Mensch lernfähig ist, wenn auch das Reifen weit über das reine Lernen als einem Speichern von Informationen hinausgeht, was am folgenden Beispiel des Verhältnisses der Geschlechter besonders deutlich wird.

Die hierzu relevanten Offenbarungstexte beginnen in Mekka, wo sie die Tötung weiblicher Säuglinge verbieten:

> „[…]und wenn das Mädchen, das verscharrt wurde, gefragt wird, wegen welcher Sünden es denn getötet wurde, […] dann wird jeder erfahren, was er hervorgebracht hat.“ (81: 8)

---

284 Toshihiko Izutsu; God and Man in the Koran - Semantics of the Koranic Weltanschauung; Reprint, University of Illinois, 1998

285 Farid Esack; Qur'an, Liberation & Pluralism; Oxford (UK), 1997, Seite 54

286 A. a. O., Seite 59

Später wird dann gesagt:

> „Glaubt der Mensch etwa, unbeachtet gelassen zu werden? War er denn nicht ein Tropfen ausfließenden Samens? Dann war er (als Embryo) ein sich Anklammerndes, und so schuf Er ihn und formte ihn und machte aus ihm Mann und Frau als Paar."

In Medina hieß es dann:

> „Oh ihr Menschen! Fürchtet euren Herrn, der euch aus einem (einzigen) Wesen erschuf, aus ihm seine Gattin erschuf und aus ihnen beiden viele Männer und Frauen entstehen und sich ausbreiten ließ." (4: 1)

Im nächsten Schritt werden die Menschen aufgefordert über den Charakter ihres Miteinander nachzudenken: „Und es gehört zu seinen Zeichen, dass Er euch aus euch selbst Gefährten erschaffen hat, damit ihr ihnen beiwohnet. Und Er hat Liebe und Barmherzigkeit zwischen euch gesetzt. Darin sind Zeichen für Leute, die nachdenken." (30: 21)

Diese Textstelle enthält zwei problematische Stellen, auf die erst muslimische Feministinnen hinwiesen. Die Übersetzerinnen um die Hamburgerin Fatima Grimm übertrugen den arabischen Dual „azwadschan" mit dem im Deutschen geschlechtsneutralen Begriff der Gefährten, während patriachale Übersetzer, die sich am Alten Testament orientieren, das Wort Gattinnen oder Frauen verwenden.

Der Einwand, dass die Formulierung „aus euch selber" allein auf die Frauen verweise, scheint mir unschlüssig, da der männliche Samen im Manne produziert wird. So erzeugen beide aus sich ihre Nachkommenschaft.

Die zweite unterschiedlich übertragene Stelle ist die, in der es um den Begriff der Barmherzigkeit geht, hier meinen manche Übersetzer, dass es besser sei, für das arabische Wort den deutschen Begriff der Zärtlichkeit zu verwenden.

Zumindest wird hier vom Menschen ein qualitativer Schritt gefordert; nämlich von der Einsicht, dass die Geschlechter gleichrangig und -wertig sind, hin zur Liebe als der grundlegenden Form des Miteinanders, die ihren Ausdruck in Barmherzigkeit und Zärtlichkeit findet.

Wer die Gefahren obzessiver Liebe zumindest aus der Literatur oder der Psychopathologie kennt beziehungsweise von ihr gehört hat, der wird mit Erstaunen die abschließende Offenbarung lesen, die die Liebe im Kontext der Fastenzeit thematisiert, also in den Tagen, da die Muslime sich ganz auf Ihn, den Erhabenen, konzentrieren. In dieser Zeit werden von den Frommen nicht nur zusätzliche Gebete verrichtet, sondern an jedem Tag wird ein festgesetzter Abschnitt des Qur'ans rezitiert. In muslimischen Mehrheitsgesellschaften engagieren Stadtviertel oder Wohlhabende renommierte Rezitatoren, die die gesamte Nacht hindurch vortragen.

In diesen Kontext ist die folgende Offenbarung hineingesprochen:

> „Erlaubt ist euch, in der Nacht während der Fastenzeit Umgang mit euren Frauen zu haben. Sie sind eine Bekleidung (Schutzumhang) für euch, und ihr seid eine Bekleidung (Schutzumhang) für sie." (2: 187)

Hier wird ein Ideal entworfen, dass in seiner Tiefe wohl noch nicht ausbuchstabiert worden ist, das jedoch an den Entwurf des griechischen Mythos von Philemon und Baucis erinnert. Im Grunde genommen handelt es sich um zwei Reifungsmodelle: Während der griechische Mythos den gemeinsamen Tod in Harmonie anstrebt, denn darum bitten die beiden Alten ihren Gast Zeus, lenkt der Qur'anische Text den Blick auf Harmonie im Zeichen von Liebe und wechselseitiger Barmherzigkeit mit dem Ziel einander Schutz zu werden.

In ruhigeren Zeiten als den unseren wäre es wohl unnötig darauf hinzuweisen, dass nur wenige Ehepaare ihre Beziehungen in der Weise haben reifen lassen, wie es der Qur'an einfordert. Dies gilt leider auch für die Herausforderungen der Bergpredigt beziehungsweise entsprechender Aussagen im Judentum. Die Wirklichkeit patriarchaler Gesellschaften hat sich bisher wenig um diese Herausforderung gekümmert.

Das Konzept, welches in beiden Beispielen sichtbar geworden ist, verweist auf die Idee des lernenden Reifens als Herausforderung eschatologischer Verantwortungsethik. Die Voraussetzungen wurden hierfür im Schöpfungsakt selber gesetzt. Um dies zu sehen bedarf es einer für manche Hörer beziehungsweise Leser der Offenbarungstexte ungewohnten psychologischen Reflexion.

Sie beginnt mit den Ayat 30 bis 33 der Sure 2. Dort heißt es:

> „Und als dein Herr zu den Engeln sprach: ‚Siehe, Ich will auf der Erde für Mich einen Sachwalter einsetzen', da sagten sie: ‚Willst Du auf ihr einen einsetzen, der auf ihr Verderben anrichtet und Blut vergießt? Wir verkünden doch Dein Lob und rühmen Dich.' Er sprach: ‚Siehe, Ich weiß, was ihr nicht wisst.' Und er lehrte Adam aller Dinge Namen; dann zeigt Er sie den Engeln und sprach :‚Nennt mir die Namen dieser Dinge, wenn ihr wahrhaft seid.' Sie sagten: ‚Preis sei Dir, wir haben nur Wissen von dem, was Du uns lehrst; siehe, Du bist der Wissende, der Weise.' Er sprach: ‚Oh Adam! Nenne ihnen ihre Namen.' Und

> als er ihnen ihre Namen genannt hatte, sprach Er: ‚Sagte Ich euch nicht: Ich kenne das Verborgene der Himmel und der Erde, und Ich weiß, was ihr offen tut und was ihr verbergt.'"

Ausgehend von der Hypothese, dass es keinen Gegensatz zwischen den Aussagen des Qur'ans und wissenschaftlichen Arbeitsergebnissen gibt, lässt sich die Ausstattung des Menschen, Adams, so beschreiben: Zur Erfüllung seiner Aufgaben als Stellvertreter oder Sachverwalter, Khalifa, erhält der Mensch die Fähigkeit zu sprechen, so dass er die Dinge der Schöpfung, der Welt, verbal wie denkerisch zu identifizieren vermag; gleichzeitig bekommt er ein Gedächtnis, durch das er das einmal Benannte wiederzuerkennen vermag, wodurch er zum selbstständigen Denken befähigt wird. Und als vierter Faktor kommt die Lernfähigkeit hinzu. Um diese intelligiblen Faktoren einsetzen zu können, bedarf es einer kaum zu unterschätzenden Fähigkeit, nämlich im Wirrwarr der Signale an den Rezeptoren des Körpers von der Retina im Auge bis zur Regio olfactoria der Nase Gestalten ausmachen zu können. Welch ein hochkomplexer Prozess dieses ist, zeigen die Resultate der Gestaltpsychologie sowie der Neurologie.

Im Lernakt des Erlernens der Wörter wird dies kommentarlos vorausgesetzt. Und es gilt ein Weiteres zu bedenken. Ein so ausgestattetes Wesen ist doch erst zum Verstehen und zur Vernunft fähig, an die der Text wieder und wieder appelliert.

Wenn man von den genannten Grundfähigkeiten her den sich anschließenden Text liest, so muss man die Absichtserklärung vom Anfang mit bedenken, das heißt, vom Begriff des „Khalifen".

Nach einer kurzen Reflexion auf das Scheitern des Engels Iblis fährt der Text nämlich mit den Worten fort:

> „Und Wir sprachen: ‚Oh Adam! Du und deine Frau bewohnt den Garten und esst von ihm in Hülle und Fülle, wo ihr wollt; aber naht nicht jenem Baume, sonst seid ihr Übeltäter'. Aber Satan ließ sie straucheln und vertrieb sie von wo sie weilten. Und Wir sprachen: ‚Fort mit euch! Der eine sei des Anderen Feind. Doch auf Erden sollt ihr eine Wohnung und Nießbrauch auf Zeit haben.' Und Adam empfing von seinem Herrn Worte und Er nahm seine Reue an; denn siehe, Er ist der Vergebende, der Barmherzige." (2: 35–37)

So folgt auf die Lernaufgabe der Orientierung in der Welt, der Schöpfung, die abstrakte Herausforderung, nicht nur gesetzte Grenzen zu erkennen, sondern zugleich deren Verletzung als Sünde, die durch Reue kompensiert werden kann, wenn der Schöpfer sie annimmt. Sündiges Verhalten ist kein Gegenstand gleich einem Stuhl oder einer Tasse. Vielmehr gewinnt dieses Verhalten erst dadurch Gestalt, dass es durch einen „Namen" identifiziert wird.

Der Khalifa lernt also, dass ihm und seiner Aufgabe Grenzen gesetzt sind, deren Begründung in der Bedingtheit des Schöpfungsaktes selber liegt.

Angesichts dieser Herausforderung wird der Mensch zum ethischen Handeln fähig. Erst jetzt tauchen im Text die Begriffe der Furcht und der Rechtleitung auf (2: 38):

> „Wir sprachen: ‚Fort mit euch allesamt! Und wenn zu euch Rechtleitung von Mir kommt, wer dann meiner Rechtleitung folgt, über die soll keine Furcht kommen, und sie sollen nicht traurig sein. Wer aber nicht glaubt und Unsere Zeichen verleugnet, die sollen Bewohner des Feuers werden; darin sollen sie ewig weilen!'"

Damit wird die Ethik des Menschen in eine grundsätzliche eschatologische Dimension gestellt. Aber erst die strikte Trennung von (ordnungs-)politischem Handeln und der Sphäre des Glaubens in der Moderne machte bewusst, dass es für die eschatologisch-ethische Verantwortung keine Begrenzung gibt. Deswegen haben weder der Baum noch die Frucht im Text einen Namen, noch wird die Rechtleitung adjektivisch beschränkt. Der Khalifa ist schlechthinnig verantwortlich. Dies gilt auch für seine Freiheit, wie Mohammed Talbi in seiner Diskussion von 33: 72 zeigte.[287] Dort heißt es:

> „Siehe, Wir boten die Verantwortung [im arabischen Text steht das Wort „amana", d. Verf.] den Himmeln und der Erde und den Bergen an, doch weigerten sie sich, sie zu tragen, und schreckten davor zurück. Der Mensch lud sie sich jedoch auf; denn er überschätzt sich und ist eingebildet."

Der entscheidende Gestus in diesem Abschnitt ist, dass der Schöpfer etwas seiner Schöpfung anbietet und nicht aufzwingt oder den Menschen zur Übernahme verpflichtet. Es ist die *amana*, die er offeriert, was häufig recht oberflächlich mit Vertrauenspfand übertragen wird. Talbis Analyse kommt zu dem Ergebnis, dass *„die amana etwas ist, das notwendig gegenseitiges Vertrauen, Loyalität, Treue, Glauben und willentliche und freie Zustimmung verlangt."*[288] In einer Anmerkung verweist der Gelehr-

---

287 Mohammed Talbi; Religionsfreiheit - Recht des Menschen oder Berufung des Menschen; in: Johannes Schwartländer; Freiheit der Religion; Matthias Grünewald Verlag, Mainz, 1993

288 Ebd., Seite 242

te auf den hebräischen Ursprung des Wortes, wo *amana* „bewahre den Glauben“ meint. Und so übersetzt er den Text in folgender Weise:

> „Wir haben al-Amana den Himmeln, der Erde und den Bergen angetragen. Sie aber weigerte sich, sie zu tragen, und waren erschrocken davor. Der Mensch aber war bereit, sie auf sich zu nehmen. Wie sehr neigt doch der Mensch von Natur zu Frevel (zalum) und Torheit (gahul).“[289]

Mit Recht betont Talbi, wie kommentarlos der Schöpfer die Zurückweisung seiner Schöpfung respektiert und zugleich dem nicht gefragten Menschen, der da freiwillig will, die Verantwortung zugesteht *„das Absolute Gottes zu bewahren und zu bezeugen.“*[290] Und so steht der Mensch in der circadianen und annualen Rhythmik seines Lebensortes fünfmal am Tag vor der Entscheidung, Zeuge, *shahida*, des Einen zu sein, in dem er sich zu Ihm anvertrauend bekennt, das heißt das Gebet vollzieht. Er tut dies im Angesicht der leeren Wand auf das Haus Abrahams zu, ohne es selbst, sondern Ihn zu meinen.

Freiheit

Hieraus ergibt sich ein schwieriges Verhältnis zum Begriff der Freiheit, den wir Europäer so mühselig und opferreich erstritten. Der Muslim ist zwar zum Gebet, so er ein in Gott Ergebener sein und bleiben will, verpflichtet, aber der Akt der Absichtserklärung, die *niya*, und der Akt des Credo ist fünfmal in 24 Stunden ihm zur Entscheidung überlassen. Ihre Bedeutung geht normalerweise in der Routine der Orthodoxie unter. Manchem wird sie auch erst im Dialog mit den Christen bewusst, denn diese kennen das Institut der Niyya nicht. Sie sprechen das Credo gemeinschaftlich laut. Der Muslim schweigt. Seine Entscheidung fällt allein zwischen ihm und seinem Schöpfer, Gott, dem Erhabenen. Der Mensch ist hier zutiefst selbstbestimmt. Allein in dem Augenblick, da der Mensch die Absicht fasst, konstituiert er sich als Geschöpf und macht die Welt zur Schöpfung, in der er als Khalifa in eschatologisch orientierter Verantwortung handelt. Um die Freiheit solchen Handelns zu sichern, hat die *Umma* die *Schari'a* entwickelt; um sie jedoch in der realen Welt der menschlichen Gesellschaft oder, wie es im Qur'an heißt, in der Wirklichkeit der Völker und Stämme zu sichern, bedarf es der konstitutionellen Absicherung durch die Menschenrechte, deren Justiziabilität den Menschen allerdings nicht von der eschatologischen Verantwortung freisetzt, denn der Qur'an sagt:

---

289 Ebd., Seite 252f.

290 Ebd., Seite 253

> „Und wer Gutes (auch nur) im Gewicht eines Stäubchens getan hat, wird es sehen. Und wer Böses (auch nur) im Gewicht eines Stäubchens getan hat, wird es sehen.“ (99: 7f.)

Nicht umsonst mahnt der Qur'an immer wieder, dass seine Aussagen etwas für jene seien, die nachdenken. … sapere aude.

Mit Recht griff daher Burhanettein Tatar in seinem Beitrag zur Sozialethik im Islam das Beispiel des Blinden auf. Mohammed war in einem Gespräch mit einem der führenden Männer in Mekka vertieft, als ihn ein Blinder ob eines Problems mit der Offenbarung ansprach. Er wies ihn wohl barsch ab. Worauf er nach Berichten durch eine Offenbarung sogleich abgemahnt wurde:

> „Er runzelte die Stirn und wandte sich ab, weil der Blinde zu ihm kam! Doch bei allem, was du wusstest, er wäre vielleicht an Reinheit gewachsen oder er hätte (an die Wahrheit) erinnert werden können und ihm hätte durch diese Erinnerung geholfen werden können.
>
> Was nun den angeht, der sich für selbstgenügsam hält. Ihm hast du deine ganze Aufmerksamkeit gegeben, obwohl du nicht verantwortlich bist für sein Versagen, Reinheit zu erlangen, aber was den angeht, der voller Eifer zu dir kam und in Ehrfurcht (vor Gott), den hast du missachtet!“[291]

Dem Propheten wurde so bewusst, dass es kein verantwortungsfreies Handeln gibt. Aber,

> „obwohl im Sozialverhalten des Koranes die wohl größte Betonung auf ‚Gerechtigkeit‘ liegt, gibt er an keiner Stelle einen direkten Hinweis, was Gerechtigkeit [an sich, d. Verf.] ist. Während er die Menschen immer wieder dazu aufruft, sich der Ungerechtigkeit zu enthalten, so spricht er davon, dass allein Allah weiß, was am richtigsten (gerechtesten) ist. Während er darauf verweist, dass die Sicherung gesellschaftlicher Solidarität von kritischer Bedeutung für die Gründung von Gerechtigkeit ist, teilt er auf der anderen Seite mit, dass der Unterschied zwischen Arm und Reich beziehungsweise die Ungleichheit von Gottes Willen abhängt. Er legt kurz gefasst nahe, dass der Gedanke der Gerechtigkeit nicht bedeutet, Gleichheit herzustel-

291 Sure 80 *ayat* 1–10

len. Unter diesen Bedingungen ist Solidarität immer eine zwischen Ungleichen."[292]

Wenn ein Muslim die Theozentrizität über Jahrzehnte, ein Leben durchhält, dann verändert sich das Zeugnis und die Amana wird zur Reifungsaufgabe seines Seins. Durch sie gewinnt seine unantastbare Würde an Tiefe. Auch hier gilt es festzustellen, dass diese Option des Reifens nur von einzelnen Persönlichkeiten realisiert wurde und wird. Es ist immer wieder beeindruckend zu erfahren, dass sich solches Reifen gänzlich unabhängig von soziologischen Bedingungen vollzieht.

So haben sich Dietrich Bonhoeffer und Alfred Delp unter den Belastungen der beiden Totalitarismen, des Nationalsozialismus und des bolschewistischen Kommunismus, ebenso reifend verändert wie der türkische Reformer Said Nursi und der marokkanische *amir al-muminun*[293]. Die Umma hat in ihren Bruderschaften solche Persönlichkeiten immer wieder zu ihren geistlichen Führern gewählt, wie den außerhalb der Umma so häufig inkriminierten Scheich. Der Begriff des „Wählens" ist im Grunde genommen nicht ganz korrekt, weil man es in Europa mit einem bestimmten demokratischen Prozedere verbindet. Die Muslime handeln zwar so, aber ohne den Wahlakt selber zu thematisieren. Im Zentrum ihrer Wahlentscheidung steht etwas, was man im europäischen Kontext die Autorität des Anderen nennen würde. Der heute an der UCLA lehrende Abu Fadl hat die Frage dieser Autorität in seinem Buch „Speaking in God's Name" in all ihrer Problematik diskutiert. Er unterscheidet streng zwischen der institutionellen, moralischen und autoritären Autorität eines Gelehrten beziehungsweise geistlichen Führers. Angesichts eines so offenen Texts wie dem der Offenbarung muss man eben nicht nur die Historizität jedes Urteilenden bedenken, sondern zugleich dessen Stellung und Beziehung zu dem, der ihn um Auskunft hinsichtlich des rechten Verständnisses des Textes ersucht, um sicher zu sein, dass er sich auf dem geraden Weg, dem *serat al-mustaqim*, befindet.

Da sich der normale Gläubige mit der Exegese, dem Tafsir, häufig überfordert fühlt, wendet er sich an einen anderen Gläubigen seines Vertrauens. In islamischen Mehrheitsgesellschaften ist es heute, man kann auch sagen normalerweise, ein Gelehrter, der durch die dort be-

---

292 Burhanettin Tatar; Freiheit, Solidarität und gerechtigkeit - Die Sozialethik des Islam und des Christentums; in: Konrad-Adenauer-Stiftung; Der Islam und das Christentum, ohne Jahr.

293 In Europa wird der marokkanische Widerstand gegen die französische Kolonialmacht allein politisch interpretiert und nicht unter Berücksichtigung der religiösen Funktion Mohammed V. als *amir al-muminun*.

stehenden Institutionen ausgebildet worden ist. Es kann jedoch auch jemand sein, der die *igaza*, die Lehrerlaubnis, durch einen Scheich zum Beispiel einer mystischen Bruderschaft erhielt, dessen Schüler er für viele Jahre war. In beiden Fällen vertraut der Gläubige auf die Kompetenz und Ernsthaftigkeit des Bemühens des Betreffenden, ein Urteil zu finden. Allein dies ist ein Akt der Zuschreibung und nicht der Gewissheit. Dem Frommen sind solche Überlegungen fremd. An einem Hoca, Lehrer, mäkeln nur jene, die sowieso nicht mehr beten.

In diesem Kontext ist eine Interpretation Abu Fadls interessant, der den Aya 74: 31 interpretierend so übersetzt: *„No one can know the soldiers of God except God" (wa ma ya'lamu jumuda rabbika illa huwa)*. Andere Übersetzungen nehmen anstelle des Wortes Soldaten den Begriff der Heerscharen oder *forces*. Allein mit dem Begriff des ‚Soldaten' wird die Option eröffnet, darüber nachzudenken, wer denn Gottes Soldat sei. Nun, gemäß dem Text kennt sie allein Gott. Der Gläubige wird daher durch eine Auskunft nicht hinsichtlich seiner Verantwortung für sein Handeln entlastet, sondern er muss sich höchstpersönlich entscheiden, welchen Weg er nehmen will - ob den steilen oder den bequemen:

> „Haben Wir denn nicht für ihn zwei Augen gemacht und eine Zunge und zwei Lippen, und ihm beide Wege gezeigt? Und doch nimmt er nicht den steilen Weg! Und was lässt dich wissen, was der steile Weg ist? Die Freilassung eines Gefangenen! Oder während der Hungersnot zu speisen - eine verwandte Waise oder einen Armen, der im Staub liegt. Dann wird er zu denen gehören, die glauben und zu Geduld und Barmherzigkeit mahnen: Das sind die Gefährten der Rechten." (90: 8–18)

Der Gläubige wird hier aufgefordert, diesen steilen Weg zu leben. Solch Handeln vor Gott entspricht nicht dem Slogan der Werbebranche, dass man Gutes tun solle und darüber reden. Wenn aber ein Gläubiger in solch stiller Weise seine Gläubigkeit im Alltag lebt und seinen Mitmenschen hilft, indem er ihnen auf die Frage, was zu tun sei, etwas Vernünftiges rät, dann wird ihm nach einer Weile von seiner Umgebung Autorität zugeschrieben. Und es werden andere Gläubige kommen, um ihn zu fragen, ob sie seine Schüler werden dürfen. Dies ist der typische Weg einer lokalen Autorität. Wenn sich eines Tages andere Gelehrte bei ihm erkundigen, um schließlich seinen Reden zu folgen, dann kann dieser Gelehrte durch die Zahl zunehmender Zuschreibungen zu einer überregionalen Autorität heranwachsen.

Der Weg in den Massengesellschaften der Moderne verläuft anders. Hier gewinnt man als Muslim seine Stellung durch ein Fachstudium und macht anschließend Karriere, über die eine Position erlangt wird, der die Allgemeinheit Autorität zuschreibt. Nur, theologisch verbindlich und, um einen christlichen Begriff zu verwenden, heilsgewiss kann weder seine Empfehlung noch die eines Scheichs sein. Und Professor Khaled Abou El Fadl fügt hin zu: „In addition, potentially every Muslim may be the bearer of God's truth. Consequently, it is this notion of individual and egalitarian accessibility of the truth that results in a rich doctrinal diversity in Islam"[294]. So haben an dieser Stelle Muslime stets gerne ihren ehrwürdigen Propheten zitiert, der gesagt hat, dass die Meinungsvielfalt in seiner Gemeinschaft eine Gnade sei.

Der Blick auf die Realität vor Ort zeigt ein differenzierteres Bild, denn die Gemeinschaft der Muslime, die Umma, entwickelte nicht nur vier sunnitische Rechtsschulen und eine schiitische, sondern verfügt über regionale Traditionen, die das Bild des Islam an einem bestimmten Ort prägen. Jeder islamische Gelehrte lebt in diesem vorgegebenen Rahmen. Annemarie Schimmel schrieb einmal, dass es so viele Islam(e) gäbe, wie Kulturen den Islam aufgenommen hätten. Auf diese Weise besteht die Vielfalt zwischen den Gruppen, aber kaum die Freiheit des Einzelnen, die herauszuarbeiten Gelehrte wie Individuen aufgefordert sind. Viele Muslime in patriachalen Gesellschaften vermeiden das Wagnis freier Entscheidung, mit dem sie die Toleranz ihrer Mitwelt überfordern würden, und vertrauen lieber auf eine gesellschaftlich anerkannte Autorität. Daher befolgen sie deren Empfehlung, deren *Fatwa*. Dieses Verhalten nennt man „Taqlid", das Befolgen der Empfehlung eines Gelehrten. Die Mehrheit der frommen Arbeitsemigranten der ersten Generation fragten auf Grund des Mangels von Gelehrten in Europa ihre Gelehrten in der Heimatregion, so dass sie Empfehlungen von jemandem erhielten, der Europa von außen sah.

Die europäischen Muslime und zunehmend jene, die in den hiesigen Gesellschaften, Bildungssystemen und Kulturen heranwuchsen, erleben die Spannung zwischen dem, was ihnen von außen gesagt wird, und ihrer Lebenswelt. Das beginnt bereits mit den in der Türkei und für türkische Schüler dort erarbeiteten Schulbüchern, die im muttersprachlichen Unterricht als Lehrbücher verwandt werden. Während die einen den Konflikt durch einen Rückzug auf die Kernaussagen des Islam - Qur'an, Mohammed, fünf Säulen - zu lösen versuchen, ringen Intellektuelle um die im Qur'an ihrer Meinung nach enthaltene Option eines Freiheitsethos, der progressive Denker nachspüren. Dabei ist die

---

294 A. a. O., Seite 9

Frage der Hermeneutik nur eine unter anderen, in denen jenes Ethos im Hintergrund steht.

Es war und bleibt so lange verschattet, wie Muslime um die Gewissheit, auf dem geoffenbarten geraden Weg zu sein, ringen und dazu im Taqlid zu welcher Autorität auch immer verharren. Auf die Frage, warum der Einzelne sich nicht vom Taqlid löse, hört man immer wieder die Antwort, dass im ehrwürdigen Qur'an der ehrwürdige Prophet den Muslimen als schönes Vorbild genannt wird. So wie die damaligen Muslime seinen Empfehlungen folgten, folge man nun denen der Gelehrten. Dabei wird durchweg übersehen, dass Mohammeds Frauen und Zeitgenossen mit ihm diskutierten.[295] Er hat sich aber auch selbst in vielen Situationen beraten lassen, in denen es um die Existenz seiner Gemeinschaft ging, wie etwa bei den Verhandlungen zwischen ihm und den Mekkanern in Hudaibiya.

In all diesem Ringen um aus dem einstigen Geschehen unter den Bedingungen der jeweiligen Gegenwart des Gläubigen und seinen historischen Erfahrungen das zu erkennen, was die Relativität übersteigt, gibt es etwas, das den Muslim zutiefst mitbestimmt: das Gebet. Es ist nach dem Zeugnis der Wahrheit des *„Einen"* die zweite Säule des Islam, dessen anthropologische Bedeutung selten beachtet wird, weil die Gebetsrichtung auf das Numinose dominiert. Christliche Beobachter disqualifizieren es meist mit dem Begriff des Ritualgebetes. Dabei werden die Faktoren vernachlässigt, die den Gestus bestimmen, wodurch das anthropologische Element übersehen wird.

Schon bei der ersten Annäherung an das komplexe Geschehen des muslimischen Gebetes gilt es festzuhalten, dass, wenn es im Mythos der Einheit der Muslime einen zur Realität korrespondierenden Augenblick gibt, es das Gebet ist. Jenseits aller rechtsschulischen Differenzen bei der Reinigung oder beim Vollzug des Gebetes gehorchen alle Muslime der von Mohammed vorgetragenen Offenbarung, die die Pflicht zum Gebet setzt. Muslime mögen es vernachlässigen oder nicht mehr vollständig einhalten oder auch gänzlich verdrängen, aber der Gestus des Gebetes ist ihnen ebenso wie das Zeugnis des Tauhid Ausdruck ihrer selbst.

Während für Christen das klassische Gebet mit der Anrede „Vater unser" beginnt, beginnt es für den Muslime mit der bewusst gefassten Absicht *(niya)*, sich reinigen zu wollen, denn nur nach der bewusst vollzogenen Reinigung gilt das Gebet. Daher ist der von außen be-

---

295 Fatema Mernissi; der politische Harem - Mohammed und die Frauen; Herder - Spektrum Nr. 4104, Freiburg im Breisgau, 1992

obachtbare Waschvorgang nicht identisch mit dem Gestus des Sichreinigens, denn der Gläubige meint sich vor Gott zu reinigen, um sich danach im gereinigten Zustand an Ihn, den Erhabenen, zu wenden.

Nun ließe sich mit dem lapidaren Satz fortfahren: Nach dem Waschen folgt das Gebet. Dies ist gemäß den Denkgewohnheiten und Traditionen Europas richtig und dennoch inkorrekt, weil nach christlicher Gebetspraxis das Waschen und das Gebet kaum etwas miteinander zu tun haben. Es sind zwei verschiedene Handlungen. Wie tief beides zusammengehört, wird deutlich, wenn man Muslime in ariden Gebieten beobachtet, wo sie zum Sande greifen, um sich zu reinigen. Und Muslime, die der Folter der Gehirnwäsche ausgesetzt waren, berichten, dass sie sich in nacktem Zustand in der Einzelzelle in Gedanken reinigten. Man kann einfach nicht ohne den Willen zur Reinheit vor Ihn, den Erhabenen, treten.

Und wenn der Muslim vor Ihm steht, dann hat er sein Gesicht dem fernen Hause Abrahams zugewandt, wie es alle Muslime tun. So weiß sich selbst der einsam Betende in die Gemeinschaft der Umma, der Ihn Preisenden, eingebunden. Aber es sind nach Aussage des Qur'ans nicht allein die Menschen, die Ihn betend preisen, sondern es ist auch die Schöpfung: *„Siehst du denn nicht, dass Gott lobpreist, wer in den Himmeln und auf Erden ist, so auch die Vögel, ihre Schwingen breitend. Jedes Geschöpf kennt sein Gebet und seine Lobpreisung."* (24: 41)

Die Verpflichtung zum Gebet steht in den fünf Arcan ad-Din, den Säulen der gläubigen Lebensweise, an zweiter Stelle:

- Zeugnis des Einen (Tauhid)
- Gebet
- Zakat
- Fasten
- Wallfahrt

Muslim ist jeder Mensch, der das Zeugnis der Wahrheit des Einen spricht. Dementsprechend ermahnt der Qur'an frisch konvertierte Araber: *„Ihr glaubt (noch) nicht! Sagt vielmehr: ‚Wir sind Muslime'; denn der Glauben ist noch nicht in euere Herzen eingedrungen."* (49: 14) Dazu bedarf es des Willens, sich Gott, wie es im Gebet geschieht, gänzlich anzuvertrauen.

Einem Worte des Propheten gemäß ist die ganze Welt eine Moschee, so dass der Muslim an jedem Ort der Welt beten darf, solange dieser sauber ist und die Gebetsrichtung, die Quibla, zum Haus Abrahams eindeutig festgelegt worden ist. Nachdem er den Ort betreten und sein Antlitz gen Mekka gewendet hat, erfolgt der laut oder leise gesprochene Entschluss, nun beten zu wollen. Ohne diese Absichtserklärung gilt das Gebet nicht, weil nur so sicher ist, dass die nachfolgenden Worte ein freies Zeugnis sein werden und nicht Geplapper. Trotz aller Routine, die im Laufe der Jahre eintritt, gilt es darauf hinzuweisen, dass niemand zum Gebet beziehungsweise Bekenntnis gezwungen wird. Vielmehr ist jedes Gebet die freie Entscheidung des Individuums.

Radikal gesprochen steht der Mensch im islamischen Gebet vor dem Nichts, auf das er in dem Sinne meinend zu betet, Ihn jenseits der Grenze seiner Bedingtheit zu meinen. Ihn, den Einen, der von sich sagte, dass Er der sei, als der Er erscheine. Daher tolerieren die Gläubigen auf dieser Wand nichts Anderes als Seinen Namen und den seines letzten Propheten und sein geoffenbartes Wort von jenseits der Grenze.

Es erübrigt sich wohl, zu erwähnen, dass sich nicht jeder Muslim der Radikalität der anthropologischen Situation bewusst ist oder gar die fünfmal täglich erlebbare Bedingtheit seiner Existenz als Teil seines Lebens bedenkt. Wenn der Muslim nun mit der eröffnenden Sure des Qur'ans zu beten beginnt, dann nimmt er diesen Gestus auf. Im Grunde genommen wiederholt der Betende damit fünfmal in 24 Stunden seine ganz persönliche sinnsetzende Kontingenzbewältigung: Es gibt nur den Einen, den Schöpfer, den Allerbarmenden, den Erhabenen, dem er sich bergend im Niederfallen so anvertraut wie ein Kind dem Schoß seiner Eltern.

Wer diesen Grundgestus in sein lebenslanges Reifen hineinnimmt und durchhält, dem wird die Welt stets Schöpfung sein, in der er seine eigene Bedingtheit als geschaffene angenommen hat und lebt. Diese Geisteshaltung bezeichnen die Muslime mit dem Wort *tafakur*. Die lexikalische Übertragung lautet: denken, nachdenken oder erwägen. Die Konnotation meint jedoch die Absicht, sich in die Reflexion zu nehmen. Es ist der gleiche Gestus, der im Begriff der *taqwa* gemeint ist, und den Farid Esack mit den Worten beschreibt: *„heeding the voice of one's conscience in the awareness that one is accountable to God"*[296].

Die von diesem islamischen Standpunkt aus entworfene Perspektive des methodischen Atheismus, unter der jeder Wissenschaftler sein natur- beziehungsweise ingenieurwissenschaftliches Experiment von der Hypothese bis zum Resultat ablaufen lässt, bleibt Welt vor ihm zu verantwortende Schöpfung. So beginnt der erste Schöpfungsbericht im

---

[296] Farid Esack; Qur'an, Liberation & Pluralism; Oneworld Publications, Oxford (UK), 1997, Seite 87

Qur'an mit den Worten: „*Und als dein Herr zu Engeln sprach: 'Siehe, Ich will auf der Erde für Mich einen Khalifa* [Sachwalter, *viceroy; der Verf.*] *einsetzen [...]'*" (2: 30). Obwohl der Begriff der 'Verantwortung' kein Qur'anischer ist, können wir den Terminus des Sachwalters heute nicht mehr ohne diese Anforderung denken. Hier hilft auch kein Ausweichen auf welchen „Befehlsnotstand" auch immer.[297]

Bisher hatten die Menschen die Natur der Welt als Bedrohung und danach als Gebrauchsgegenstand gesehen. Erst ihre Gefährdung durch ihren Missbrauch legte den Aspekt der Verantwortung für sie frei. Um seine Aufarbeitung bemühten sich mehrere Konferenzen, in denen nicht nur Umweltfachleute zu Worte kamen, sondern ebenso islamische Gelehrte.[298]

Im Weber'schen Sinne konstituiert diese Haltung eine spezifische Gesinnungsethik, deren orthopraktische Voraussetzung die Gelehrten in der islamischen Absichtserklärung (Niya) festmachen. Sie aber ist nicht nur eine schlichte Absichtserklärung, wie sie immer wieder im politischen oder gesellschaftlichen Leben abgegeben wird, um Wohlwollen zu signalisieren, sondern verlangt die Aufrichtigkeit (*ihlas*) des die Absicht Erklärenden. Welche theologische Bedeutung hierin steckt, wird dem Außenstehenden dann deutlich, wenn er die Anweisungen Said Nursis, eines der großen Reformdenkers der Moderne, liest. Er empfiehlt den Schülern des Risale-i-Nur[299], den Text über die Aufrichtigkeit mindestens alle vierzehn Tage zu lesen.[300]

---

297 Christian Gremmels; Die ethische Verantwortung des Menschen; in: Wolf D. Aries, Rüstem Ülker; Dietrich Bonhoeffer, Alfred Delp und Said Nursi: Christentum und Islam im Gegenüber zu den Totalitarismen; Lit Verlag, Münster 2004, Seite 11

298 Fazlun Khalid, Joanne O'Brian; Islam and Ecology; London, 1992 - Meteorology and Environmental Protection Administration (MEPA), Islamic Principles for the Conservation of the Natural Environment; Schweiz, 1983 - Proceedings of the International Seminar on Environment, Religion and Culture; Teheran, 2001

299 Sammlung von Aufsätzen, Essays und Briefen Said Nursis

300 Said Nursi; The Flashes - Collection; Risal-i-Nur Band 3; Istanbul, 1995, Seite 214

Nun ist Aufrichtigkeit keine christlich theologische Kategorie, so dass es nötig ist darauf hinzuweisen, dass Nursi sie in mehrfacher Weise versteht:

gegenüber und vor Gott,
dem Bruder und
der Sache des Dienstes.

Dies muss der Gläubige vor Gott und sich selbst ebenso verantworten wie vor dem Menschen, dem Mitgeschöpf, dessen unantastbare Würde nur dann mehr als eine zwar fundamentale, aber doch „nur" juristische Kategorie wird, wenn der Gläubige sie in seine *Ihlas* vor Ihm hineinnimmt.

In der Routine alltäglich gelebter Gläubigkeit gewinnt all dies Gestalt in der Orthopraxie, die nüchtern nach dem Erlaubten *(halal)* und dem Verbotenen *(haram)* fragt. Und in der Hektik des modernen Tagesgeschehens bietet das islamische Ritual mit seiner diurnalen und annualen Rhythmik eine Geborgenheit, die auch ohne Sprache wirkt. Sie ist säkularisierungsresistent.

12 Der „verkirchlichte" Imam

Seitdem die Idee der Gründung von Verbänden und später die Notwendigkeit, sie zu Dachverbänden zusammenzuschließen, diskutiert wurde, war die Befürchtung unter Muslimen zu hören, es ginge der Mehrheitsgesellschaft und ihren Repräsentanten, den Innenministerien, darum, den Islam an die kirchlichen Strukturen so anzupassen, dass der Staat den Islam im Lande wie eine Kirche behandeln könne. Es ginge darum, so hieß es unter Muslimen, den Islam zu klerikalisieren. Je häufiger die Tagesordnungen der zahlreichen Gespräche nicht die Sorgen der Muslime thematisierten, sondern allein von den Sorgen der Mehrheit bestimmt wurden, desto stärker wurde die Befürchtung, letztlich manipuliert, das heißt um der „Sicherheit" des Staates Willen instrumentalisiert zu werden. Der Gedanke begleitete alle Verhandlungen zwischen den Vertretern der Muslime und den Politikern beziehungsweise Verwaltungsbeamten der Ministerien. Manche Moschee-Vereine verweigerten sich deswegen dem Dialog. In Niedersachsen wurde diese Barriere erst überwunden, als sich mit Avni Altiner eine Persönlichkeit engagierte, die mit ihrer Person als Muslim das für die Gläubigen notwendige Vertrauen gewann und sie dann überzeugte. Er war in der für die Umma charakteristischen Weise eine Integrationsfigur, die Veränderungen ermöglichte. Man sollte sich dabei bewusst machen, dass „das Vertrauen in abstrakte Systeme für die Sicherheit im Sinne tagtäglicher Zuverlässigkeit sorgt. Doch es liegt im innersten Wesen dieses Vertrauens, dass es weder die Gegenseitigkeit noch die Intimität bieten kann, die von persönlichen Vertrauensbeziehungen ausgeht. In dieser Hinsicht unterscheiden sich traditionale Religionen offensichtlich von modernen abstrakten Systemen, denn die personalisierten Gestalten der Religion erlauben eine unmittelbare Übertragung individuellen Vertrauens, wobei auch Elemente von Wechselseitigkeit eine große Rolle spielen. Bei den abstrakten Systemen dagegen setzt das Vertrauen den Glauben an unpersönliche Prinzipien voraus, die nur in statistischer Weise ‚Widerworte geben', wenn sie nicht die von dem Betreffenden angestrebten Ergebnisse liefern. Das ist eine der Hauptgründe, warum sich Individuen an Zugangspunkten große Mühe geben, die eigene Vertrauenswürdigkeit unter

Beweis zu stellen, denn sie bilden das Bindeglied zwischen Personenvertrauen und Systemvertrauen."[301]

In diesem Rahmen steht der religionspädagogische Lehrstuhl an der Universität Osnabrück, der mit zwei Religionssoziologen besetzt werden konnte. Sie luden im Februar 2010 zu einer internationalen Tagung unter dem Titel „Imamausbildung in Deutschland" ein,[302] deren Eröffnungsreferat der niedersächsische Innenminister Uwe Schünemann hielt. Seine Überlegungen zeugten von der protestantischen Kultur des Bundeslandes, indem er in seinem Vortrag auf eine theologisch geprägte Begrifflichkeit zurückgriff. So wurde aus dem Imam eine Art evangelischer Pfarrer, dem an der Universität die angemessene islamische Theologie unterrichtet werden sollte, die dieser dann in den Gemeinden zu vertreten haben würde.

Da auch andere Referenten solche theologischen Begriffe verwandten, standen die Muslime vor ihrem ersten Dilemma: Es war die Herausforderung, die islamische Orthopraxie in einer theologisch geprägten Kultur und Geistesgeschichte sprach- und reflexionsfähig zu machen, um so sowohl die Glaubenstraditionen zu bewahren als auch eine dialogorientierte Pädagogik aufzubauen. Die Schwierigkeit ist, dass niemand eigentlich weiß, was eine islamische Theologie ist oder sein könnte. Der Blick auf die Bereiche des Wissens macht die Frage deutlich:[303]

Ulum al-Qur'an (Wissenschaften des Qur'ans)

- Regeln der Rezitation (Tadschwid)
- Tafsir (Exegese)
- Ilm al-Bayan (der bildliche Ausdruck)
- Grammatik der arabischen Sprache

Ulum al-Hadith (Wissenschaften der Berichte vom Propheten)

- Isnad (Kette der Überlieferer)
- Sira des Propheten (Hagiographie)
- Schiitische Hagiographie der Imame

---

301 Anthony Giddens; Konsequenzen der Moderne; Verlag Suhrkamp, Frankfurt a. M., 1995, Seiten 143–144; Ute Frevert (Hg.); Vertrauen – eine historische Annäherung; Verlag Vandenhoek & Ruprecht, Göttingen, 2003.

302 Die Beiträge der Tagung sollen in einem Sammelband veröffentlicht werden.

303 Dies hier ist nur eine von vielen anderen Gliederungen.

Geschichte der Umma

Ilm al-Aquida (Glaubenslehre)

- Tauhid, Namen Gottes, Eschatologie

Ilm al-Kalam (Wissenschaft vom Qur'an)

Ilm al-Akhlaq (Sittenlehre, Rechtleitung, Ethik, Moral)

Fiqh (Rechtlehre des orthopraktischen Tuns)

Fiqh al-Ibadat (Gebet, Reinheit, Zakat, Fasten, Hadsch)

Fiqh al-Mu'amalat (soziale Normen, Heirat, Erben und so weiter)

Fiqh al-Dawa (Formen und Methoden der Erklärung des Glaubens)

Arabisch

- Sprache, Grammatik
- Literatur
- Rhetorik

Wenn man als Europäer diese Disziplinen durchgeht, dann stellt man im Vergleich zu den christlich theologischen Gliederungen des Wissens fest, dass es Bereiche gibt, die man im Christlichen nicht kennt, wie etwa den Tadschwid, die Kunst und Regeln der Rezitation. Sie kamen auch auf der Osnabrücker Tagung nicht vor. Nach meiner Rückkehr von der Tagung fragte ich in verschiedenen Moschee-Vereinen die Vorsitzenden wie schlichte Mitglieder, ob sie einen Bewerber als Imam akzeptieren würden, der nicht wenigstens einen Stil der kanonischen Rezitationsstile des Tadschwid beherrschte. Nicht einer der Befragten hätte einen solchen „Imam" angestellt.

Dabei geht es nicht allein um die ritualpraktische Bedeutung des Qur'ans oder die Beherrschung der arabischen Sprache des Qur'ans, sondern um eine zutiefst theologische Problematik. Denn so wie Jesus Christus der Ort der Offenbarung für Christen ist, so ist es für Muslime der Qur'an. Er ist Gottes unantastbares Wort, das als Buch in jeder Moschee für jedermann zur Lektüre offen ausliegt wie in manchen Kirchen Gesangbücher. In großen Moscheen stehen Regale, die geradezu vollgestopft sind mit den unterschiedlichsten Drucken. Manche Muslime sammeln Qur'an-Ausgaben, um deren kalligraphische Schönheit sich Künstler seit Jahrhunderten bemühen.

Der Imam einer Moschee hat die Pflicht zum *Tadschwid* (Rezitation), den zu lehren er ebenso verpflichtet ist. Ich habe in Universitätsstädten des Orients immer wieder erlebt, dass sich abends ein Kreis von Studenten, Dozenten und Akademikern aus den nahen Betrieben um einen Imam sammelte, um den Tadschwid zu lernen. Während des Ramadans gehen manche Muslime auch in Deutschland lange vor den Gebetzeiten in ihre Moschee, um den Qur'an für sich allein zu lesen.

In den Devotionalienläden liegen neben schlichten Ausgaben wertvolle Drucke oder gar handgeschriebene Exemplare, die der Buchhändler allerdings hinter Glas aufbewahrt. Daneben stehen häufig Dutzende Kassetten beziehungsweise CDs, auf denen berühmte Rezitatoren den gesamten Qur'an vortragen.

In Deutschland beteiligt sich die Milli Görüs seit Jahrzehnten an den weltweiten Rezitationswettbewerben, bei denen nach Altersgruppen und Stilen des Tadschwid unterschieden wird. Die Wettbewerbe sind in Deutschland öffentlich und für sie wird allgemein geworben, aber es finden kaum Deutsche in die Veranstaltungen.

Auf Grund dieser Bedeutung des Arabischen stellt sich für die Religionspädagogik die Frage, wie viel Arabisch und damit Tadschwid im Schulunterricht behandelt werden sollte, muss; oder sollte der gesamte Bereich des Rezitierens den Imamen in den Moscheen überlassen werden? Gegen die letztere Option wandten islamische Feministinnen ein, dass den Männern eine Dominanz zugesprochen würde, die es zumindest zu diskutieren gälte.

Ein zweites Dilemma tat sich den Muslimen bei den Beiträgen der Orientalisten und christlichen Theologen auf, die, wie Tilman Nagel in der „FAZ" (vom 19. August 2010), anmahnten, dass „die von Muslimen für Muslime zu treibende Islamlehre und -forschung ein wissenschaftliches Reflexionsniveau erreichen sollen, das für die christlich-theologischen Fakultäten selbstverständlich ist."

Wurde hier gefordert, die Imame sollten sich auf *die* Theologie konzentrieren und die Orthopraxie des islamischen Alltags vergessen? War oder ist also doch der islamische Pfarrer das Ziel des Studiums in Deutschland? Und um welches wissenschaftliche Reflexionsniveau ging es? Studierte man an türkischen oder ägyptischen Hochschulen nicht auf dem Niveau einer deutschen Universität?

Unabhängig von diesen Fragen muss angesichts der Beschränktheit der Mittel auf muslimischer Seite geklärt werden, welche Disziplinen unbedingt besetzt werden müssen und auf welche man notgedrungen verzichten könnte. Der Wissenschaftsrat schlug vor, dass jedes der zu errichtenden islamischen Institute mit fünf Lehrstühlen ausgestattet werden sollte; das hieße aus rund zwanzig selbständigen Fachgebieten islamischer Forschung und Reflexion die fünf auszusuchen, die für die muslimische Minderheit notwendig wären. Über die Notwendigkeit des Arabischen, das zu Tadschwid befähigt, gibt es wohl keine Diskussion, ebenso wenig werden Aquida (Glaubenlehre) und Kalam (Auseinandersetzung mit dem Wort Gottes) in Frage gestellt werden.

Nun betonten alle christlichen Redner jener Osnabrücker Tagung, wie stolz sie wären, nicht mehr unter kirchlichem Kuratel zu stehen, sondern wie jede andere Wissenschaft frei forschen könnten. Hieße dies für die künftigen islamischen Studenten, den Qur'an so zu behandeln wie jeden anderen literarischen Text, als wäre er nicht Gottes Wort? An den Universitäten, wo dies zurzeit im Ansatz versucht wird, sitzt ein großer Teil der Studenten um des Examens Willen ihre Stunden im Seminar ab, um wenigstens einmal in der Woche sich in privat organisierten und selbst finanzierten Arbeitskreisen gemäß den Traditionen ausbilden zu lassen. Diese Art des Widerstands ist seit der kemalistischen Revolution in der Türkei eine gängige Form, den Glauben zu bewahren[304], so wie dies auch die bekennende Kirche tat. In wohl jeder Religion besteht diese Option zur Introversion, mit deren Hilfe sich die Gläubigen jedem äußeren Druck entziehen können.

Es geht letztlich um einen Wissenschaftsbegriff, in dem nichts Drittes außer dem Beobachtba ren oder Nachweisbaren und unter Umständen mathematisch Erfassbaren Platz hat, oder um einen Begriff, der „die Wahrheit Gottes in seinen Beschreibungen der Wirklichkeit" als Wirklichkeit setzt. Davon hängt ab, in welcher Weise die Sira des Propheten, sein Lebenslauf, und die frühe Geschichte der Umma dargestellt werden wird, in der sich die Sunna des Propheten entwickelte.

In der Orthopraxie dienen Qur'an und Sunna als „klare Beweise" für die Korrektheit einer Entscheidung. Es geht also um die Hermeneutik der Tat. Sie bestimmt den Glaubensalltag.

Und wer mit der Bedeutung der Tat lebt, der bedarf nicht der theologischen Bedeutungsfindung. Die Autoren der deutschen Religionsbücher aber ebenso die religionspädagogischen Ansätze an den Universitäten

---

304 Gerdien Jonker; Eine Wellenläge zu Gott; transcript, Bielefeld, 2002 - Bekim Agai; Zwischen Netzwerk und Diskurs; EB-Verlag, Hamburg, 2008

wenden sich von solcher Glaubensinterpretation ab und der Offenbarung selber zu, das heißt dem Text des Qur'ans. Dies ist eine denkerische Option möglichen muslimischen Glaubens, die man für reformerisch halten kann. Bisher bemühten sich die sogenannten Reformer eher im Sinne Muhammad Asads um die Veränderung der Orthopraxie; denn jener schrieb noch in „Islam am Scheideweg": „Wenn wir glauben, dass der Islam nicht bloß eine Kultur unter vielen ist, nicht bloß Folge von menschlichen Gedanken und Anstrengungen, sondern Gesetz, das von Gott, dem Allmächtigen, verfügt wurde, um von der Menschheit immer und überall befolgt zu werden [...] dann können wir niemals anerkennen, dass die islamische Kultur an eine historische Frist gebunden ist."[305] In diesem Sinne bemühten sich Reformer wie Tariq Ramadan[306] oder Farid Esack.[307]

Das dritte Dilemma zeigte sich in der Bedingungslosigkeit der Gegenwart bei den deutschen Referenten, während die bosnischen, türkischen und anderen Redner stets ihre Geschichte als Teil des Dialogs und damit des Studiums sahen. Schließlich gibt es eine islamische Geschichte Südosteuropas, die sich deutlich von der des Vorderen Orients unterscheidet; zudem waren und sind die Muslime nicht die erste oder gar einzige Minderheit in diesem Lande.

Und schon 2007 thematisierte Carsten Wilke auf einer Tagung des Salomon-Ludwig-Steinheim-Instituts[308] die Ähnlichkeit der Entwicklungen mit der jüdischen Minderheit. Danach gibt es „für den Gesellschaftspakt mit einer nichtchristlichen Minderheit in Europa einen einzigen Präzedenzfall: die politische Geschichte der Juden". So lässt sich die Geschichte des Großen Sanhedrin, den Napoleon I. 1806 durchsetzte, als Analogie betrachten. Nun ist kein Innenminister der deutschen Bundesrepublik ein Fouché, und doch gemahnt der Vergleich, die Vergangenheit um der Zukunft willen nicht zu übergehen. Die Imame brauchen eine Einführung in die deutsche Geschichte allein schon, um den politischen Teil des gegenwärtig gesellschaftlichen Diskurses verstehen zu können. Das Gleiche gilt für den geistlichen und

---

305 Muhammad Asad; Islam am Scheideweg (Islam at the Crossroads); Edition Bukhara, 2007, Seite 120 - derselbe; This Law Of Ours; Dar al-Andalus, Gibraltar, 1987

306 Tariq Ramadan; Muslimsein in Europa; Muslim Studenten Vereinigung in Deutschland, Marburg 2001

307 Farid Esack; Qur'an, Liberation & Pluralism; Oneworld, Oxford (UK), 1997

308 Carsten Wilke; Der Freibrief des Despoten - Zum zweihundertsten Jahrestag der Lehrbeschlüsse des Großen Sanhedrin; Kalonymos, 10. Jg., 2007; Seite 4

theologischen Diskurs, dessen Begriffsrahmen sich aus dem reformatorischen Ansatz des Protestantismus entwickelte.

Er setzt den Standpunkt und die Perspektive, von dem aus die beiden anderen abrahamischen Glaubensgemeinschaften beurteilt werden. Im Hintergrund steht die Annahme, die dort entwickelten partikularen Begriffe einschließlich der Kollektivsingulare wie dem Islam, dem Hinduismus et cetera könnten als allgemeingültig durchgesetzt werden. Der Kollektivsingular „*Imam*" ist dann eben das Analogon zum Priester beziehungsweise zu „unserem Pastoren". So wird dann von einem traditionell ausgebildeten Imam abfällig gesagt, er habe ja noch nicht einmal studiert, was seine ihm von seinem Lehrer verliehene Igaza[309] in den Augen der christo-säkularen Umgebung deklassiert.

Die Dilemmata lassen sich wohl nur lösen, wenn beide Seiten, Muslime und Christen, sich darüber verständigen, welche Begriffe und konkreten Bedeutungsgehalte sie wirklich gemeinsam teilen und welche Schnittmengen andere Begriffe bilden. Dazu gehört die eigene Zurückhaltung solchen Wörtern beziehungsweise Begriffen gegenüber, für die es im eigenen Denk- und Glaubenssystem weder Analogon noch eine Übersetzung gibt. Die Voraussetzung dafür ist, dass beide Seiten ihre Geistes- und Leidensgeschichte nicht nur anerkennen, sondern auch auf jegliche Suprematie verzichten. Dennoch stehen die Imame vor der Aufgabe, jene Gewinne der europäischen Leidensgeschichte zu bearbeiten, die zu den Menschenrechten führten.

Eine andere dringende Aufgabe haben einzelne Gruppen bereits aufgegriffen, indem sie sich den unterschiedlichen Formen der „Seelsorge" zuwandten. In den islamischen Mehrheitsgesellschaften wurde die mit dem christlichen Begriff gemeinte Fürsorge durch die Großfamilie beziehungsweise den Stamm abgedeckt, die im Zuge der Migration und der hohen beruflichen Mobilität geschwächt worden ist. Hinzu kam beispielsweise die zunehmende Vereinsamung auch einzelner, vor allem alter Muslime in den Seniorenheimen. So fanden im Harz Wohlfahrtsorganisationen, in Berlin kirchliche Einrichtungen und im Rheinland die Christlich-Islamische Gesellschaft (CIG) mit engagierten Muslimen zusammen, um eine Notfall- beziehungsweise Telefonseelsorge aufzubauen. Die Nachfrage zeigte, wie notwendig die Arbeit ist.

Die in islamischen Mehrheitsgesellschaften ausgebildeten und sozialisierten Imame sind hierauf nicht vorbereitet, was vor einiger Zeit von einem jungen Studenten mit der Bemerkung kommentiert wurde: „Das

---

309 Die Erlaubnis zu tradieren, ähnlich der Lehrerlaubnis.

braucht ein Imam bei uns überhaupt nicht." Dort wird von ihm gefordert, die Gebete zu leiten, zu rezitieren, andere darin zu unterrichten, Auskünfte zur Rechtleitung (Orthopraxie) zu geben und anderes mehr, was die Praxis des Lebens eines Gläubigen erfordert. Der Mann, der sich hier bewährte, vermochte *auctoritas* zu gewinnen. Da in den deutschen Verhältnissen dies nicht ausreicht, muss man sich fragen, wie der künftige Imam in Deutschland sich unter seinen Mitgläubigen qualifizieren werden wird.

Ein Blick in die „orthopraktischen Katechismen" zeigt, dass es dem Muslim nicht so sehr auf die Hermeneutik des Wortes als vielmehr auf die Hermeneutik der Tat ankommt. Dazu liegen in deutscher Sprache drei „Katechismen" vor:

- Den Band „Feinheiten islamischen Glaubens" schrieb der frühere Vorsitzende des Amtes für religiöse Angelegenheiten in Ankara, Professor Ömer Nasuhi Bilmen.[310]
- Das „Ilmihal - Der gelebte Islam" erschien im Frankfurter Okusan Verlag und ist gänzlich am Alltag orientiert.[311]
- Das „Handbuch Islam - Die Glaubens- und Rechtslehre der Muslime" wurde von Ahmad A. Reidegeld zusammengestellt und erschien im Verlag Spohr. Es ist der ausführlichste „Katechismus", in dem die vier größten Rechtsschulen Berücksichtigung fanden. Allein das Inhaltsverzeichnis umfasst gut fünfzehn Seiten.[312]

Diese Praxis muss nach der Auffassung der Mehrheit der Muslime ein Imam beherrschen, um korrekte Auskünfte geben zu können, nach denen sich der Gläubige richten soll. Dieses Befolgen einer Auskunft zur Rechtleitung nennt man *Taqlid.* Auf den ersten Seiten seiner Einleitung zum Katechismus schreibt Professor Bilmen:

> „Es steht einfach nicht jedem Muslim zu, schlicht und einfach aus einem Koranvers oder einem überlieferten Hadith verbindliche Rückschlüsse zu ziehen, die naturgemäß oft falsch sein

---

310 Ömer Nasuhi Bilmen; Feinheiten islamischen Glaubens - Islamischer Katechismus; Astec Verlag, o. J.

311 Okusan GmbH; Ilmihal - Der gelebte Islam; Frankfurt am Main, ohne weitere Angaben

312 Ahmad A. Reidegeld; Handbuch Islam - Die Glaubens- und Rechtslehre der Muslime; Verlag Salim Spohr, Kandern, 2005

> können. Diese Funktion übernahmen die Rechtsgelehrten, genauer gesagt die Imame der Rechtsschulen."[313]

Der Konflikt mag an einem praktischen Fall erläutert werden: Da wurde ein Imam von einem Jungen, der Mitglied in einem Fußballverein war, gefragt, ob er nach dem Spiel mit seiner Mannschaft unter die Dusche gehen und sich dabei wie die anderen ausziehen darf, was bedeutete, dass er sich gleich den anderen nackt abseift. Die Antwort war ein klares Nein. Nackt könne der Junge nur zu Hause duschen. Das gelte auch für den Schulsport. In der Realität fragen viele Muslime nicht mehr einen Gelehrten, sondern tun das ihnen erforderlich Erscheinende.

Nun wird die Auskunft zu einer Präzedenzfallanfrage im Islam als *Idschtihad* bezeichnet, zu dem nach Ömer Nasuhi Bilmen nur ein Gelehrter mit fest umrissener Qualifikation berechtigt sei. Der junge Fußballspieler handelt jedoch nach seinem eigenen Urteil, wenn er ohne Auskunft einzuholen spontan unter die Dusche geht. Auf die Frage, ob er Muslim sei, wird er selbst verständlich antworten, dass er es sei. Sein Verhalten ließe sich daher islamisch am ehesten als *„personalen Idschtihad"* bezeichnen, den die Mehrheit der Gelehrten strikt ablehnt. Er wäre in ihren Augen eine „unerlaubte Neuerung". Der Fachausdruck dafür ist *„bida"*. Dennoch scheint mir jedoch das Verhalten des Jungen längst Allgemeingut geworden zu sein, was mir in manchen Gesprächen mit Schülern und Auszubildenden verschämt bestätigt worden ist. Neuere Religionsbücher scheinen dies auch anzustreben, wenn sie ihre Schüler zum eigenen Urteil animieren.

Bisher haben die in einer anderen Kultur sozialisierten Imame, manche sprechen von „Import-Imamen", große Schwierigkeiten mit solchem Verhalten gehabt, weil sie darauf nicht vorbereitet sind. Sie müssen daher bei ihrer Eingewöhnung in Deutschland nicht nur einen Kulturschock verarbeiten, sondern auch einen Praxisschock, der im Studium zumindest aufgefangen werden sollte. Aus dieser Erfahrung müsste ein Seminar im hiesigen Imam-Studium das professionelle Handeln des Imams fokussieren, in dem Studenten und Lehrende die Implikationen der *Idschtihad* in modernen Gesellschaften diskutieren.[314] Sie bedürfen daher einer Auseinandersetzung mit der großen Tradition der *Schari'a* und dem *Taqlid*. Die Diskussion dazu wurde nicht erst in

---

313 Ömer Nasuhi Bilmen; Feinheiten islamischen Glaubens - Islamischer Katechismus; Astec Verlag, o. J., Seite 5

314 Siehe auch: Ulrich Dausendschön-Gay; Kooperationsgruppe „Der Fall als Fokus professionellen Handelns"; Mitteilungen, Zentrum für Interdisziplinäre Forschung (ZiF), Bielefeld, 2/2010, Seite 4

den letzten beiden Jahrzehnten angestoßen, sondern schon mit Muhammad Asads Reflexionen in seinem Buch „This Law of Ours“[315].

Aus der gleichen Erfahrung heraus wäre zu empfehlen, dass die künftigen Imame im Laufe des Studiums dialogfähig werden, was die gegenwärtigen mehrheitlich nicht sind. Ihre Kenntnisse von *dem* Christentum sind so befremdend, dass man zumindest Grundkenntnisse der römisch-katholischen und der protestantischen Glaubenslehren vermitteln sollte. Es geht dabei nicht darum, die Defizite islamischen Denkens aufzuarbeiten, wie vielfach auch von Muslimen zu hören ist, vielmehr bedarf es der Bestimmung des Verhältnisses von islamischer Orthopraxie und der jeweiligen Theologie sowie dem Recht des Gläubigen, seinen Glauben zu leben und als gleichwertig gegenüber den theologisch begründeten Formen argumentativ fassen zu können. So ist der kirchliche Gottesdienst aus der Theologie des Karfreitags heraus etwas anderes als das freitägliche Gemeinschaftsgebet der Muslime. Oder: Beide Glaubensgemeinschaften rufen die Gläubigen zum Gebet. Die Muslime tun es durch einen bekennenden Ruf, während von den Kirchen Glocken ertönen. Während der Ruf bereits auf den Erfolg des Gläubigen verweist, wird dem Christen im Gottesdienst das Heil erst durch Predigt beziehungsweise Eucharistie verkündet.

In der Vergangenheit lebten religiöse Minderheiten in Mehrheitsgesellschaften, die ihren Glauben und dessen Wahrheit gegen den der Minderheit setzten. In der Moderne stehen alle Gläubigen vor dem gleichen Phänomen, mit jenen Mitbürgerinnen und Mitbürgern ins Gespräch zu kommen, die selber den Fragen jeglichen Glaubens nicht nur skeptisch gegenüberstehen, sondern alles religiöse Verhalten für Unsinn halten, also religiös unmusikalisch sind. Fromme Muslime brechen das Gespräch normalerweise ab, wenn sie eine solche Einstellung bei einem Gesprächspartner bemerken. Dies ist in einer der modernen multireligiösen und offenen Gesellschaften nicht mehr möglich, denn in deren Beschlussorganen, das heißt Parlamenten, sind alle ethischen Positionen vertreten; zudem beteiligen sich alle Gruppen am Diskurs. Der Muslim muss also lernen, seine ethischen Einstellungen und seine orthopraktischen Entscheidungen mit guten Gründen offen zu vertreten. Eine solche kommunikative Offenheit impliziert auch, zu ethischen Fragen gleich der sozialen Gerechtigkeit erkennbar Stellung zu beziehen, was die kirchlichen Leitungsgremien eigenverantwortlich tun. Den Muslimen der ersten Generation fiel dies ausgesprochen schwer, denn in vielen Staaten wird das nicht akzeptiert. Die zweite

315 Muhammad Asad; This Law of Ours; Dar Al-Andalus, 1987

Generation lernte die kommunikative Partizipation in den Schulen und fordert nun ihre politische ein. In diesem Kontext wird der deutsche Imam gefordert.

Aber auch hier weiß sich der Muslim an die Rechtleitung des Qur'ans gebunden wie die nachfolgende Argumentation Professor Burhanettin Tatars zeigt:

> „Obwohl im Sozialverständnis des Korans die wohl größte Betonung auf der ‚Gerechtigkeit' liegt, gibt er uns an keiner Stelle einen direkten Hinweis, was Gerechtigkeit ist. Während er die Menschen immer wieder dazu aufruft, sich der Ungerechtigkeit zu enthalten, so spricht er davon, dass allein Allah weiß, was am richtigsten (gerechtesten) ist. Während er darauf verweist, dass die Sicherung gesellschaftlicher Solidarität von kritischer Bedeutung für die Sicherung von Gerechtigkeit ist, teilt er auf der anderen Seite mit, dass der Unterschied zwischen Arm und Reich beziehungsweise die Ungleichheit von Gottes Willen abhängt. Er legt kurz gefasst nahe, dass der Gedanke der Gerechtigkeit nicht bedeutet, Gleichheit herzustellen. Unter diesen Bedingungen ist Solidarität immer eine zwischen Ungleichen."[316]

Mehrheit und Minderheit sind ungleich, aber sind es ihre Mitglieder auch zueinander? Gemäß dem Postulat der unantastbaren Würde des Menschen, einem mühsam errungenen Menschenrecht, sind sie es nicht. Allein die Gleichheit der Würde hat weder die Diskrimination noch im US-amerikanischen Verständnis die *race question* aufgelöst. Sie ist auch nicht, wie einige heutige Imame meinen, mit dem Hinweis auf das historische *Dhimmi*-Konzept zu beantworten. Der Schutzbefohlene ist stets derjenige, den ich beschütze, das bedeutet, dass ich Solidarität mit einem Ungleichen praktiziere. Die Differenz kann sich nur auf eine Dimension des Weltlichen beziehen, denn Gott schuf nur einen Khalifa, einen Stellvertreter, und das ist der Mensch schlechthin.

Die Mehrheit der heute im Lande tätigen Imame nimmt die Breite der hier dargestellten Aufgaben kaum wahr. Sie beschränken sich auf die traditionellen Aufgaben. Ansonsten halten sie sich an den von ihren jeweiligen Organisationen vorgegebenen Rahmen. Vor allem die aus der Türkei entsandten Imame sind sich bewusst, dass sie nur für drei bis vier Jahre in Deutschland bleiben, um danach ihren Berufsweg als

---

316 Burhanettin Tartar; Freiheit, Solidarität und Gerechtigkeit – Die Sozialethik des Islams und im Christentum; in Konrad-Adenauer-Stiftung; Der Islam und das Christentum – Ein Vergleich der Grundwerte als Basis für einen interreligiösen Dialog; 2007, Seite 91

Religionsbeamte irgendwo in der Türkei fortzusetzen. Ihre Risikobereitschaft ist daher zwangsläufig eingeschränkt.

Die Imame der großen Verbände, die sich freiwillig für die Arbeit dort entschieden, vertreten auch deren religiöse Positionen, die im allgemeinen orthopraktisch konservativ sind und gleichzeitig offen für das Gespräch mit den christlichen Nachbarn. In der hannoverschen Medrese der Jama'at un-Nur (Gemeinschaft des Lichte) gilt dies auch für den jüdischen Mitbürger.

Der Osnabrücker Rauf Ceylan legte als Erster eine Untersuchung zu Imamen in Deutschland[317] vor, in der er zwischen vier Typen unterschied:

1. den traditionell-konservativen,
2. den traditionell-defensiven,
3. den intellektuell-offensiven und
4. den neo-salafitischen Imamen.

Zwischen diesen sicherlich eher idealtypischen Beschreibungen gibt es eine Vielzahl von „Graustufen", die sich vor allem nach der Dauer des Aufenthaltes und dem Engagement im Dialog ausdifferenzieren. Da die Gespräche dialogischer Begegnungen mit der säkular-christlichen Umwelt und den kirchlichen Gemeinden von einer theologisch dominierten Begriffswelt dominiert werden, berühren sie die Orthopraxie der Muslime nicht. Jeder Imam wie jede Gemeinde kann sich dem entziehen, indem man sich persönlich auf die fromme Orthopraxie konzentriert. Darüber hinaus hat ein Imam stets die Option sich dem *Tassawuf*, das heißt dem mystischen Pfad zuzuwenden. In der Geistesgeschichte der *Umma* reiften auf diesem Wege zahlreiche große Imame, deren Persönlichkeit keinerlei akademischer Lorbeeren bedurfte, um von den Gläubigen als Imam bezeichnet zu werden. Es wird daher auch in der Zukunft zweierlei Wege zum geistlichen Lehrer geben: den kurzen über ein Studium und einen langen über die Reifung unter einem Lehrer mit *auctoritas*. Die *Umma* braucht beide.

Angesichts der Vielfalt und Tiefe der Aufgaben stehen die Moschee-Vereine, Verbände und Hochschulen vor Herausforderungen, die bisher nur ansatzweise zu erkennen sind. So wird jedes Curriculum eines B. A.- oder M. A.-Studiums ein Experiment sein, von dem erst die Berufspraxis der Imame zu berichten vermag, ob es gelungen war oder nicht. Es bedarf daher des Mutes.

---

317 Rauf Ceylan; Die Prediger des Islam; Verlag Herder, Freiburg 2010

In der Schriftenreihe Religionen aktuell sind bisher erschienen:

Carina Back:
Hindu-Tempel in Deutschland
Eine Untersuchung tamilisch-hinduistischer Strukturen in der Diaspora
(Band 1)
176 Seiten, 2007
ISBN 978-3-8288-9466-2

Britta Rensing
Die Wicca-Religion:
Theologie, Rituale, Ethik
(Band 2)
371 Seiten, 2007
ISBN 978-3-8288-9486-0

Thanh Ho
Der Übergang von Leben zu Tod und Wiedergeburt im Theravada-Buddhismus:
Vorstellungen und Rituale
(Band 3)
116 Seiten, 2008
ISBN 978-3-8288-9755-7

Stefan Schmitz
Von der Geburt bis zur Erleuchtung:
Das spirituelle Entwicklungsmodell Ken Wilbers
(Band 4)
258 Seiten, 2009
ISBN 978-3-8288-9977-3

Nina Kleinert
Menschenbilder der Weltreligionen:
Eine fachdidaktische Hinführung mit religionswissenschaftlicher Einführung
(Band 5)
94 Seiten, 2009
ISBN 978-3-8288-2042-5

Wolf Ahmed Aries
Der christlich-islamische Dialog
Chancen und Grenzen
(Band 6)
213 Seiten, 2011
ISBN 978-3-8288-2547-5

Britta Rensing und Bertram Schmitz (Hg.)
Himmel und Hölle
Religionen im asiatischen Film
(Band 7)
163 Seiten, 2011
ISBN 978-3-8288-2578-9

Zeitfracht Medien GmbH
Ferdinand-Jühlke-Straße 7
99095 Erfurt, Deutschland
produktsicherheit@kolibri360.de